教科教育における
ESDの実践と課題

~地理・歴史・公民・社会科~

井田仁康 編

古今書院

ESD in Geography, History, Civics and Social Studies

Edited by Yoshiyasu IDA

ISBN978-4-7722-3185-5

Copyright © 2017 by Yoshiyasu IDA

Kokon Shoin Publishers Ltd., Tokyo, 2017

目　次

序章　ESD の系譜……………………………………井田仁康　1

第Ⅰ編　教科教育における ESD　9

第 1 章　教科教育としての ESD 授業開発の手法……………志村　喬　10

第 2 章　高等学校「地理総合」における防災教育の一事例………吉水裕也　26

第 3 章　広島県における ESD 実践の展開と特質……………永田忠道　44

第 4 章　身近な地域の調査を通した地理教育における ESD の可能性
　　　　………………………………………………金　玹辰　60

第 5 章　ESD としての「世界記憶遺産」……………………國分麻里　79

第 6 章　過去を通して未来を構想する社会科歴史学習の課題と可能性
　　　　………………………………………………熊田禎介　95

第 7 章　ドイツ歴史学習にみる ESD としての近代社会像の探究…佐藤　公　115

第 8 章　法教育における公正に対するものの見方や考え方の育成
　　　　………………………………………………磯山恭子　132

第 9 章　グローバル・ガヴァナンス論の現在……………小野智一　151

第10章　社会科における持続可能な社会づくりに向けた社会認識の形成
　　　　………………………………………………………………坪田益美　167

第11章　公民教育とESD……………………………………唐木清志　184

第12章　ESDの態度目標と授業づくりの視点………………竹内裕一　198

第Ⅱ編　海外におけるESD　217

第13章　ポルトガルにおけるESDの展開と地理教育……………池　俊介　218

第14章　Teaching Geography in England "in this day and age"
　　　　………………………………Clare Brooks（訳・要約：志村　喬）　235

第15章　Geography and Sustainability Education in Finnish Schools
　　　　………………………………Sirpa Tani（訳・要約：山本隆太）　248

第16章　Geography Education for Sustainable Development
　　　　…Michael Solem and Susan Heffron（訳・要約：永田成文）　261

第17章　ESD in Geography in Singapore
　　　　………………………Geok Chin Ivy Tan（訳・要約：山本隆太）　272

第18章　IGU地理教育国際憲章2016（全訳）……　IGU（訳：大西宏治）　285

終章　ESDの展望………………………………………………井田仁康　296

Contents

Introduction: The Geneaology of ESD ·················· Yoshiyasu Ida 1

Volume 1: ESD in the Curriculum   9

Chapter 1: Methods for Developing ESD Lessons in the Curriculum
·· Takashi Shimura 10

Chapter 2: A Case of Disaster Preparedness Training in High School
"Comprehensive Geography" ················ Hiroya Yoshimizu 26

Chapter 3: The Evolution and Characteristics of ESD Practice in Hiroshima
Prefeture ································ Tadamichi Nagata 44

Chapter 4: The Potential of Field Survey for ESD in Geography Education
·· Hyunjin Kim 60

Chapter 5: *The Memory of the World* as ESD ·············· Mari Kokubu 79

Chapter 6: Challenges and Possibilities of Looking to the Future from the Past
in the Study of History in Social Studies ········ Teisuke Kumada 95

Chapter 7: ESD as an Exploration of the Image of Modern Society as Seen
in History Studies in Germany ······························ Ko Sato 115

Chapter 8: Developing Ways of Viewing and Thinking about Justice in
Law-Related Education ···························· Kyoko Isoyama 132

Chapter 9: Current Global Governance Theory ············· Tomokazu Ono 151

Chapter 10: Formation of Social Awareness for the Creation of Sustainable
 Societies within the Context of Social Studies···Masumi Tsubota 167

Chapter 11: Civic Education and ESD ···················· Kiyoshi Karaki 184

Chapter 12: ESD from the Perspective of Behavioral Goals and Class
 Development································Hirokazu Takeuchi 198

Volume 2: ESD in the International Context   217

Chapter 13: Methods for Developing ESD Lessons in the Curriculum of
 Portugal ··································· Syunsuke Ike 218

Chapter 14: Teaching Geography in England "in this day and age"
 ········ Clare Brooks（Japanese summary by Takashi Shimura） 235

Chapter 15: Geography and Sustainability Education in Finnish Schools
 ············ Sirpa Tani（Japanese summary by Ryuta Yamamoto） 248

Chapter 16: Geography Education for Sustainable Development
 ································Michael Solem and Susan Heffron
 （Japanese summary by Shigefumi Nagata） 261

Chaper 17: ESD in Geography in Singapore
 ···Geok Chin Ivy Tan（Japanese summary by Ryuta Yamamoto） 272

Chapter 18: The 2016 International Charter on Geography Education
 ·························· IGU（translated by Koji Ohnishi） 285

In Conclusion: The Outlook for ESD ················· Yoshiyasu Ida 296

序章　ESDの系譜

井田仁康

Introduction: The Genealogy of ESD

Yoshiyasu Ida

Abstract:

The concept of "sustainable development" has been proposed as a solution to the challenges facing the global environment. While development and economic growth continue, global issues such as the deterioration of the environment, economic inequality, and urban problems need to be resolved. In this context, Education for Sustainable Development (ESD) was proposed by Japan in 2005, with the ten years from 2005 to 2014 being called as the "Decade of ESD" and future-focused ESD being promoted in Japan and worldwide. A UNESCO meeting on ESD was held in Okayama and Nagoya in 2014, where many ESD implementations were presented and a future direction was agreed upon. This study investigates ESD research and the outcomes of its practice, specifically focusing on social studies (subjects such as geography, history, and civics). The various chapters discuss ESD in the context of social studies, geography, history, and civics. There are also contributions from researchers from U.S.A., England, Finland, and Singapore who were invited to Japan to discuss research outcomes in an international conference. This study is an outcome of the Grant-in-Aid for Scientific Research "Research for the Development and Transmission of ESD Practice in Geography, History, and Civics Linked to Social Studies" (Grant-in-Aid for Scientific Research B).

Keywords: ESD, Social studies, Geography/history/civics, Educational praxis

地球の温暖化をはじめ，その原因となる環境問題は，国の枠を越えて協力して解決すべき問題である。このような状況のなかで，1980年にIUCN (International Union for the Conservation of Nature and Natural Resources, 国際自然保護連合) などの3機関により，地球環境問題の解決に向けて，「持続可能な開発」の概念が提唱された（川嶋・市川・今村編　2002）。開発を抑えて環境の保全・保護を主張する国々と，開発が十分に進んでいないために工業化を一層進めたい国々との，いわば折衷案として提唱されたのが「持続可能な開発」である。この「持続可能な開発」は，環境教育のキーワードともなり，広く世界で通用する概念となっていく。日本の社会科教育が，現代社会の理解にとどまりがちの中，環境教育など未来を志向する教育観が，日本の教育に与えた影響は少なくなかった。他方で，さらなる未来志向の教育が提示される。それが，ESD (Education for Sustainable Development) である。ESDは，日本の提案により，2002年の国連総会において決議され，ユネスコがその推進機関となり，さらには2005年から2014年の10年間が「ESDの10年」となり，日本をはじめ各国で推進されていくことになる。

　環境教育とESDとの関係については，いくつかの見方があるが，韓国などではESDを環境教育の発展型とみなし，環境教育での体験学習に，未来的志向を強く反映させたものとなっている（井田　2015）。ESDの目標には，現象の背景の理解，体系的な思考力の育成，批判力を重視した思考力の育成，データや情報を分析する能力の育成，コミュニケーション能力，持続可能な社会のための価値観を養うことがあげられている。また，井田（2015）によれば，内容としては，貧困撲滅，環境保全，地球温暖化，エネルギー削減，人口変動などがあげられ，方法としては参加型学習である。日本ではESDを単なる環境教育の発展型としては捉えないことが多い。

　日本におけるESDは，強調したい点により，「持続可能な発展に関する教育」「持続可能な開発のための教育」「持続可能な社会づくり（の教育）」「持続可能な社会形成（のための教育）」などと訳されてきた（教育を授業，学習とすることもある）。このように，ESDといっても何を強調したいかで，日本語の表し方がかわってくる。また，これらの名称は長すぎるために，「持続発展教育」「持

続可能な社会」などの用語も用いられた．つまり，日本では単に環境教育の発展型と捉えているのではなく，環境教育も含みこんだ，より多くの教育観を取り入れたものと解釈できる．

2008年および2009年に告示された学習指導要領では，ESDを配慮した記述となり，「持続可能な社会づくり」などと記され，各教科での実施が促されている．社会科でESDが推進される際には，探究的な学習を行うことでの思考力育成，資料を分析する能力・技能の育成，意見交換を図ることでのコミュニケーション能力育成，そしてこのような学習を通して自分はどう考え，どうすべきと考えるのかといった価値観を養う学習が重視される．この価値観は持続可能な社会のための価値観となり得るものである．図序-1に示したように，こうしたESDの目標，方法などが環境に関する内容と融合し，ESDを反映した社会科となり，他教科とも関連しながら，未来社会の予想や社会参画へと導かれる．ESDは，社会科の構造においても，社会科の主要な教育として位置づけることができる．

社会科とESDについての論稿および実践は，社会科特に地理の分野で進められてきた．中山・和田・湯浅（2011）は，その集大成といえるだろう．一方，歴史や公民を踏まえた社会科という枠組みでは，井田（2011）の論稿はあ

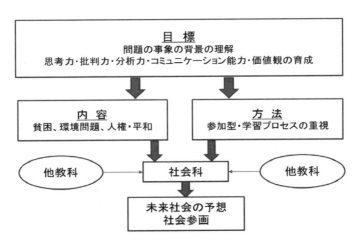

図序-1　ESD持続可能な社会の形成のための社会化のフレームワーク
　　　　井田（2011）による．

るが，きっちりとまとめられてはいない。そこで，地理のみならず，歴史，公民をも含めた社会科で，ESDを実践するプロジェクトを立ち上げようと考え，文部科学省科学研究費補助金を受けられたので，その研究成果を発表しようと本書の出版を計画した。「ESDの10年」は，2014年に終了し，2014年11月には岡山市と名古屋市で「持続可能な開発のための教育（ESD）に関するユネスコ世界会議」が開かれ，世界各国からESD実践者が集まった。「ESDの10年」が終了したことで，ESDが終了したわけではなく，ESDの今後の重要性が再確認されている。本書でも，今後のさらなるESDの発展に貢献すべく，今までの成果をまとめるものである。

　本書では，地理教育，歴史教育，公民教育の研究者が，それぞれの観点からESDを論じている。執筆者は，プロジェクトのメンバーであり，文部科学省科学研究費補助金の研究分担者であるが，特に執筆をお願いした方もいる。さらに，2014年10月に「アジアにおけるESDと地理教育」と題して，韓国，台湾，シンガポールから3人の地理教育学者，地理教育に造詣の深い地理学者を招き，国際シンポジウムを開催した。その1人であるTan Geok Chin Ivy氏（シンガポール・南洋理工大学）の論稿を本書に収めることができた。2015年11月には「欧米におけるESDと地理教育」と題した国際シンポジウムでは，Clare Brooks氏（イギリス・ロンドン大学），Sirpa Tani氏（フィンランド・ヘルシンキ大学），Michael Solem氏（アメリカ・AAG地理教育担当ディレクター）の，世界的に活躍されている地理教育学者3人を招いた。3氏とも，本書への企画に賛同していただき，寄稿をしてくれた。

　他方，こうした理論的研究と並行させて，実践的な研究授業もおこなってきた。井田，および本プロジェクトの研究分担者である唐木，國分が担当する筑波大学教育研究科の社会科コースの授業において，ESDにかかわらせた中学校社会科，高等学校地理歴史科，公民科の授業を開発し，研究協力学校で実践し，成果をあげてきた。それらの実践のメインテーマは，それぞれの学習内容にかかわることであるが，そこにESDを意識的に取り込むようにし授業を開発させた。実際の授業は1時間で完結するものから2時間以上にわたる授業もある。なお，指導は前述の3教員を中心に歴史などの専門の教員，実施校の教員の指導，助言を受けて，テーマ別に班を編成した大学院生がそれぞれに，指

導案を練り，教員や院生による模擬授業で修正・改善したうえで，協力校で大学院生によって授業が実施されている。なお，協力学校のカリキュラムの関係から「総合的な学習の時間」に組み込まれているものもあるが，社会科の要素を多分に含みこんだものとなっている。表序-1は2013年度から4年間の，教科・科目，授業のタイトル，実施協力校の校種を記したものである。これらの授業の詳細は，該当年度の1月ないし2月に『ESDに基づく社会科（地理歴史科・公民科）授業の構想－高度な授業力育成を目指す筑波大学教育研究科社会科教育コースの取り組み－』として，報告書にまとめている。

また，本プロジェクトは，研究成果を国内外に広く発信することもその目的のひとつである。そのため，本書では，日本語での論稿について英文要旨をつけ，英文の論稿は原文をそのまま掲載するとともに，担当者が，担当者の責任のうえで和文の要旨を作成するという形態をとった。これにより，本書の内容は，和文でも英文でもその概要が理解でき，日本だけでなく，日本を基盤におきながらも世界に向けての書であるといえる。

本書は以下のような構成をとっている。1章から12章までを第Ⅰ編「教科教育におけるESD」として，中学校，高等学校の社会科，地理，歴史，公民におけるESDについての論稿を収録した。ESDの特徴，教科の特性を反映したESD，具体的な授業実践におけるESD，ESDの評価などが論じられる。第Ⅱ編は「海外におけるESD」とし，ポルトガル，イギリス，フィンランド，アメリカ，シンガポールでのESDが特に地理教育とのかかわりで論じられる。ポルトガルを除き，各国の地理教育の専門家による論稿は原文の英文であるが，2ページの和訳の要旨がついているので，英語が苦手な方でも理解はしやすい。さらに，2016年8月に開催されたIGU（International Geography Union）北京大会で地理教育国際憲章2016が承認された。この憲章は地理教育に関して世界的に影響力があるだけでなく，ESDの考え方ともかかわるので，18章に全文訳で収録した。

このように本書は，ESD，特に地理，歴史，公民を網羅し，さらには日本だけでなく世界の動向，世界への発信をもふまえたものになっている。本書が，今後のESDの発展に貢献できることを願っている。

表序-1　ESDにもとづく実験授業のテーマ（筑波大学教育研究科社会科コース）

教科・科目など	授業テーマ	学校種	備考
2013年度			
総合的な学習の時間	フィールドワークを通じた身近な地域の再発見	公立中学校	＊
地理	地域からとらえる貧困―フィリピンの事例を通して―	附属坂戸高校	
日本史	風刺画を活かした日本史授業	私立高校	
世界史	騎馬遊牧民と馬	公立高校	
公民	日本の貧困―ワーキングプアを事例に―	私立高校	
総合的な学習の時間	カンボジア・スタディーツアーの事前授業―継続性に着目して―	公立高校	
2014年度			
日本史	「蘇鉄地獄」から考える沖縄の歴史	附属高校	
社会	フィールドワークで発見しよう！―大子町での「自然を活かす」と「自然から守る」―	公立中学校	＊
世界史	現代インドの対立を独立運動から考える―ガンディとヒンドゥーとムスリムと―	附属高校	
世界史	史料解釈から学ぶ世界史学習―イギリス産業革命期の児童労働を事例に―	私立高校	
公民	相互依存関係から国際社会を考察する公民科授業の構想	公立高校	
総合的な学習の時間	カンボジアにおけるボランティアの学習を通して人とのつながりを考える―カンボジア・スタディーツアー事前学習として―	公立高校	
2015年度			
社会	大子町における地域を再確認し主体的に意味付ける地域学習	公立中学校	＊
地理	ヨーロッパにおけるイスラーム	附属高校	
日本史	常陸国の人口減少から多様な視点を培う授業	私立高校	
世界史	「平和」の実現に向けて―「パックスロ＝ロマーナ」を手掛かりに―	公立高校	
社会	「公正」な社会を考える授業―「子どもの貧困」を題材として―	附属中学校	
総合的な学習の時間	望ましい途上国「支援」を考察する授業のあり方の研究―アンコールワット遺跡群の修復活動を事例として―	公立高校	
2016年度			
社会	大子町生瀬地区における学校統廃合にかかわる景観変化	公立中学校	＊
世界史	オリンピックから考える高校世界史の授業		
公民	アクティブ・ラーニングを導入した高校ESD実践―食の教材化―	公立高校	
公民	高校公民科における農業学習―人物学習の視点から―	私立高校	

注：＊は，茨城県大子町との連携事業

文献

井田仁康(2011):持続可能な社会の形成のための社会科・地理歴史科－高等学校地理歴史科における融合科目の提案－. 社会科教育研究, 113, pp.1-8.

井田仁康(2015):社会科における環境教育－価値判断・意思決定, ESD, Future earth, 21世紀型能力－. 日本文教出版編『教師用指導書 小学校社会総論』日本文教出版, pp.164-173.

川嶋宗継・市川智史・今村光章編(2002):『環境教育への招待』ミネルヴァ書房.

中山修一・和田文雄・湯浅清治編(2011):『持続可能な社会と地理教育実践』古今書院.

第Ⅰ編　教科教育における ESD

Volume 1：ESD in the Curriculum

第1章　教科教育としてのESD授業開発の手法
── 社会科授業を事例に ──

志村　喬

Chapter 1: Methods for Developing ESD Lessons in the Curriculum
─ Focusing on Social Studies Lessons as an Example ─

Takashi Shimura

Abstract:

Through the Japan-led international education program "United Nations Decade of ESD (2005-2014)", ESD was introduced into the majority of subjects in the 2008-2009 government curriculum guidelines. In schools, however, there has been confusion around the relationship between ESD and the curriculum, resulting in ESD being commonly implemented in extra-curricular activities. This is because ESD encompasses previously covered areas such as environmental education, development education, and education for international understanding, and is both crosscutting in nature and oriented towards behavioral change, thus making it difficult to draw out the peculiar characteristics of the subject. In this context, this paper analyzes reports of the National Institute for Educational Policy Research, the teacher's guide for the International Baccalaureate, and ESD recommendation documents from education related institutions in England to develop an understanding of ESD as a comprehensive umbrella concept, as well as investigates the implementation of ESD in the curriculum. As a result, the specific objectives, content, and methods of subjects are taken as departure points for the development of classes, and an ESD class development model, which appropriately incorporates universal ESD concepts in line with the characteristics of individual subjects, is proposed.

Keywords: Education for Sustainable Development, Curriculum, Class development, Social studies education, Geography education

I．はじめに

　2008/2009年の学習指導要領小学校・中学校社会及び高等学校地理歴史・公民でESDは大きく取り入れられた。そこで，2010年の日本社会科教育学会大会シンポジウムではESDがテーマとされた。シンポジストの1人である藤原（2011）は，ESDが教育実践される場を，学校教育と非学校教育（NPO・地域）と大別したうえで，前者を定型的教育である既存教科（社会科・理科・家庭科など）と非定型的教育である学校全体の取り組み（総合学習・特別活動など）に区分し，ESD実践の場は総合的学習をはじめとした非定型的教育が適していると主張した。事実，その後の学校教育現場での展開をみると，ユネスコスクールや開発研究校などでESDは総合学習や特別活動を主体として積極的に取り組みがなされ，先進的成果も生まれた[1]。

　しかし，上記以外の一般学校におけるESDは，必ずしも十分に広がったとは言い難い。たとえ実践されていたとしても，活動・参加といった学習過程や道徳的態度の習得に力点がおかれすぎ，学校教育という場に求められるESD本来の目標に照らせば疑問を感じるものすら散見される。

　日本の学校教育課程の構造と実態をふまえた場合，ESDの実質的推進を図る鍵は，総合的学習等の非定型的教育活動と質量ともに学校教育の中核を占める教科教育とが，バランスをとりながら有機的かつ現場臨床的につながることである。その際，環境・社会・文化をつなげ統合的に扱うことができる社会系教科が果たす役割はとりわけ大きく，国際的なESD教育動向からもこれは首肯される。このような認識を基底に本稿は，ESDと教科教育の関係性を理論的に整理したうえで，教科教育としてのESD授業実践の在り方を究明する。

II．教科教育からESDを捉える－アンブレラ的総合としてのESD－

1．ESDなる語の分かり難さ

　学校教員から，ESDという用語自体の分かり難さが，しばしば伝えられる。本来のESD概念の難解さに加え，邦訳が「持続可能な開発のための教育」と

長いこと，さらに「持続発展教育」とも邦訳されたことは，この用語問題を複雑にした。例えば，開発の意味は何か？，開発と発展の違いは何か？　等であり，この問題を回避するために，「持続可能な生活のための教育」（阿部・朝岡監修　2012），「持続可能性の教育（Education on Sustainability）」（佐藤ほか編　2015）といった ESD に代わる概念も紹介されている。一方，学習指導要領では「持続可能な社会」が用いられた。

　これら代替用語・概念は，日本における ESD の止揚を示唆するが，まずはESD の原語的意義を押さえておくことが肝要である。以下，教科教育実践を構想する際に理解が望まれる ESD 概念の要点を記す。

2．教科教育で ESD を理解する際の要点
(1) グローバルな視座からの教育

　周知のように ESD は Education for Sustainable Development の略語であり，「教育（Education：以下 E と略記）」と「持続可能な開発（Sustainable Development：以下 S 及び D と略記）」が，目的を示す「for」でつながれた用語である。このうち後段 SD 部分における，S（持続可能な）が日本語として馴染みが薄かったこと，D を日本において開発として訳出することが適切か等の疑問から，上記の代替用語・概念が提唱されてきた。これらの意見は，日本の社会・教育文脈からすれば理解できる部分も多い。

　しかし，ESD が国際的な教育プログラムとして，全世界の教育を視野に入れて構想された点に留意すると D が「開発」として解釈された根拠が見えてくる。例えば，高校地歴・公民の学習指導要領解説書（2010）に参考資料として掲載された「国連持続可能な開発のための教育の10年」実施計画（抄）（2006年3月）では，ESD についての説明文の中に次のようなフレーズがある。

　　　「持続可能な開発とは，将来の世代のニーズを満たす能力を損なうことなく，現在の世代のニーズを満たすような社会づくりのことを意味しています。このため，……，貧困を克服し，保健衛生を確保し，質の高い教育を確保することなどが必須です。（中略）なお，このためには，すべての人に対して識字教育を確保し，質の高い基礎教育を確保することが前提に

なります。」(下線は筆者)

　冒頭の文章は，ESD の定義として頻用されてきた。しかし，本稿が注視するのは下線部である。この下線部は，日本のような先進国よりも開発途上国を主対象とした内容である。この内容を意識すると，ESD がグローバルな視座にたった教育概念であることが分かり，国際的に「開発（Development）」が用いられてきた理由が理解される[2]。

(2) 行為目標性の強い教育

　ESD は，教育（E）と持続可能な開発（SD）が，目的を示す「for」でつながれていること，即ち SD「のため」の教育というように目的により定義されていることに注意することが教科教育では重要である[3]。学習指導要領における「持続可能な社会（の実現・構築）」等の記述は，この目的性を行動目標的な教育成果，換言すれば行為目標として表現している。そして，この行為目標を重視すれば，行動が学習の主体となる総合学習や特別活動が，ESD の主要実践領域になり，学習評価で価値・態度側面が大きな割合を占めることは理に適っている。

　一方，教科教育では，行為及び価値・態度以外の教育目標の役割も大きい。例えば社会科の場合，社会認識の育成目標が，価値・態度さらに行為目標を含む公民的資質育成目標と並存し，両者が協働して社会科の目標を実現してきた。これら教科固有の内容を欠けば，教科教育目標は達成されない。

　同時に，教科固有の学習内容は，ESD にとっても必須である。例えば ESD では，行為を起こす前の意思決定段階における批判的思考力（クリティカル・シンキング）が重要である。このクリティカル・シンキングについて木曽（2015, p.27）は，他人の責任を追及したり非難する意味合いはほとんどなく「むしろ，客観的規準（criteria）に即して，慎重に思考を進めていく方法論と言える」とする。この場合，態度・価値的基礎だけでなく，確かな内容認識に基づく規準と論理的思考が必須であり，各教科固有の認識と論理に基づいて思考力を育成する教科授業の果たす役割は大きい。

(3) アンブレラ的総合としての教育

　ESD を教育史に位置づけると，グローバル文脈では環境教育と開発教育を

ルーツにした包括的教育領域，国内的には日本で先駆的実績をあげてきた公害・環境教育の発展領域となる（志村　2011）。このような系譜を有するESDが，従来の教育実践領域とどのように関係するかについて「国連ESDの10年（2005-14）」実施計画（2006）は次のように解説していた。

　　「環境教育や開発教育をはじめ平和，人権等のESDの対象となる課題について，学校では，既に社会科，理科，技術・家庭科等の各教科や総合的な学習の時間等において取り扱われており，（中略）ESDでは，これら個別の取組のみではなく，様々な分野をつなげて総合的に扱っていくことが必要です。」(p.6)（下線は筆者）

　これは，ESD学習対象が既に教科等では扱われているが，それだけではなく，それら取り組みをつなげた総合的な実践の必要性を求めるものであったし，それ故に「総合的」な在り方が課題とされた。この課題に関し注視すべきは，日本ユネスコ国内委員会（2008）における「「持続発展教育」とは，国際理解教育や環境教育等を包含するアンブレラ的な概念である」との解説である。これは，内容を統合する（integrate）よりも，異なる各構成要素が一定の枠組みで組織化されまとまる（即ち，傘下に入る）との意であるアンブレラ（umbrella）としてESDの総合性を捉える意図を示している。

　ESDを統合的でなくアンブレラ的総合（枠組みに依拠した傘下的総合）として捉えると，教科・領域など学校教育実践を構成する個別要素をダイナミックに位置づけたシステム的なESD実践が構想しやすい。以下では，ESDをアンブレラ的総合概念として捉えたうえで，その枠組みに教科－とりわけ社会科－がどのように関連づけられるのか関連文書における解説様式から構造分析する。

Ⅲ．ESDと教科との関係性の論じられ方

1．日本の国立教育政策研究所報告書におけるESDと教科

　国立教育政策研究所は2012年，『学校における持続可能な発展のための教

育(ESD)に関する研究〔最終報告書〕』(以下,国研報告書と略記)を公刊した。4年間にわたる理論的・実践的研究成果である本報告書には,社会科,理科,技術・家庭科,総合をはじめとした様々な教科・領域と学校種での実践報告が掲載され,学習指導要領に「持続可能な社会づくり(の形成・構築)」として明記されたESDを学校で授業実践するための手引書となった。本報告書で示されたESD授業づくりの要点は,「ESDの学習指導過程を構想し展開するために必要な枠組み」(図1-1)として簡潔に図解され,ESDを学校で実践するための方略として特に言及・援用されることが多い。その場合,図中で囲まれた3つの部分,【持続可能な社会づくりの構成概念】,【ESDの視点に立った学習指導で重視する能力・態度】,【ESDの視点に立った学習指導を進める上での留意事項】が主に注目され活用される。これは,この3つの内容が,ESD

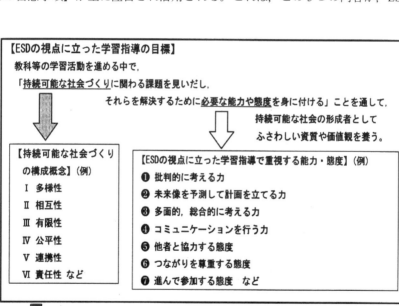

図1-1 ESDの学習指導過程を構想し展開するために必要な枠組み
国立教育政策研究所(2012)による。

としての授業づくりの柱だからである。

　しかし，教科教育における ESD 授業を構想する際には，【ESD の視点に立った学習指導の目標】として上端に記載された，次の一文を十分に確認しておく必要がある。

　　「<u>教科等の学習活動を進める中で</u>，「<u>持続可能な社会づくり</u>に関わる課題を見いだし，それを解決するために<u>必要な能力や態度を身に付ける</u>」ことを通して，持続可能な社会の形成者としてふさわしい資質や価値観を養う。」（波線下線は筆者）

　報告書中で付されている直線下線の部分は，前半が ESD（持続可能な社会づくり）を教科教育実践へ組み込むために必要な概念，後半が ESD 学習成果として求められる能力・態度である。そして，双方とも ESD 授業として重要であるとともに学校現場では従来馴染みのない概念・学習成果内容であるため，この 2 つを具体的に取り出し詳細に図中で解説している。しかし，冒頭の波線下線のように「教科等の学習活動」を前提としていることを，見過ごしてはならない。換言すれば，【持続可能な社会づくりの構成概念】及び【ESD の視点に立った学習指導で重視する能力・態度】は，ESD 授業として求められる汎用的な概念と学習成果であり，決してそれだけで教科等の授業が成立する訳ではないのである。

　下端【ESD の視点に立った学習指導を進める上での留意事項】として記された「つながり」も，教科等の授業設計・改善のための ESD 汎用的な留意事項である。したがって，本図解で提起された枠組みは，ESD の視点に立った授業づくり（設計・改善）の際，必要な汎用的な ESD 概念・学習成果・留意事項を解説したものであり，教科授業づくりの論理としては，別の枠組みが求められる。

2．国際バカロレア（IB：International Baccalaureate）における ESD と教科

　先に述べたように ESD はグローバルな教育活動である。そこで，国際的なカリキュラム文脈における ESD と教科教育の関係を知る一方策として，国際

的な中等教育カリキュラム規準である国際バカロレア資格（ディプロマプログラム）の社会系教科シラバス，とりわけ地理を取り上げ，そこでの関係性をみる。国際バカロレアは，世界的にみて ESD が強く推進されている欧州に基盤をおき，内容に ESD をかなり組み込んでいる。同時に，学問性（discipline：以下ではディシプリン）の強い教科カリキュラム構造を採用している。したがって，ESD と教科の関連性を知る事例として適切である。

国際バカロレアの人文・社会科学領域であるグループ 3「個人と社会」に属する社会系教科は地理，歴史，経済等であり，この領域に含まれる全教科は，各教科の体系的な学習をふまえて「個人と社会の性質や活動についての理論，概念，議論を特定して（identify），それらを批判的に分析，評価する力を育む。」（下線は筆者）ことを共通のねらいとしていると最初に説明する[4]。これは，教科の基礎をなす学問性を有した系統的学習をふまえた批判的思考力育成をねらいとするもので，先に引用した木曽の「客観的規準に基づく合理的思考力」と軌を一にした目標である。

さらに，社会系における ESD の中核教科として認識されている「地理」では，地理の基礎的な考え方である，人，場所，空間と環境の間の相互関係についての理解を深め，多様性と変化についての国際的視野を育むことに加え，「人間の福祉および環境の質への関心を高め，持続可能な管理および計画（the need for planning and sustainable management）に対する理解を深める」（下線は筆者）ことが地理学習の目標として明記される。地理学習内容をふまえて「（持続できるように）計画し管理する」という社会的行為までもが地理学習成果目標の射程に組み込まれているのである。

この目標を受けて，必修大単元 4 つのうちの 1 つは「環境の質と持続可能性のパターン」であり，大気・土壌・水・生物多様性の変化を学習した最後に，自然環境の持続可能性を実現するための管理方法をローカルあるいは国際スケールで評価する（evaluate）ことが求められる。これは，客観的な持続可能性を規準とした意思決定であり，そのために必要とされるのは地理学習内容を活用した批判的思考力である。

続く選択単元「極限環境」「余暇活動・スポーツ・観光」「都市環境」においても，単元での学習内容をふまえたうえで，持続可能性を規準とした思考・意

思決定が終結部で要求されている。このような IB 地理の単元構成からは，教科固有の学習内容（概念・理論・技能等）を学ぶ過程に ESD を組み込むとともに，終結部で ESD の成果目標に内在する価値・態度・行為的内容を前面に打ち出し出していることが理解される[5]。

一方，経済，歴史では地理ほど ESD が表には出てはいない。例えば，歴史では「概念的な理解をもつには，「事実に基づく知識」という確たる基礎が必要になる」と主張されている[6]。これらから，国際バカロレアでは教科固有の学習内容をまずは重視し，それをふまえたうえで教科特性に応じて ESD を組み込んでいるといえる。

3．イギリスのナショナル・カリキュラムにおける ESD と教科

ESD が早くからナショナル・カリキュラム内に規定されたイギリス（イングランド）の関連文書では，より具体的に教科教育と ESD の関係づけが示されている。

イングランドでは 1990 年代後半，ESD が国家的教育政策に位置づけられた。その端緒は「ESD のための政府委員会（SDEP）」が 1998 年に，ナショナル・カリキュラム開発部局へ提案した ESD の 7 主要概念（SDEP，1998）である。以降，この 7 主要概念は ESD 教育カリキュラムを構想する基底概念となり，2000 年以降のナショナル・カリキュラムには，地理，シティズンシップ，理科，デザイン・技術といった教科を筆頭に ESD が明確に組み込まれた。

さらに政府は，学校現場での ESD 実践を推奨するため，「持続可能な学校（Sustainable School）づくりのための全国的枠組み」（DfES，2006）を提示した。これは，ESD を実践する学校づくり（持続可能な学校づくり）の出発点として ESD が導入しやすい学習内容を 8 テーマとして紹介するとともに，ESD を実践する場として教科レベル（カリキュラムの層）・学校全体レベル（キャンパスの層）・学校と地域が連携したレベル（コミュニティの層）の三層があることを示した。

この 2 つの文書は，学校での ESD 推進に大きな役割を果たしており，その内容を構造分析すると ESD 学校教育実践の理論枠組みは図 1-2 のように表現できる[7]。図の行方向「8 つの導入テーマ」は，ESD を学校で実践する際に迷

ESDを組み込むための概念	「持続可能な開発」の7つの主要概念(SDEP,1998)						
	原理		要素			成果	
	a	b	c	d	e	f	g
	相互依存性	将来の世代のニーズと権利	文化・社会・経済・生物的多様性	持続可能な変革(開発と環境収容力)	生活の質・公平・公正	市民性と参加の責務	行動における不確実性と予防措置
	事実的	時間的 価値的	事実的	事実的	価値的	価値的	価値的 行動的

	導入テーマ	実践教科・領域	a	b	c	d	e	f	g
1	食べ物と飲み物								
2	エネルギーと水								
3	移動と交通	地理	◎	◎	◎	◎	◎	○	○
4	購入とゴミ	シティズンシップ	◎	◎	○	○	◎	◎	◎
5	校舎と校庭	理科	◎	○	◎	◎	×	×	△
6	共生と参加	デザイン・技術	◎	○	◎	◎	×	×	△
7	地域の幸せ	他教科・領域	(◎)	(○)	(−)	(−)	(−)	(−)	(−)
8	グローバルな次元	他教科・領域	(◎)	(○)	(−)	(−)	(−)	(−)	(−)

ESDの取り組み対象 / *「8つの導入テーマ」(DfES,2006)*

カリキュラムの層(授業の場)
キャンパスの層(学校の場)
コミュニティの層(地域社会の場)

図1-2 ESDを教育実践するためのイギリスでの枠組み
SDEP (1998)・DfES (2006) を構造分析し志村作成。
導入テーマの「5」について拡大し，ESD主要実践教科である地理，シティズンシップ，理科，デザイン・技術における主要概念と各教科との結びつきの強弱を◎○△×の順で示した。その他の教科・領域の（−）には，各教科・領域特性に応じて同様な記号が入る。
志村（2011）による。

うことが多い学習対象選択の事例である。例えば，児童・生徒に身近である「校舎と校庭」をテーマとして選択した場合，カリキュラムレベルでは，地理，シティズンシップ，理科，デザイン・技術などの教科で扱うことができるとする。但し，これは学習対象を例示しているだけであり，ESDとして授業を再構成することが必要となる。このESDとしての授業再構成の鍵となるのが列方向にあるESDの7つの主要概念である。この主要概念を，意識的かつ効果的に教授・学習過程に組み込むことでESDになるのである。

7主要概念はその機能・性質から，ESDの「原理」概念,「要素」概念,「成果」概念に大別される。原理概念にあたる「a　相互依存性」「b　将来の世代のニーズと権利」は，授業をESDとして成立させるための必須概念である。したがって，どのような授業であろうとも，ESD実践であるならば，この原理概念を含まなければならない。

　要素概念であるc・d・eは，各教科の特性に応じてどの程度取り入れるか否かが違ってくる。例えば，理科は価値的要素である「e　生活の質・公平・公正」よりも，事実的要素であるc・dをその教科特性から主に組み込むことが期待される。一方，シティズンシップは逆となる。

　成果概念にあたるf・gは，市民参加や行動まで含んでおり，既存カリキュラム内では収まらないケースが予測される。しかし，カリキュラムの層ではなく，学校全体の場であるキャンパスの層や地域社会の場であるコミュニティの層へ展開すれば，それら実践は可能である。実際，筆者が現地調査した学校の地理授業「犯罪の地理」単元では，生徒が地域の犯罪実態を調査研究したのち，終結部では地域の警察等へ学習成果を発表しており，カリキュラムの層からコミュニティの層への発展がみられた（志村　2008）。

　この枠組みは，ESDとして授業を再構成するための主要概念が機能から整理されている点，実践の場を授業・学校全体・地域社会の3層に峻別している点，その帰結として各教科が担うESDの範囲を策定しやすい点が特長であり，教科としてのESD授業づくりに援用しやすい構造を有している。

Ⅳ．教科教育の固有性とESDの普遍性とをつなげた授業開発

　ESDを，グローバルかつ学習成果としての行為目標性が強いアンブレラ的総合の教育と確認したうえで，教科教育との関係性を内外の解説文書で検討した。日本の国立教育政策研究所が提示した枠組み（図1-1）だけでは，実践を教科の授業として構想するという側面が看過される懸念があった。そこで，教科性が強い国際バカロレア及びイギリスのナショナル・カリキュラムにおける教科とESDの関連性を分析し，教科固有の目標・内容の重要性を確認するとともに，実践の場（教科の授業か，学校全体の特別活動か，地域社会での活動

か）も考慮する必要があることを見いだした。

　これら知見を，日本の学校教育におけるESDに援用すると，教科教育としてのESD授業を開発する過程が図1-3のようにモデル化される。教科授業づくりの出発点は，図右側にある教科固有の学習指導事項及び教科固有の学力目標（学習成果）であり，教科の実践自体は二重線で囲んだ部分，学習事項を学習成果へと展開させる教科「〇〇」授業である。その際，授業を教科「〇〇」の授業として成立させるのは，教科固有の内容の捉え方・考え方であり，その基底で機能する鍵概念である。例えば，日本の地理授業であれば，空間，スケール，場所，自然と人間社会との関係，地域などである。歴史授業であれば時間，期間ほか，公民授業であれば個人，社会集団，社会機能ほかが想定される[8]。このように教科固有の概念が教科を成立させることを確認するならば，国研報告書のESD授業構想枠組み（図1-1）で提示された，【持続可能な社会づくりの構成概念】等と，これら教科固有概念の双方をつなげて授業づくりに取り入れることにより，教科教育かつESDである授業実践が実現するということが見えてくる。

　図1-3中央左の「ESD鍵概念の確認」部分は，Ⅲ章で分析した教科とESDの関連性をふまえてESDの鍵概念を整理したものである。まず，ESDは将来という時間軸で学習内容を捉え，その将来を人間が主体的に形成（変容）させ

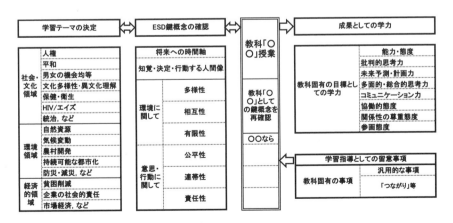

図1-3　教科を基礎としたESD授業の開発過程
　　　　志村作成。

るという前提に立っている。これは ESD としての原理概念であるため枠内上段に位置づく。一方，国研報告書で具体的に提示された 6 つの構成概念は，主に環境に関する概念「多様性，相互性，有限性」と，主に意思・行動に関する概念「公平性・連帯性・責任性」に大別される。このうち前者は事実的性質，後者は価値的・行為的性質を持つ。したがって，各教科とのつながりの度合い及び教育実践される場のレベルは，教科固有の性質により異なるものになる。つまり，ESD 鍵概念を，教科固有性をふまえたうえで適切に組み込むことにより，ESD としての教科教育実践が可能となり，成果としての学力でも，教科固有の学力と ESD で望まれる資質・態度的学力が保障される。

なお学校現場では，教科教育としての ESD 授業を構想する際，図左端にあるような ESD3 領域における学習テーマから考えはじめることが多い。これは具体的な学習内容からはじめた方が，授業がイメージしやすいからである。しかし，具体的内容を ESD の鍵概念だけではなく，扱う教科でこれまで大切にした教科固有の概念と十分に関連づけることが，教科の授業としての ESD 実践を成立させるために必須である。加えて，左段の学習テーマの多くは，図中右下に記した「教科固有の事項」に内在していることも実は多い。そうであるらば，これまでの教科授業内容に埋め込まれた教科の鍵概念を意識したうえで，教科固有性に応じて ESD 鍵概念を組み込むことで，教科としての ESD 授業が開発できる。

V．結びに－社会科としての ESD 授業実践の価値－

本稿は地理等を事例に取り上げはしたものの，特定教科に限定せず，教科教育実践としての ESD 授業開発方法を論じた。最後に，社会科としての ESD 授業実践の価値を記し結びたい。

2004 年に発生した新潟県中越地震の被災地，とりわけ全村避難した山古志村（現長岡市山古志地区）での学校教育の歩みを，筆者は復興教育の観点から論じた（志村　2016）。山古志では被災地の復興を目標に，学校教育に止まらない幅広い教育活動がなされ，その結果，新しい地域社会が構築されていった。そこでの教育活動はまさに ESD であり，「地域社会の復興のための教育」とい

う目標性が極めて高い教育であった。しかし，復興のために最も重要だったのは，目指すべき「復興した地域社会像」をどう描き，どのように社会的合意形成を図るかであり，それが上手く成されたときにこそ，目標とした社会を構築する社会的行為が円滑に進むという現実であった。

これは，復興ひいては持続可能な開発（あるいは生活・将来・社会）を所与のものではなく，当事者集団が自ら構想し，社会的合意を得ることが，目標志向のESDにおいて極めて重要であるという教訓である。そして，このような社会的目標を構想し合意を図ることができる人間育成の役割を学校教育で中心的に担っているのは教科「社会」である。これを改めて確認するならば，教科「社会」におけるESD授業実践の価値は極めて大きい。

注
1) 例えば，別子銅山跡がある愛媛県新居浜市では全市立学校がユネスコスクールとしてESDに取り組んでいる。また，上越教育大学附属中学校はESDを教科化する研究（上越教育大学附属中学校　2013）に取り組んだ。なお，社会系教科教育の研究レベルでは，中山ほか編（2011）を嚆矢に，泉ほか編（2012）などかなりの成果が得られている。
2) Developmentの含意の変化については諏訪（2015）が，国連における歴史的変遷から解説している。
3)「持続発展教育」・「持続性の教育」と訳出した場合，この目的性が看過される恐れがある。
4) 地理，歴史，経済の指導の手引きは邦訳・web公開されており，以下では2016年2月に公開された2009年発行の国際バカロレア試験（2011年第1回）ディプロマプログラム『「地理」指導の手引き』http://www.ibo.org/globalassets/publications/geograpy-guide-jp.pdfを，特に断りのない限り引用する（2016年9月1日閲覧）。
5) 最新版（2015年公開・2019年第1回試験）では，地理の基礎概念6つのうちの最後に「可能性」が明記された（他の基礎概念は，スケール，場所，プロセス，権力，空間的相互作用）。ここでの「可能性」は，地理的モデル・予測をふまえて人間や環境システムの持続可能性を判断し代替行為を意思決定することを意味している。これをふまえ，各単元の終結部では，将来の持続可能性及び人間社会がなすべき行為を考えさせることが多い。
6) 2015年公開「「歴史」指導の手引き」p.76。
http://www.ibo.org/globalassets/publications/history-guide-2017-jp.pdf（2016年9月1日閲覧）。
7) 本図の詳細な説明は志村（2011）を参照。
8) 日本の社会科教育における鍵概念の捉え方とその内容については，志村ほか（2017）

で論究している。

文献

阿部　治・朝岡幸彦監修，佐藤真久・阿部　治編（2012）:『ESD 入門－持続可能な開発のための教育』筑波書房．

泉　貴久・梅村松秀・福島義和・池下　誠編（2012）:『社会参画の授業づくり－持続可能な社会に向けて－』古今書院．

国立教育政策研究所（2012）:『学校における持続可能な発展のための教育（ESD）に関する研究〔最終報告書〕』国立教育政策研究所，https://www.nier.go.jp/kaihatsu/pdf/ESD_saishuu.pdf（2016 年 8 月閲覧）．

「国連持続可能な開発のための教育の 10 年」関係省庁連絡会議（2006）:『わが国における「国連 ESD の 10 年（2005-14）」実施計画』，http://www.cas.go.jp/jp/seisaku/kokuren/keikaku.pdf（2016 年 8 月閲覧）．

木曽　功（2015）:持続可能な発展のための教育（ESD）の世界的潮流，佐藤　学・木曽　功・多田孝志・諏訪哲朗編（2015）:『持続可能性の教育－新たなビジョンへ－』教育出版，pp.16-28．

佐藤　学・木曽　功・多田孝志・諏訪哲朗編（2015）:『持続可能性の教育－新たなビジョンへ－』教育出版．

志村　喬（2008）:イギリス地理教育におけるシティズンシップの位置づけと実践－犯罪の地理授業を事例に－，中等社会科教育研究，27，pp.1-12．

志村　喬（2011）:地域多様性をふまえ持続可能な空間環境を実現する地理教育－イギリスにおける ESD 地理教育から－．社会科教育研究，113，pp.9-20．

志村　喬（2016）:被災地での復興に社会科教育は何を担うのか－新潟県中越地震（2004）被災地「山古志」から考える－，社会科教育研究，128，pp.42-53．

志村　喬・茨木智志・中平一義（2017）:社会科教育における「思考力」の捉え方－国立教育政策研究所研究報告書「21 世紀型能力」を緒に－，上越教育大学研究紀要，36（2），（印刷中）．

上越教育大学附属中学校（2013）:『教育を変える！　持続発展科の誕生』協同出版．

諏訪哲朗（2015）:コラム　ESD の訳語をめぐって．佐藤　学・木曽　功・多田孝志・諏訪哲朗編（2015）:『持続可能性の教育－新たなビジョンへ－』教育出版，pp.33-34．

中山修一・和田文雄・湯浅清治編（2011）:『持続可能な社会と地理教育実践』古今書院．

日本ユネスコ国内委員会（2008）:持続発展教育（ESD）の普及促進のためのユネスコ・スクール活用について提言，http://www.mext.go.jp/unesco/002/004/08043006/001.htm（2016 年 8 月閲覧）．

藤原孝章（2011）:社会科における認識の総合性と社会参加－持続可能な社会の形成と開発単元「フェアトレード」と私たちのくらし－．社会科教育研究，113，

pp.29-40.
DfES (2006) : *Sustainable Schools for pupils, Communities and Environment: government response to the consultation on the sustainable schools strategy.* Department for Education and Skills.
SDEP (Sustainable Development Education Panel) (1998) : *First Annual Report 1988*, http://webarchive.nationalarchives.gov.uk (2010年3月閲覧).

第2章　高等学校「地理総合」における防災教育の一事例
―― 持続可能な社会をめざす復興まちづくり ――

吉水裕也

Chapter 2: A Case of Disaster Preparedness Training in High School "Comprehensive Geography"
― Temporary Housing Complex Design for Sustainable Social Development ―

Hiroya Yoshimizu

Abstract:

This paper describes two units from the soon to be established high school subject "Comprehensive Geography (Provisional Title)": disaster preparedness training and community investigation for building sustainable societies. In addition to the disaster history of the community, students will study recovery related concepts such as preemptive recovery, community maintenance, cooperation systems, and privacy protection for people in need. Further, they will conduct fieldwork investigations of the characteristics of disaster preparedness of the area. Such fieldwork will then be utilized in carrying out the performance task of designing an emergency temporary housing complex,which is different from a standardized temporary housing complex. Students will be tasked with designing a unique temporary housing complex that reflects community diversity. Student activities will be mutually evaluated under a rubric in order to monitor knowledge and concept acquisition, and the level of usage. After evaluation, students will rework their design to improve it. It can be proposed that the exploration of solutions through a process of trial and error is the equivalent of experiencing the building of a sustainable society where a diversity of answers exists.

Keywords: Disaster preparedness, Temporary housing development design, Community diversity, Multi-scale, Performance tasks

I．はじめに

　持続可能な社会づくりを地理で学習するとすればどのような可能性があるだろうか。地理の特性を活かして，生活圏で起こっている問題を直接観察し，それを結果と捉えて原因を探究する学習。原因を探究する学習は，問題解決的学習と位置づけられているが，目の前にある現実を結果と捉えれば，問題の根本を探究するのだから，本来は問題発見的学習でもある。このような学習を通して獲得した目の前で起こっている現象の原因と考えられることを活用し，同じ課題が発生しないようにするためにはどうすれば良いかを考えることや，同じように成功に導くためにはどうすれば良いかを考えることが持続可能な社会づくりにつながるのではないか。

　本章では，持続可能な社会づくりをめざす社会デザインについて，応急仮設住宅（以下，仮設住宅）建設プランニングに関するパフォーマンス課題を含む単元を，次期学習指導要領で高等学校に新設される予定の「地理総合（仮称）」（以下，「地理総合」）に位置づけて論じる。ESDの概念は，持続可能な社会の構築（中学校社会科地理的分野），持続可能な社会の実現（高校地理歴史科地理A），持続可能な社会の形成（中学校社会科公民的分野および高校公民科）という文言で，すでに平成20，21年版学習指導要領に位置付いている（文部科学省　2008，2010）。中教審で検討された「地理総合」では，科目の特徴の1つが，持続可能な社会づくりを目指し，環境条件と人間の営みとの関わりに着目して現代の地理的な諸課題を考察するとなっており，内容（3）イ　生活圏の調査と持続可能な社会づくりという項目の中で，生活圏の課題を，観察や調査・見学等を取り入れた授業を通じて捉え，持続可能な社会づくりのための改善，解決策を探究する，となっている。ESDの概念は「地理総合」の柱であり，一層重要性を増したと言えよう。また，ESDは環境，経済，社会，政治の統合的な発展を目指すもので，防災学習はその要素の1つであり，地域的な視座から諸課題への対応を考察することとなっている。

　ところで，筆者は1995年の阪神・淡路大震災を経験して感じたことがある。それは仮設住宅等による孤独死の問題である。入居当初は居住空間での不便さ，

買い物等の不便さがクローズアップされてきた。その後時間が経つにつれ，個々の孤立の問題がクローズアップされる。孤独死は，仮設住宅特有の問題ではない。むしろ，社会一般に広がる深刻な問題である。被災後は誰もが自身の生活の復旧・復興で大変だった。そんな中で，忘れ去られた人々がいたのではないかと思うと特に胸が痛い。そして，このような出来事が起こるのは社会のシステムにも問題があったからではないかと思う。地震等の災害は今後も確実に発生し，被災地では確実に仮設住宅が必要になる。

　仮設住宅で孤独死等の問題が起こらないように，共助可能な仮設住宅の配置を行うことも持続可能な社会づくりの実現への道の1つではないか。つまり，多様な人々が災害からの復興に関わるシステムを組み込む事，ダイバーシティ・マネジメント（例えば，谷口　2005）である。「地理総合」では，持続可能な社会づくりの視点から防災学習をどのように扱う事ができるのか。本章では，仮設住宅を事例に，この問いに答え，さらに，仮設から本設へと繋ぐ足がかりを生徒に考えさせることで，持続可能な社会づくりにアプローチしたい。

Ⅱ．高等学校「地理総合」について

1．設置の経緯

　2016年8月に公表された中教審初等中等教育分科会教育課程企画特別部会審議のまとめ（案）では，高等学校地理歴史科に「地理総合」が2単位の必修科目として位置づけられている。

　「地理総合」は，持続可能な社会づくりに必須となる地球規模の諸課題や地域課題を解決する力を育む科目と位置づけられている。これまでの地理教育が目標にしてきたことは維持し，持続可能な社会づくりをめざす態度を形成しようとするものである。

2．「地理総合」

　「地理総合」の学習内容は，地図と地理情報システムの活用，国際理解と国際協力，防災と持続可能な社会の構築という3つの大項目から構成されている（表2-1）。持続可能な社会づくりは，生活圏の調査に関する中単元の基本概念

表 2-1　地理総合の内容構成

大項目	中項目	内容
(1) 地図と地理情報システム		以降の地理学習等の基盤となるよう，地理を学ぶ意欲等を確認するとともに，地図や地理情報システム（GIS）などに関わる汎用的な地理的技能を身に付ける。
(2) 国際理解と国際協力	ア　生活・文化の多様性と国際理解	自然と社会・経済システムの調和を図った，世界の多様性のある生活・文化について理解する。
	イ　地球的な課題と国際協力	地球規模の諸課題とその解決に向けた国際協力の在り方について考察する。
(3) 防災と持続可能な社会の構築	ア　自然環境と災害対応	日本国内や地域の自然環境と自然災害との関わりや，そこでの防災対策について考察する。
	イ　生活圏の調査と持続可能な社会づくり	生活圏の課題を，観察や調査・見学等を取り入れた授業を通じて捉え，持続可能な社会づくりのための改善，解決策を探究する。

中教審教育課程企画特別部会資料（2016）より作成

となっており，これまでの地理学習で獲得してきた知識や概念，さらには地域調査を通じて獲得したデータを元にして，持続可能な社会づくりに寄与する提案を行う単元と考えても良いだろう。そこでは主体的で対話的な学習による，深い学びが期待されており，地域課題を解決する力を育む科目として位置づけられている「地理総合」の到達点と探究的な科目への接続が図られる大単元と考えられる。

3. 防災教育の位置づけ

　災害の学習をする際には，日本周辺，日本全体，およびさらに小さい地域スケールを設定する必要がある。空間をマルチ・スケールでとらえる必要性である。日本では地震や火山災害，台風等による風水害が頻発している。特に自らの身を守る観点からすれば，生活圏スケールでどのような災害が起こってきたのか，起こる可能性が高いのかを学習する必要がある。さらに，災害発生前，災害発生時，災害発生から数日，数週間，数カ月，数年という時間をマルチ・スケールでとらえる必要もある。生活圏レベルの地域スケールで，どのような災害が起こるのか，災害が起こった後どのようにすれば良いのか，災害が起こった後に発生する課題を短期的・長期的に予測し，リスクを下げるシステムをど

のように作りだしていくことができるのかを考えるのが，持続可能な社会づくりと関連した防災学習になるのではないか。

III. 共助と地域多様性[1]

阪神・淡路大震災は様々な課題を提起することとなった。その1つが仮設住宅にまつわる問題である。仮設住宅の用地確保は市町が分担し，自力建設以外は県が主体となって建設された。一方，用地確保が市町ごとだったため，仮設住宅は市町ごとに建設された。神戸市以外の被災者は，従前居住地とあまり離れていない同一視町内での入居が可能であった。しかし，神戸市では市内の同一区に建設された仮設に入居できる割合は低かった（松川　2008）。

1．共助可能なコミュニティの維持

阪神淡路大震災の仮設住宅では，前述の通り神戸市の場合同一区に建設された仮設住宅に入居できる割合が低かった。入居希望世帯数と提供された仮設住宅の戸数との関係から，優先順位を決めたうえで抽選を行ったからである（菅　2007）。

では，どのような世帯の優先順位が高かったのか。神戸市では，高齢者だけの世帯，障がい者のいる世帯，母子家庭が第1順位とされていた。この要援護者優先は，常識的な措置と考えられる。しかし，結果としては，当初募集の仮設住宅団地は「要援護者の団地」となり，団地内のコミュニティづくりや見守り活動に大きな問題を残すことになった（神戸市弁護士会　1997）。

2．仮設住宅と地域多様性

仮設住宅地のデザインでは，いつでもどこでも起こるような問題であるコミュニティ維持の必要性や孤独死の問題などが起こらないようにするために，標準化のための理論がいる。例えば，共助可能なまちづくりといった理論である。一方で，地域が持っている多様性を出来るだけ維持するために，標準化の理論を当てはめるだけではなく，地域多様性を維持できるための個別性が必要になる。共助可能と言っても，高齢化した地域では，助ける側の人数や世帯数

が少ない。そういった地域固有の問題を加味しなければならない。そのため，地域の現状把握と未来予測が，統計資料やフィールドワークに基づいてなされる必要がある。持続可能な社会づくりは，汎用性の高い理論やどこでも起こる問題に基づいた，答えがただ1つに決まるものではなく，地域多様性を反映した多数の答えが創出される可能性を持つものである。仮設住宅地のデザインは，地域毎に災害が起こる前から何度も話し合っておかなければならないことなのである。

Ⅳ．防災ガバナンス

　防災と持続可能な社会づくりはどのような関係になるのか。持続可能な社会づくりの観点の1つに防災が位置づけられる。防災や減災の観点からの持続可能な社会づくりには，ハードの整備とソフトの強化という側面がある。日本ではハードの整備が点的で，都市計画全体として面的にデザインする視点が弱いと言われている（例えば加藤　2013）。もちろん，建物の耐震化，不燃化が進むことは悪いことではない。それに加えて，ソフト面強化のためには，1人でも多くのアクターを育成する必要がある[2]。

1．防災まちづくり
　地震，津波，降雨災害など，日々どこかで災害が発生している。河川の増水に対応するよう堤防を嵩上げする，学校等避難施設を兼ねているところはできるだけ安全な場所に建設することなど，災害に遭わない，又はできるだけ被害が小さくなるようなところに施設を建設するのは当然のことである。一方，それにも留保条件がついており，どの程度の支出が合理的なのかを判断する必要がある。これは公助と関係し，そのために自治体ではハザードマップの整備や各種の被害想定が必要となる。これら自治体が作成した資料を読み解き，公助を行う際の支出金額等の合理的ラインを行政が判断している。一方，この判断を批判的に検討することがまちづくりには重要となる。

2. 事前復興

　阪神・淡路大震災の復興に際しては，国家的復興事業に対する異議申し立てが噴出した。その経験から，被災前に復興のありかたを地域独自で検討しておくべきとの提案がなされた。例えば，それは「事前復興」（東京都）と呼称され各種検討が進められている。また，神戸市真野地区のように，災害前からまちづくりを継続してきた地域では，応急対応でも成果をあげた（阪神復興支援NPO　1995）。真野地区では現在でも継続的にまちづくりに取り組み，それを発信している。このように事前に備えるまちづくりが，持続可能な社会づくりにつながる。

3. 仮設まちづくりから本設へ

　1995年に阪神・淡路大震災が起こったときと，今日では，世の中は大きく変化している。高齢化がさらに進み，人口減少時代を迎えている。事前復興のような「備えるまちづくり」は，一度行えばよいのではなく，何度も繰り返して考える必要がある。

　東京都の事前復興の概念を否定するのではないが，今後人口減少していく時代に，モデルとなるのは東京のような人口集中地ではなく，むしろすでに縮小が始まっている地域だろう。この点，東日本大震災の被災地での取り組みから学ぶことは多い。また，すでに2008年には仮設市街地研究会が本設の前に仮設市街地を構想しておくことを提言している（仮設市街地研究会　2008）。変化する世の中であるからこそ，試行錯誤を繰り返す必要がある。

Ⅳ. パフォーマンス課題としての仮設住宅地のデザインを設定した単元開発

1. 持続可能な社会づくりの要素を含んだ防災学習

　これまでの議論を踏まえて，持続可能な社会づくりをめざす防災学習の要素を整理すると以下のようになる。

　① 事前復興による地域多様性を反映した社会デザインの重要性

② 共助可能なコミュニティづくりとプライバシーとの両立
③ 復興までの時間的マルチ・スケール未来予測
④ 共的な主体性をもつコミュニティづくりのアクター養成

これら①～④の内容を理解した上で，その内容を用いて仮設まちづくりの提案ができることが目標となる。

2．単元目標と単元指導計画

　単元目標は，地域で起こる可能性が高い災害についての知識を獲得したうえで，これまでに「地理総合」で学習した知識や概念，地理的事象の見方・考え方を活用し，持続可能な社会づくりをめざす仮設住宅地をデザインできる事とする。

　単元指導計画は表 2-2 に示すとおりである。日本や地域の災害について知る第 1 次，地域の防災や復興上の課題を把握する第 2 次，学習した知識や概念を用いて仮設住宅地のデザインをパフォーマンス課題として実施する第 3 次からなる。各次の目標は以下のとおりである。

　第 1 次：日本には様々な災害が発生しており，それらの災害に対して，国や地域がとってきた対策の実態は防災から減災へとシフトしていること，そしてその理由を理解する。また，復興に関する成功事例として石巻モデルをケーススタディし，その防災ガバナンスとしての有効性を理解する。

　第 2 次：生活圏における防災の実態調査を通して，防災ガバナンスが機能しているのか，そしてどのようなテーマコミュニティがあるのかを把握し，そこから地域の包摂力の大きさを推測することができる。身近な防災関連施設の分布やデザインは，地域の特性に基づいて決まっていることを理解する。さらに，阪神・淡路大震災神戸市の仮設住宅で起こった標準化による課題と東日本大震災釜石市平田総合公園の仮設住宅を比較し，どのような改善が行われているのか理解する。

　第 3 次：ガバナンスとは，集団の構成員が主体となって，規律を重んじながら目標に向かって意志決定や合意形成を行いつつ円滑な運営を図ることであり，状況依存的で再編途上にある制度編成であることを理解する。その上で防

表2-2 単元指導計画（全19時）

次	テーマ	学習内容 ○1H, ◎2H, ● 3H	主な問い	獲得される知識・技能 議論によって促す思考	資料・評価
1	日本の災害と防災史を知る (5時間)	◎日本に起こった災害	・日本ではどのような災害がどのような頻度で起こっているか。	・地震（関東，阪神・淡路，新潟中越，東日本），火山，風水害，火災，戦災。	
		◎日本の防災対策	・日本ではどのような防災対策がとられてきたのか。	・防潮堤，河川堤防，公共施設耐震化等の公助。歴史的には減災。 ・自主防災組織（災害対策基本法）設置の義務づけ。コミュニティの重要性。共助。 ・津波てんでんこのような自助の強調。	・防災対策をしてきた主体を把握しているか。
		○災害からの復興ケーススタディ：石巻モデル	・石巻モデルとは何か。 ・日本ではどのような復興がなされてきたのか。	・石巻モデルの場合，防災・減災と復興は一体化している。 ・東京都の「事前復興」など，減災を含んだ防災計画が実施されている。	・ハードとソフトの両面から減災，事前復興を合わせた復興が行われていることが把握できたか。
	地域の自然災害と防災史を知る (3時間)	○地域に起こった自然災害	・地域ではどのような自然災害がどのような頻度で起こっているのか。	・想定されている災害とその規模。 ・東南海，南海地震，大阪湾断層，山崎断層，三木断層など。風水害など。	・地理院地図，自治体の防災資料，新旧地形図，ハザードマップなど。
		○地域の災害対策	・地域ではどのような災害対策がとられているのか。 ・誰がなぜハザードマップを作成しているのか。	・自治体レベルで先行しているのは東京都など。都や区部で法制度が整備されているが全国的に見れば数少ないケースである。	・新旧地形図。・ハザードマップ。 ・自治体の地域防災担当者・危機管理監等をゲストティーチャーに招く。

第2章 高等学校「地理総合」における防災教育の一事例　35

1			・ハザードマップは何を想定しているのか。 ・市民はハザードマップをどのように活用すればよいのか。	・防災施設の建設状況，ハザードマップの整備状況，周知の度合い。どの程度の公助を行うかの判断規準としての想定でもある。	
		○地域における災害復興	・地域の復興事例や計画を調べよう。 ・地域防災の課題は何だろう。また，なぜそのような課題があるのか。	・ハードの整備と地域の力（ソフト）の両面が必要。 ・一般に地域の力は把握されにくい。	・災害復旧事業に関する資料・災害発生時のシミュレーション資料
2	地域の防災上の課題 （フィールドワーク） （5時間）	○地域防災についての学習課題設定	・地形図やハザードマップ，災害史，資料から，地域の防災上の課題を予測しよう。 ・どのような課題を克服しなければならないのか。	・少子高齢化が進む状況下での，地域防災の課題を設定。	・日本，地域の人口動態，将来予測，地形図，ハザードマップなど。
		○学習課題をもとにした調査計画設定	・地域の防災施設は誰がどこに設置したものか。 ・防災コミュニティは機能しているのか。	・行政主導になっている。 ・防災コミュニティは町内会などがその主な担い手となっている。	・校区図（小学校区を方法論的スケールとして設定するため） ・地形図，ハザードマップ
		●フィールドワーク	・ハザードマップや旧版地形図を利用して調査しよう。 ・防災訓練はどのように行われているのか。 ・どんなテーマコミュニティに所属し，どの程度の頻度で活動しているか。 ・仮設住宅が建設される市民グラウンドの周りはどのような環境か。	・想定浸水域など。 ・防災訓練の実施主体，行政とコミュニティの連携の実態。 ・防災コミュニティに関する聞き取り調査による実態把握。様々な人がいることの把握。 ・交通量，商店や学校までの距離などの把握。 ・住民による仮設住宅建設の計画などの把握実態。	

2	生活圏の課題を整理する。(3時間)	○防災ガバナンスの実態	・地域の防災対策の実態は。 ・地域のコミュニティは機能しているのか。	・行政主導の傾向が強い。津波てんでんこの例などからも、住民も行政と整合性のある対策をする必要がある。	・吉原直樹（2011）『防災コミュニティの基層』お茶の水書房，263p.
		○仮設住宅建設ケーススタディ：阪神淡路大震災，神戸市の仮設住宅と東日本大震災，釜石市平田総合公園の仮設住宅	・神戸ではどんな人たちが優先的に入居したのか。 ・どんな課題が起こったのか。 ・平田総合公園の仮設住宅では何が改善されているのか。	・高齢者，障がい者，母子家庭など。 ・神戸市では元のコミュニティが維持できなかったところがあった。長期的には孤独死など。 ・共助を前提としている。プライバシーにも気を配っている。	・大西隆ほか編（2013）『東日本大震災 復興まちづくり最前線』学芸出版社，380p. ・平田総合公園では仮設まちづくりから本設に向けたトライアンドエラーが行われていることが理解できたか。 ・地域によって条件が異なることが理解できているか。
		○仮設住宅をどこに建てれば良いか。	・学校のグラウンドを提供するか。 ・どんな大きさの住宅をどの位建てるのか。 ・地域の人口構成とコミュニティの実態は。	・できるだけ学校を提供しない方がよいのでは。 ・人口や人口構成の把握など地域の多様性を反映している。	
3	持続可能な地域社会デザイン（5時間）	○事前復興の先進的な例にはどのようなものがあるか。ケーススタディ：阪神・淡路大震災における神戸市真野地区	・神戸市真野地区は、どのような地域だったか。真野地区では、地域コミュニティがどのような役割を果たしたのか。 ・災害によって街が大きな被害を受けたとき、自分たちの街をどのような街にしたいか。	・東京都「事前都市復興計画」、「生活復興マニュアル」を参考に、①法制度への位置づけ、②都市像の検討（復興グランドデザイン）、③行動計画の策定、④個別復興対策の準備、という4点から議論する。 ・復興は災害が起こってからはじまるものではなく、まちづくりそのものであるため、平時から災害を想定しておくべきである。	・ハード面の整備に関する提言だけでなく、防災ガバナンスのアクターを受け入れられるようなソフト面も議論しているか。 ・これらの議論を行政、地域住民の協働を基盤に行っているか。

3		・なぜ災害が起こる前にいろいろなことを話しあっておかなければならないのか。			
	◎パフォーマンス課題：仮設住宅地のデザインを、学習した概念等を用いて考えよう。	・地域調査に基づいて、様々な人々がいるコミュニティの機能を維持し、共助とプライバシーへの配慮などのシステムが組み込まれた、持続可能な仮設住宅地のデザインを考えよう。	・地域には様々な人がいるため、それらの人たちの全てに対応できるまちづくりやコミュニティづくりが重要。 ・短期的、長期的に起こる課題を予測して、仮設住宅地のデザインを行う。 ・重要概念を再確認する。		・神戸市（2011）『阪神・淡路大震災の概要及び復興』、272p. ・地域に居住している様々な属性の人たちに対応できる配置や間取りになっているか。
	○作品をルーブリックに基づいて相互批評しよう。 ○作品を改善しよう。	・作品を相互に評価しよう。 ・私たちにできることは何か。地域コミュニティでやらなければならないことは何か。	・仮設まちづくりは、本設まちづくりにつながる。		

筆者作成

災ガバナンスのアクターの要件である具体的な事例について，神戸市長田区真野地区の事例を通して理解する。また，パフォーマンス課題として兵庫県加東市における仮設住宅地のデザインを行い，その理由を説明するとともに，作品を相互評価，改善することができる。

3．パフォーマンス課題としての仮設住宅地のデザイン

　パフォーマンス評価とは，知識やスキルを使いこなす（活用・応用・総合する）ことを求める問題や課題などへの取り組みを通して評価する方法の総称である（西岡　2008）。次期学習指導要領では，何がわかっているかという内容以上に，何ができるかという資質・能力に関わる目標が重視されている。そのため，知識やスキルを使いこなすことができるということを育成すべき資質・能力と考

えれば、パフォーマンス評価は有効な評価方法となる。

阪神・淡路大震災後の仮設住宅建設の実態と、東日本大震災の仮設住宅で改善された点を踏まえ、仮設住宅地をデザインさせるパフォーマンス課題（図2-1）を設定する。単元の第2次で、釜石市平田総合公園の仮設住宅に関するケーススタディを行い、仮設住宅地が、地域や集団の多様性を反映しなければならないことを理解させる。

課題　　震災仮設住宅の配置　　　　　　　　名前（　　　　　　　　　）

　将来発生するかも知れない大きな地震に備えて、加東市でも仮設住宅建設のプランを作成することになりました。そこで、市民グラウンドが仮設住宅の建設候補地になりました。グラウンドは南北140m、東西100mの大きさがあります。道路はグラウンド東側に面して南北に通っています。ここに仮設住宅80戸（プレハブで5～6戸はつなげて建てるのが標準的）を建設しなければなりません。仮設住宅は6坪（5.5×3.5m）、9坪（5.5×5.5m）、12坪（5.5×7m）の3タイプを建設します。それ以外にも、仮設住宅管理事務所、日用品を手に入れることができる商店、駐車場スペースは最低限確保しなければなりません。さて、あなたはどのような応急仮設住宅の配置を考えますか。別紙に見取り図を描き、なぜそのような配置にしたのかを、下に文章で説明してください。

図2-1　パフォーマンス課題　筆者作成

本パフォーマンス課題では、地理的視点を重視して、図面に表現すること、およびその説明を文章化させることとする。課題を実施する際に、あらかじめ設定したルーブリック（表2-3）を生徒と共有し、重要概念を確認させる。この課題を用いて、大学生に模擬授業を行い[3)]、課題に取り組ませた（図2-2）。

表2-3　ルーブリック

レベル		パフォーマンスの特徴
4	よい	・仮設住宅で起こる短期的および長期的な問題を予測し、それを回避するために多角的な視点から多様性を保障するよう配慮した配置が行われており、配置理由の説明が具体的にされている。共助、安全、コミュニティの維持、プライバシーの確保に配慮されている。
3	合格	・仮設住宅で起こる短期的又は長期的な問題を予測し、それを回避するために多様性に配慮した配置が行われており、配置理由の説明がされている。共助、コミュニティの維持、プライバシーの確保に配慮されている。
2	もう一歩	・配置図または、配置理由の説明のいずれが未完成である。
1	改善が必要	・配置図が未完成であり、配置理由の説明がされていない。

筆者作成

第 2 章　高等学校「地理総合」における防災教育の一事例　39

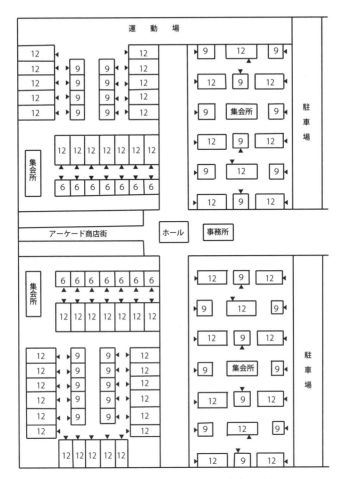

図 2-2　学生による仮設住宅地のデザイン例

　通りを東西南北に走らせ，その通りで町を区画。南西の区画は高齢者を若い世代の家族が見守る形。南東の区画は駐車場に近く，子どもがいる家族や大家族を想定し，なるべくプライベートを尊重した形。
　また，各区画に集会所を設けてコミュニティがつくれるようにした（大人数だとなかなか集まらないため，少人数で集まれるよう各区画に集会場を設けた）。中央には大きい集会所を設け，各区画同士の交流もできるようにした。

図 2-3　学生による仮設住宅地デザインの理由

学生が作成した図面は，共助可能なように玄関が向かい合ったり，間取りの異なる住宅が隣接したりしている。仮設住宅地に多様な人々が入居できるように配慮されている。一方，陽当たりを考えていない配置や一戸ずつ建設されているゾーンがあるなどコスト面等での課題もある。

4．ルーブリックを用いた評価とモデレーション

パフォーマンス課題を実施した後，作品の相互評価を行わせる（図 2-4）。作品の課題について気付くことが重要である。互いに指摘し合う相互評価は，2 段階で行う。第 1 段階は，5 ～ 6 人程度のグループでそれぞれの作品を個人

パフォーマンス課題 1 ～ 6 の評価を個人で行います

番号	評価	理由
1	4	住宅の割合、コミュニティ、プライバシーに配慮していてすばらしいです。ただ、西に道路があるので東西逆でもよいかもしれませんね。
2	3	多様な人が住むことを想定していてすばらしいです。家の割合や玄関の位置の記述があれば 4 になるでしょう。
3	4	安全面を、車の走行という面で捉えていてすばらしいです。プライバシーの面に言及してほしい気もしますが、おおむね満点です。
4	3	住民のストレス、"共助"が意識されておりすばらしいです。プライバシーの点、玄関位置にふれていれば 4 になるでしょう。
5		
6		

グループのメンバーの評価を聞いて、評価が一致するように協議します

作品番号	班員 A	班員 B	班員 C	班員 D	班員 E	結論
1		4	4	4	4	4
2	3		3	4	3	3
3	4	3		4	3	3
4	4	4	4		4	4
5	3	3	3	4		3
6						

図 2-4　モデレーションのためのシート

で評価する。ルーブリックに基づいて，4～1の評定をつけ，さらにその理由を記入する（図2-4）。第2段階では，評定が割れたものを対象として，評定を合議して1つに決めるモデレーション作業である。これにより，自己の理解度と改善方向性が明確になる。ここには議論の内容は記録されていない。しかし，評定を一致させる作業をとおして，作品内容に関する具体的な議論が行われている。なぜ，ある作品の評定が3になるのか。そこには○○という概念が含まれているからだという内容についての本質的な議論が行われる。これは，単に評定を統一するキャリブレーションの次元を越えたものである。

パフォーマンス課題への取り組みと，モデレーションを経て，再度パフォーマンス課題に取り組む。改善の視点を組み込んで試行錯誤することの重要性を体験させる。

V．おわりに

本章では，持続可能な社会づくりを，高等学校新設予定科目「地理総合」の防災学習を事例に考察した。①事前復興により，いつでもどこでも起こるような普遍性の高い課題への対応に，地域や集団の多様性を反映した個別の課題への対応を加えて行うことが必要であること，②共助可能なコミュニティのデザイン，及び助ける人のプライバシー保護の両面が必要であること，③仮設住宅地は，復興までの短期的・長期的未来予測をした上で設計される必要があること，④共的な主体性を持つコミュニティづくりのアクターを養成する必要があること，を前提に，単元指導計画を作成し，終末にパフォーマンス課題を位置づけた。

持続可能な社会づくりにむけたアプローチには様々なものがあろう。大きな理論を適用すれば解決するのではなく，同時に地域固有の問題を洗い出し，一つ一つ試行錯誤を重ねながら取り組んでいく必要がある。それを高校地理の授業で行おうとすると，地域のフィールドワークが欠かせない。また，思考した結果を地図（今回は限られた範囲の空間をデザインする図面）とその説明により表現することが重要である。試行錯誤しながら，解決策を探究することは，多様な答えが存在する持続可能な社会づくりを体験することと同じことになろう。

注
1) 地域多様性の明確な定義はないが，志村（2011）や河本（2011）により論じられている。
2) これをめざした実践としては吉水（2013）がある。
3) 模擬授業は，大学の授業90分を3つの段階に分けて行った。第1段階では，東京書籍「地理A」の教科書を用い，ニュータウンのオールドタウン化が起こった原因を探究させる授業を行った。同じような間取りの団地が大量に一時期に供給されたことによって，同じような家族構成の世帯が入居したことを，多摩ニュータウンの人口構成変化のグラフから読み取らせた。さらに，入居開始時期の異なる千里，高蔵寺，多摩，港北の各ニュータウンの現在の人口ピラミッドを比較させて，同様の傾向が見られることを確認した。これらからニュータウンでは同じような年代の核家族が入居する率が高く，また住み替えが進まなかったため，オールドタウン化が進んだのではないかという現象的因果関係を導いた。さらに，そのような現象がなぜ起こったのかと問い，戦後の住宅供給政策が，標準化と効率という概念に基づいて展開されていたのではないかという本質的因果関係を導いた。第2段階では，阪神・淡路大震災後神戸市に建設された仮設住宅の実態を，写真や入居優先順位などの資料から読み取らせた。第1，第2段階のいずれも，地域多様性を踏まえず，標準化したこと，および効率を優先したことによって生じた可能性があることを確認した。第3段階が仮設住宅地のデザインである。図面と文章を約30分で作成させた。

文献
仮設市街地研究会（2008）：『提言！仮設市街地－大地震に備えて－』学芸出版社，158p.
加藤孝明（2013）：これからの防災まちづくり，大西　隆ほか編『東日本大震災復興まちづくり最前線』学芸出版社，pp.139-157.
小泉秀樹（2013）：創造的・立体的復興に向けて－仮設まちづくりを通じた担い手ベースの復興の試み－，大西　隆ほか編『東日本大震災復興まちづくり最前線』学芸出版社，pp.202-218.
神戸市（2011）：『阪神・淡路大震災の概要及び復興』神戸市，272p.
神戸市弁護士会（1997）：『阪神・淡路大震災と応急仮設住宅－調査報告と提言－』神戸市弁護士会，98p.
神戸都市問題研究所（2011）：『阪神・淡路大震災の概要及び復興』272p.
河本大地（2011）：ジオツーリズムと地理学発「地域多様性」概念. 地学雑誌, 120 (5), pp.775-785.
志村　喬（2011）：地域多様性をふまえ持続可能な空間環境を実現する地理教育－イギリスにおけるESD地理教育から－．社会科教育研究，113, pp.9-20.
菅磨志保（2007）：新しいコミュニティの形成と展開，浦野正樹ほか編『復興コミュ

ニティ論入門』弘文堂, pp.98-100.
谷口真美（2005）:『ダイバシティ・マネジメント－多様性をいかす組織』白桃書房, 459p.
中央教育審議会初等中等教育分科会教育課程企画特別部会（2016）:『審議のまとめ（案）』文部科学省HP
西岡加名恵（2008）:『「逆向き設計」で確かな学力を保障する』明治図書, 137p.
阪神復興支援NPO（1995）:『真野　まちづくりと震災からの復興』自治体研究社, 158p.
松川淳子（2008）: 歴史の中に仮設市街地を探る, 仮設市街地研究会『提言！仮設市街地－大地震に備えて－』学芸出版社, p.48.
文部科学省（2008）:『中学校学習指導要領解説 社会編』日本文教出版.
文部科学省（2010）:『高等学校学習指導要領解説 地理歴史編』教育出版.
吉原直樹（2011）:『防災コミュニティの基層』お茶の水書房, 263p.
吉水裕也（2013）: 防災ガバナンスのアクター育成としての地理歴史科地理コミュニティ問題学習, 社会系教科教育学研究, 25, pp.1-10.

第3章　広島県におけるESD実践の展開と特質

永田忠道

Chapter 3: The Evolution and Characteristics of ESD Practice in Hiroshima Prefecture

Tadamichi Nagata

Abstract:

The Prefectural Federation of UNESCO Associations in Hiroshima honors elementary, juniorhigh, and high schools with superior practice with the "Hiroshima UNESCO ESD Award". This paper focuses on measures undertaken by recipient schools and elucidates the evolution and characteristics of integrated study in ESD practice in Hiroshima Prefecture. Additionally, the activities of the Prefectural Federation of UNESCO Associations in Hiroshima starting from 1990 are reflected upon as historical activities linked to the diverse ESD practice that exists in Hiroshima Prefecture. Shuichi Nakayama, a former chairperson of the Japanese National Committee for UNESCO's Subcommittee on Education and founder of the federation, was responsible for coordinating the development of the draft proposing the international ESD implementation program to UNESCO headquarters. Based on the achievements of Nakayama and this federation, the pioneering ESD practice of Hiroshima's Social Meeting on Geography Education (started in 2003) has had a direct and indirect influence on activating the current state of diverse integrated ESD practice in Hiroshima Prefecture.

Keywords: Prefectural federation of UNESCO associations in Hiroshima, Hiroshima UNESCO ESD Award, Hiroshima's Social Meeting on Geography Education

I．広島県ユネスコ連絡協議会と「広島県ユネスコ ESD 大賞」

　広島県では，小中高等学校などの優れた実践に対して，「広島県ユネスコ ESD 大賞」の顕彰を行っている。この事業は 2014 年度より，ESD とユネスコスクール活動の向上を支援するために，広島県内の小中高等学校，専門学校，大学並びに民間活動団体の中から，ESD・ユネスコスクールの普及・推進に関わる優れた活動を広島県ユネスコ連絡協議会が顕彰する目的で始められた。

　広島県ユネスコ連絡協議会は，1974 年の設立以降，ユネスコ精神である「戦争は人の心の中で生まれるものであるから，人の心の中に平和のとりでを築かなければならない」（ユネスコ憲章前文）の地域社会での普及に向けて活動する県内の地域ユネスコ協会の連合組織としての活動を行ってきている。ユネスコ活動への協力を目的に設立された本会は 2005 年以降，ユネスコ活動の大黒柱になった ESD の県内における活動を支援するため，2013 年に広島 ESD・ユネスコスクール研究会を立ち上げ，学校や民間活動団体の ESD 推進について研究面からの支援も始めた。さらに，県内の優れた ESD 活動を発掘し，普及活動を活性化するために，2014 年度より「広島県ユネスコ ESD 大賞」を設け，日本政府の提案でユネスコが進める ESD 普及活動を支援することにした。

　本稿では，第 1 回と第 2 回の「広島県ユネスコ ESD 大賞」の受賞校の取り組みを中心に，広島県内の ESD 実践の展開と特質を明らかにする。その上で，現在の実践につながる前史的な取り組みとしての広島地理教育懇話会の活動も振り返りながら，地理教育を中心に始まった ESD 実践が総合的な学習の時間を軸に展開している広島県の ESD 実践の実態を描き出すこととする。

II．第 1 回「広島県ユネスコ ESD 大賞」受賞校の取り組み

　広島県ユネスコ連絡協議会が ESD・ユネスコスクール支援事業の一環として設立した「広島県ユネスコ ESD 大賞」の第 1 回授賞式と発表会は，2014 年 11 月 22 日に広島市南区民文化センターで開催された。第 1 回大賞に際して，応募対象の活動テーマとして掲げられたのは，ESD の視点を取り入れた国際

理解，国際協力，多文化共生，環境，平和，人権，防災，地域づくり等に関する取り組みであり，募集部門は次の3部門であった。

①ESD推進校部門：ESD推進に取り組んでいる小中高等学校・専門学校・大学の実践。教員個人やグループによるESD授業開発も含む。
②ユネスコスクール部門：ユネスコスクール認定校の実践。
③社会部門：持続可能な社会づくりに寄与する活動を行う団体，および地域の学校と協働して活動する団体の実践。

この募集部門に対して，ESD推進校部門に4件，ユネスコスクール部門に6件，社会部門に7件，そして社会部門の映像作品が2件の合計19件の応募が広島県内各地から寄せられた。厳正な審査の結果，第1回「広島県ユネスコESD大賞」を受賞したのは，下記の2校・2団体であった。このうち，ここでは廿日市市立佐方小学校と広島県立井口高等学校のESD実践を取り上げて，それぞれの特質を明らかにする。

・ESD推進校部門：廿日市市立佐方小学校
　　　テーマ「持続可能な地域社会の担い手を育む教育の創造」
・ユネスコスクール部門：広島県立広島井口高等学校
　　　テーマ「国際理解を深め，グローバル人材としての素養を培う」
・社会部門：永田川カエル倶楽部
　　　テーマ「2030年までの四半世紀継続活動」
・社会部門（映像特別賞）：特定非営利活動法人おのみち寺子屋
　　　テーマ「まちづくり（青少年健全育成）」

廿日市市立佐方小学校は，広島市に隣接する廿日市市の中では早くから宅地開発が進められた地域にあり，開発に伴う人口増加により1976年に開校した。2011年度からは佐方小学校学校支援地域本部事業を開始して，地域を取り入れた授業づくりの公開を展開し，2013年度に廿日市市教育委員会によるESDの教育研究委嘱を受けた後には，ESDを活用した授業づくりの研究を進めて

きた。

　具体的には，生活科や総合的な学習の時間を中心に，ESD の視点に立った地域を取り入れた授業を通して，児童が地域への愛着や誇りをもち，地域に貢献しようとする思いをもつことができる姿が目指された。また，ESD カレンダーを作成することで，各教科や領域による学習内容のつながりが明確になり，教科横断的な視点をもって授業を進めることができるようにもなり，更に ESD の視点に立った学習指導で重視する力や態度を「思考・判断力」「つながる力」「未来力」の 3 つの力にまとめ研究を進めてきた。以上のような取り組みを通して得られた成果としては，次の 6 点があげられている。

①付けたい力を本校独自の力として 3 つの力にまとめたことがよかった。3 つの力をどのように身に付けさせるのか，授業提案を通して，学ぶことができた。
②持続可能な地域社会づくりの構成概念を考えることで，単元を通して児童に何を理解させればよいのか明確になった。
③ ESD カレンダーを作成したことで，単元や教科のつながりを考えながら授業を進めることができた。
④活動を通して地域の方とふれ合い，たくさんの地域の方に支えられていることを児童が理解できた。地域のよさや自分達との生活との関わりについて気付き，工夫してまとめることができた。児童アンケート「地域のよいところを話すことができます（地域の人，場所，物，行事などについて）」は，調査を行った 2 回とも 80％を超えている。
⑤学習を通して，自分達の住む町を知り，興味関心を深められた。行事に参加してみたいと思う児童も増えた。
⑥地域について考える事で，地域に貢献したいという意識や態度を育てることができた。

　このような廿日市市立佐方小学校の ESD 実践の取り組みは，生活科や総合的な学習の時間を中心に教科横断的な取り組みを軸に，ESD の視点に立った地域を取り入れた授業づくりと学習活動によって，子どもたちの地域貢献へと

つなげようとする点に，実践上の特質を見出すことができる。
　広島県立井口高等学校は，1977年に広島市西部への高校増設請願の県議会採択を受け，翌年に開校して以後，文武両道の進学校として広島市西部地区の中核を担っている。広島県学力向上対策事業チャレンジハイスクールに指定され，国際交流に関しては1998年にオーストラリのアタスマニア州エリザベスカレッジと，2000年にはアメリカ合衆国のハワイ州アイエア高校と姉妹校提携して以来，毎年生徒の短期交換留学等を通じて両校との交流を続けている。2002年にはハワイへの修学旅行を開始して，2007年には国際理解をテーマにユネスコスクールの申請を行い，翌年に認定を受けている。
　当校では，国際理解を深めグローバル人材としての素養を培うことをテーマに，総合的な学習の時間（ACTI）を中心として，英語科・情報科・家庭科等の教科や進路・教務・総務等の分掌及び各種の国際交流事業と連携しながらの取り組みが実施されている。その契機は2008年にユネスコスクールの認定を受け，総合的な学習の時間の全面的な改訂を行ったことにある。2002年からハワイへの修学旅行を実施していたものの，従来の修学旅行では短時間での交流が目的であり主たる活動でもあった。そこで，何のために交流するのかを改めて問い直した結果，生徒が国際社会に生きる自己を自覚し，現代社会の諸問題を深く考える中で，異なる立場をも理解し，かつ自分の意見を発信できるような教育内容を創出したいと考え，ACTIの改革に着手することとなった。
　1年生では，自己と社会との関わりについて深く考えるとともに，国内外の諸情勢に目を向け，将来社会の発展のために自分の果たすべき役割について考える学習を積み重ねる。その学習を土台として，2年生では，文型・理型に分かれ，文型は「国際理解」を，理型は「国際理解」と「科学研究」をテーマに課題研究を行う。特に，2年文型の生徒は「国際・人権・環境」「政治・経済・社会」「医療・看護・福祉」「教育・歴史・文化」という4つの分野に分かれ，4～5人のグループを作って独自のテーマを設定し課題研究を実施している。新聞，インターネットを活用した情報収集の他に校外研修にも参加し，様々な立場の意見を多面的に捉える姿勢を養う。それは姉妹校との文化交流につながっていき，互いの文化や生活を手紙や絵画の交換を通して伝え合う活動となっていく。修学旅行においても生徒はただ姉妹校の生徒と出会うだけでは

なく，事前に設定されたテーマについて意見交換をし，互いの考え方の違いに気づく。このような活動を積み重ね，最終的には，課題研究と国際交流から得た成果を英字新聞及び英語によるプレゼンテーションにまとめていくことになる。2年理型の生徒は，ハワイ姉妹校との交流学習を文型と共有して国際交流を推進しつつ，「物理」「化学」「生物」「情報数学」という4つの分野に分かれ，環境問題や自然・社会現象など身近なところから課題を発見し，その解決のために実験や考察を協働的に実践して，最終的にプレゼンテーションにまとめる。

これらの新たな教育内容において最も重視されていることは，多文化共生社会におけるコミュニケーション能力の向上である。姉妹校交流はもちろん，学校内外の様々な場面で生徒が異なる立場の意見に触れるようにプログラムが構成されている。また，日本語だけでなく英語でも意見交換をしたり発信したりする力を身につけるため，英語学習が推進され，文型ACTIは全体の4分の3が英語を用いる学習となっている。

本活動が持続可能な社会づくりに貢献する点としては，次のように整理されている。国際交流において相互理解が重要であることは言うまでもないが，相互理解とは決して相手と「仲良く」し，「無条件に受け入れ」たりすることではない。例えば，ハワイへの修学旅行において，生徒は文通相手に会えなかったり，会っても会話が出来なかったり，気持ちが通じなかったりというような困難にぶつかることが多い。世界には言語も文化も，物事の感じ方すらも異なる様々な人々がいる。簡単にはわかり合えないということを認識することが，国際理解の出発点である。そもそもわかり合えない人々とどうつながっていくのか，智恵を絞って考えることの必要性を生徒が理解することは，現在の複雑な国際関係に対して，決して一面的な見方をすることなく，多様性を認め，ともに問題を解決し，持続発展可能な国際社会を模索していくことに貢献するはずである，との考えである。

この活動ではハワイへの修学旅行だけでなく，プログラム全体において生徒が自ら課題を発見したり，異なる考え方に触れて悩んだり，共に解決していく喜びを味わったりする学習活動も用意されている。ACTIの活動の意義を理解し，活動に主体的に取り組むことは，人との関わり方を身につけることであり，それが将来生徒自身のみならず，社会の発展に役立つことになる。

学習の成果としては，何よりも生徒の変容である。ACTI の意義が次第に浸透し，生徒の国際理解はこの 5 年間の間に深まりを見せてきたという。コミュニケーションに対して積極的になり，英語による文通や英字新聞制作，プレゼンテーションにも前向きに取り組み，その内容も飛躍的に向上した。文化交流は本校のみならず，姉妹校の生徒・教職員の変容も促し，交流への積極的参加態勢が姉妹校においても促進されている。課題研究や姉妹校交流の内容をまとめた英字新聞「The Inokuchi Guardian」（年 1 回発行）は 2014 年 2 月に第 5 号が発行された。英語によるプレゼンテーションは年度末に開催しているが，ここ数年間で極めて完成度の高いレベルにまで進歩している。

　以上のような広島県立井口高等学校の ESD 実践の取り組みは，本校独自の総合的な学習の時間（ACTI）の全面改定により，文型と理型のそれぞれに特色ある課題研究をグループでの活動や姉妹校との交流などを通して展開することで，人との関わり方を身につけ，一面的な見方をすることなく，多様性を認め，ともに問題を解決し，持続発展可能な国際社会を模索していくことに貢献することを目指した学習活動が仕組まれている点に特質がある。

Ⅲ．第 2 回「広島県ユネスコ ESD 大賞」受賞校の取り組み

　2014 年度に引き続き，2015 年度には会場を広島大学大学院教育学研究科へと移して，広島県ユネスコ連絡協議会とともに同研究科も共催に加わる形で，2016 年 2 月 27 日に第 2 回「広島県ユネスコ ESD 大賞」の授賞式と発表会が開催された。第 2 回にあたっては部門の再編を行い，小・中学校等部門に 6 件，高等学校等部門に 1 件，社会部門に 1 件，映像グランプリ部門の学校部門に 2 件の合計 10 件の応募が寄せられた。審査の結果，下記の 3 校・1 団体が，第 2 回「広島県ユネスコ ESD 大賞」を授与されることとなった。ここでは，そのうち廿日市市立宮島小・中学校と広島県立御調高等学校の ESD 実践を取り上げて，各々の特質を明らかにする。

・小・中学校部門：廿日市市立宮島小・中学校
　　テーマ「伝統文化に学びグローバルな視野を持つ児童生徒の育成」

・高等学校部門：広島県立御調高等学校
　　テーマ「教科学習，総合的な学習の時間，地域での実践の3つを柱とした御調地域活性化プランの取り組み」
・社会部門：広島県国際理解教育研究協議会
　　テーマ「集まれ小さな外交官（国際理解）」
・映像部門（学校）：熊野町立熊野中学校
　　テーマ「地域の伝統と継承をめざして～筆をテーマに～」

　廿日市市立宮島小・中学校は，世界遺産に登録されている厳島神社の近隣に位置しており，自己の未来を切り拓いていく児童・生徒の育成を学校教育目標に，義務教育の9年間を見通した教育課程に関する研究を行い，知・徳・体の基礎・基本の徹底を図ること，地域の特色を生かした教育活動の展開を図り我が国や地域の伝統・文化を理解させるとともに，国際的な視野を持つ児童・生徒を育成することを学校経営目標としている。その歴史はやはり古く，小学校は1873年に「勅心舎」として設立された後，1950年に宮島小学校となり，中学校は1947年の厳島中学校に始まり，1950年に宮島中学校へと改称されている。2008年度からは小・中一貫教育校（愛称：宮島学園）となり，2014年にユネスコスクールにも承認されている。
　当校におけるESD実践活動のテーマは，「伝統文化に学ぶグローバルな視野を持つ児童生徒の育成」である。ESDの視点に立って育てようとする資質・能力として，①課題発見・解決能力，②多面的な思考力・判断力・表現力，③主体的行動力，④未来設計能力，⑤協同的態度，⑥コミュニケーション能力，の6点を明確にし，設定する学習内容を通して，これらの資質・能力・態度を育てることで，学校教育目標である「自己の未来を切り拓いていく児童・生徒の育成」を達成することが活動の目的とされている。
　学校の置かれた地域の特性として，国際理解教育の観点から，諸外国からの学校訪問依頼も多く積極的に受け入れてきている。県教委からの依頼によるESD米国教員団への英語ボランティアガイドや豪州のNew Castle High School中・高校生の授業参観や英語授業での交流活動，豪州St. Andrew's Cathedral School中・高校生との交流も実施している。また，ひろしま国際センターのア

フリカ地域を対象とした「持続可能な観光開発」コースの研修プログラムによるアフリカ各国の方々とも交流し，英語ボランティアガイドや異文化コミュニケーションの取り方を学習している。最終的に，来島する外国人への英語ボランティアガイドにより，国際的でグローバルな視野をもたせる実践に取り組んでいる。環境教育についても当校では，ここ数年の学校行事として「マイ・ロード清掃」を行い，ボランティア行事として「宮島カーブミラー清掃」「宮島かき祭り清掃」を行っている。また，絶滅危惧種のミヤジマトンボ，ラムサール条約についての学習や海辺の生物と環境についての学習を専門家の指導のもと教科等の学習と関連させて行っている。地域遺産教育としては，宮島の伝統的な文化遺産である7月の「管弦祭」，8月の「宮島踊り・杓子踊り」，9月の「たのもさん」「杓子供養」，10月の「氏神祭」，12月の「鎮火祭」，2月の「清盛祭り」にボランティアを募り参加している。これらの活動は，事前に総合的な学習の時間等の学びと関連させることで，子どもたちが主体的に参加をしている。

　このような本活動の推進ネットワークと連携協力者としては，国際理解教育の観点からは，宮島観光協会や廿日市市宮島支所観光課と連携を図り，ガイド研修実施，パンフレット作り，ガイドパネルの作成等におけるアドバイスを受けている。また，ひろしま国際センター，広島県，廿日市市を通じて外国から学生や視察団の訪問を受け交流を行っている。環境教育の観点からは，宮島水族館や広島大学大学院植物実験所，廿日市市の協力を得ながら，施設の利用及び専門家による講義や生き物観察会による指導，冊子の資料提供などの協力を受けている。また，地元ライオンズクラブや観光協会を通して，異学年交流の中，協同的態度で行うマイ・ロード清掃（身近な通学路の清掃活動）を行っている。地域遺産教育の観点からは，県立広島大学や宮島歴史民俗資料館の協力を得て，授業実践や文化祭でのパネル展示，民俗資料館見学説明，世界遺産や宮島の歴史・文化に関する学習の支援を受けている。また，宮島芸能保存会や宮島太鼓，宮島町商工会の方々からは，宮島踊り，三味線，太鼓，唄，鎮火祭の松明等，宮島に伝わる伝統について学び，その伝統・文化を受け継いでいる。

　このような廿日市市立宮島小・中学校のESD実践の取り組みは，学校の置かれた地域の特性を存分に活用すべく，国際理解教育・環境教育・地域遺産教育のそれぞれの観点から，地域との連携と協力のもとに，子どもたちの主体性

を育みながら，国際的な視野を持つ児童・生徒の育成が主眼とされている点に，実践上の特質を認めることができる。

　広島県立御調高等学校も歴史は古く，1922年に広島県御調郡立御調農学校として開校し，1968年に現在の校名へと改称されて以降も，本地域の伝統校であり続けており，2001年からは全国的にも先駆ける形で，御調町立（現尾道市立）御調中学校との連携型中高一貫教育校となり，2014年にはユネスコスクールにも登録されている。

　本校のESD実践活動のテーマは，「教科学習，総合的な学習の時間，地域での実践の3つを柱とした御調地域活性化プランの取り組み」である。本活動の目的としては，地域活性化について考えさせることを通して，①課題解決のために悩み考え，多面的・総合的に捉える力，②協同的に課題解決していく力を育成することである。この育成したい力と，ESDの視点に立った学習指導で重視する7つの能力・態度と照らし合わせると，表3-1のような関係にあると捉えている。

　具体的には，2年次の総合的な学習の時間で行っている「御調地域活性化プラン」を軸として，教科学習，総合的な学習の時間，地域での実践につながりを持たせて，生徒に持続可能な社会の形成者として必要な能力・態度の育成が目指されている。総合的な学習の時間での御調地域の持続発展を考えさせる「御調地域活性化プラン」の取り組みは，地域の魅力を「御調の5宝」と生徒が設定し，それぞれについて御調地域活性化のための課題を見出し，その課題解決に向けた適切な方策を生徒自身に取捨選択させ，解決策を創造させる。その際，地域の方々とも連携しながら，解決策の改善等を図っている。活動は年々，活

表3-1　広島県立御調高等学校のESD実践の目的と能力・態度との関係

育成したい力	7つの能力・態度
①課題解決のために悩み考え，多面的・総合的に捉える力	①批判的に考える力 ②未来像を予測して計画を立てる力 ③多面的・総合的に考える力
②協同的に課題解決していく力	④コミュニケーションを行う力 ⑤他者と協力する態度 ⑥つながりを尊重する態度 ⑦進んで参加する態度

発化してきており，尾道市，尾道市御調支所とも連携した活動へと展開している。総合的な学習の時間で創造した解決策を，地元の道の駅など近隣の施設を活用しながらの実践にもなっている。地域の人々と協力して，当事者意識を持って取り組ませた結果，新たな課題を見出し，総合的な学習の時間での探究活動へと更につなげていくように仕組んでいる。

　教科学習では，総合的な学習の時間の内容と関連付けて，「御調の5宝」や地域の実態分析についての理解を深めることを共通の題材として，ESDの視点を踏まえた教科の授業を全ての教員が少なくとも年に1回以上は行っている。各教科の特性に合わせて，それぞれの教科がどのようにESDと関わっていくのかについて，本校では表3-2のように整理をしている。

　表3-2のように，3つの位置付けに基づき，総合的な学習の時間の内容を題材として，教科固有の目標を達成しつつも，題材の深い理解につながる教科指導を行っている。また，地域での実践でも教科学習の知識が活用される場面があることで，教科学習に対する動機付けにもなっている。

　このように，教科学習，総合的な学習の時間，地域での実践の3つを柱とし，それぞれが相互に関連し合ったESDを実践し，生徒に身に付けさせたい能力・態度の育成を進めている。具体的な各活動の展開としては，総合的な学習の時間の中で，4月から5月にかけては，地域の実態を分析し，探究に値する課題を生徒が自ら設定する。6月から1月には，情報の収集，整理・分析，解決策の創造，そして地域での実践後に新たな課題の設定を行い，探究のサイクルを回す。必要に応じて，何度も地域へのフィールドワークや地域の人々へのインタビュー，実践に向けた連携等を行う。その上で，2月中旬に御調地域活性化

表3-2　広島県立御調高校における教科とESDとの関係

理解レベル，思考レベルでの内容を扱う主な教科 （教科の学習内容を理解し，思考させることがESDの視点につながる）	地歴・公民科，理科，保健体育科，家庭・福祉科，商業・情報科
技能レベルでの内容を扱う主な教科 （教科の学習で技能や思考方法を習得させることがESDの視点につながる）	芸術科，家庭・福祉科，商業・情報科
情意レベルでの内容を扱う教科 （教科の学習がESDを考える動機付けとなる）	国語科，数学科，外国語（英語）科

プラン発表会を開催して,3月にかけては成果と課題をまとめ,次年度への引き継ぎ課題を明らかにしている。このような総合的な学習の時間の年間の流れの中で,月に1回,学校の最寄りにある「道の駅クロスロードみつぎ」と連携して,各学習グループが順番にブースを開き,それぞれの活性化案に沿ったイベントを実施するなどの「ありがとうデー」を共同で開催している。また,地元の企業や福祉施設,市役所の方とも連携して,実践の場を設けていただき,活性化案の実践を行う。教科学習においては,4月に各教科のESD年間指導計画の作成を行った上で,5月から1月にかけて各教科でESDの視点を踏まえた授業の指導案と単元のルーブリックを作成し,授業実践を行っている。

例えば,地理授業では,次頁の図3-1の指導案のように,総合的な学習の時間の内容と関連付けた「御調の5宝」とのつながりとともに,持続可能な社会づくりに関わる課題を見出すための視点,ESDを通して身に付けさせたい能力・態度も意識しながらの単元「中国の経済発展と生活の変化がもたらすもの」のような実践が展開されている。

本活動が持続可能な社会作りに貢献する点としては,第1に活動自体が持続可能な地域づくりを目的とした活動であることである。御調町の活性化を考えることは,御調町がこれからどのような町であるべきかを考え,御調町が持続発展していくことを望みながらその方法について考えることである。これからの将来に御調町が活気ある町として存在し続けるために,高校生が地域の人々と連携しながら取り組むことで,地元の人々の動機付けにもつながり,高校生が主体となって地域を動かすことになる。第2に,持続可能な社会づくりの担い手を育成する活動である点である。本活動を通して,生徒にとって身近である地元の課題を発見させ,その解決策を考え,実践させることは,次の4点で持続可能な社会づくりの担い手に必要な力の育成につながる。

①地域の方との連携を通して,立場や考え方の違う人々や様々な世代の人々と関わっていく中で,多様な価値観を認め,尊重する力を育成する。
②地域の方の支援を受けながら活動を展開することにより,他者と協力してものごとを進める力を育成する。
③それぞれのグループが計画を実行していく中で,様々な要因が関り合って

研究授業等学習指導案

◇実施日時　平成 27 年 10 月 5 日(月) 11:55～12:45
◇実施科目　地理B
◇学年　　　3学年
◇単元名　　中国の経済発展と生活の変化がもたらすもの
◇本時の目標(めあて)
　中国の経済発展が世界に影響を与えていることに気づかせ、その事例から、持続性のある社会をつくっていくためにはどのような思考が大切であるのか考えさせる。
◇学習の流れ(4時間目/全5時間)

学習活動	指導上の留意事項(◇) (◆「努力を要する」状況と判断した生徒への指導の手立て)	評価規準〔観点〕 (評価方法)
1. 導入 (5分)	◇写真などの資料から、改革・開放以降の中国の変化が日本・オーストラリア・ブラジルに与えている影響を確認する。	
	本時の目標：中国の経済発展が世界に与えている影響と持続可能な社会づくりについて考える。	
2. 世界各地でみられる事象の原因をグループワーク(3グループ)を通して明らかにする。(20分)	◇(グループ1)オーストラリアの農村の崩壊の原因を資料から考えさせる。 ◇(グループ2)ブラジルのセラードやアマゾンの破壊の原因を資料から考えさせる。 ◇(グループ3)日本の牛丼価格の高騰の原因を資料から考えさせる。 →各グループから、全体へ発表させ、シェアさせる。	資料を読み取り[技能]、事象の原因を考えることができている。[思考・判断・表現](グループワークの内容)
3. グループワークのまとめ (10分)	◇改革開放以降、中国では牛肉の消費量が増加し、国内で賄いきれなくなった牛肉や、牛向けの飼料を世界中で買い付けており、その行動が世界の国々の文化や環境、生活面に影響を与えていることを理解させる。	
4. 中国の事例を自分たちに置き換えて考える。問題の本質に気づく。(5分)	3つの事例はどこに原因があるのか？日本人も経済発展によって多くの牛肉を消費しているが、中国が経済発展すること事態が問題なのだろうか？ ◇各国で起きている問題は中国が震源となっているが、問題の本質は「中国の経済発展」ではなく、「欲を追い求める人間の思考」にこそあるということに気づかせる。	
5. まとめ (10分)	◇持続性のある社会をつくっていくためには何が必要であるか考えさせる。 →数人に発表させて、他者の意見から自分の思考の変容を図る	持続性のある社会をつくるためにどうすればよいのかを自分の言葉で表現できる。[思考・判断・表現](ワークシート)
【生徒のまとめ例】 　中国の事例から勘違いしてはいけないのは、「中国の人々が豊かさを求めることが悪い」と思いこんでしまうことである。「欲しいものを欲しいだけ買う。食べたいものを食べたいだけ食べる。」という人間の思考にこそ問題があり、持続的な社会をつくるためにはこの考えを捨て去ることが必要である。 　20世紀後半の経済発展によって、「豊かさをただひたすらに追い求めることはよいことだ」と世界中の国々が思ってきた。一部の国だけが豊かな世界では、その考えでも自分たちの世界を持続することができた。しかし、21世紀は、世界の多くの国々が豊かさを手に入れる時代になる。その中で、20世紀型の思考では世界の持続性を保つことは難しいのである。		

◇「御調の5宝」とのつながり
　食について考えさせる。
◇持続可能な社会づくりに関わる課題を見出すための視点
　相互性・公平性
◇ESDを通して身に付けさせたい能力・態度
　多面的・総合的に考える力、つながりを尊重する態度

図 3-1　広島県立御調高等学校の地理の指導案

いることを認識するとともに，いかなるモノにも限りがあることを認識する力を育成する。
④地域の将来について生徒一人一人が考え，地域を活性化する計画を実践することを通して，責任を持って行動する力を育成する。

このような育成する力は，御調地域だけでなく今後に生徒たちがいかなる社会に属したとしても，その持続発展について考える上で普遍的に必要な力である。そのような力のある人材を育成することで，持続可能な社会づくりの貢献につながると考えられている。

以上，広島県立御調高等学校のESD実践の取り組みは，実践活動のテーマのように「教科学習，総合的な学習の時間，地域での実践の3つを柱とした御調地域活性化プランの取り組み」として，総合的な学習の時間を中心に地域との連携や協力と具体的な参画を通しながら，その学びを地理歴史科や公民科などの各教科にも連関させながら，持続可能な地域づくりとともに，持続可能な社会づくりの担い手を育成することを目途としている点に，その実践上の特質を認めることができる。

Ⅳ．広島県における多様なESD実践の前史的な取り組み

これまでの「広島県ユネスコESD大賞」の受賞校の中から，4校の取り組みを取り上げて，その特質を明らかにしてきた。もちろん広島県内におけるESD実践は受賞校の取り組み以外にも，多様な展開を見せている。ここでは最後に，広島県における多様なESD実践につながる前史的な取り組みの一つとして，広島県内を中心に活動を進めてきた広島地理教育懇話会とESDとの関係を，取り上げておきたい。

広島地理教育懇話会は，1990年に地理科学学会の地理教育専門委員会のもとに，会員へのサービスの一環として発足した研究グループである。1990年1月27日の第1回の月例会以来，毎月1回のペースで会合を重ね，会員制を取ることもなく，地理教育の愛好者がいつでも自由に参加し，地理教育の改善のために自由な意見交換ができる場としての研鑽が重ねられてきた。会の活動は

2012年3月の第197回の会合をもって，所期の目的を満たしたとの判断により幕が引かれることになったが，この会の中で2003年以降には徐々に活動内容の主軸にESDが据えられるようになった点が注目される。

　その契機になったのが，2003年の第124回月例会における中山修一氏による報告「『国連持続可能な開発のための教育の10年（2005-2015）』と地理教育への取組について」であった。中山氏は1980年代の米国における地理教育復興運動の推進組織をモデルに，広島地理教育懇話会を立ち上げた代表者である。

　広島地理教育懇話会の第1回月例会のテーマが「アメリカ合衆国の地理教育改革とわが国の『社会科』の解体」，第2回が「合衆国地理教育ガイドラインが提示する地理教育のための地理学の5大テーマとは何か」という点からも明らかなように，会の初期の主眼は，米国の地理教育改革を検討対象にしながらも，日本の社会科や地理教育についての議論を，参加者とともに活発に展開することにあった。このような会の初期の取り組みの集大成とも言える活動が，日米地理教材共同開発プロジェクトである。このプロジェクトに関わり，会のメンバーたちは米国での国際地理学会への参加や，日米の教員が両国を往来しての研修会を実施するなど，活動は活発化していき，特にハワイ地理教育懇話会との交流プロジェクトは，2000年に『ハワイの地理的見方・考え方』としてまとめられ，本研究報告書を第1号とする『地理教育フォーラム』は以後，2012年に刊行の最終号である10号までを重ねることにもなった。

　この『地理教育フォーラム』の第4号（2003年）に，中山氏による「『ユネスコ協同学校（ASP）』及び『持続可能な開発のための教育（ESD）』の国際動向」の論考が寄せられて以降，広島地理教育懇話会の中に新たに「ESD地理教育研究グループ」が設置されて，会の研究主眼は明確な形でESDを対象としていくことにもなっていく。これは，中山氏が日本ユネスコ国内委員会小委員会の委員長も歴任しながら，2003年6月にESDの国際実施プログラムを，ユネスコ本部に提言するための原案作成の取りまとめの担当をすることになったこととも，大きく連動する会の新たな展開でもあった。

　ここで改めて言うまでもないことではあるが，ESDは2002年にヨハネスブルグで開催された「持続可能な開発のための世界サミット（WSSD）」で，日本の市民グループに後押しされた日本政府が提案を行い，同年末の国連総会に

より，2005年から2014年までを「国連・持続可能な開発のための教育の10年」として決議され，ユネスコを主導機関に指定した地球的プロジェクトである。このプロジェクトに対して，中山氏とともに広島地理教育懇話会は，それまでの10年以上にわたる会の取り組みを基盤としながらも，2003年以降にはESD実践に対して，先進的・先導的に関わってきたことにもなる。

　以降の会の活動については，『地理教育フォーラム』の第5号から最終号となる第10号などに詳しい。残念ながら，2012年3月をもって幕を閉じた広島地理教育懇話会とESD地理教育研究グループではあったが，この会の取り組みが直接的にも間接的にも影響されて活発化してきているのが，「広島県ユネスコESD大賞」の受賞校に代表される広島県の総合的な学習の時間を軸とした多様なESD実践の実態である。

文献
地理科学学会研究グループ・広島地理教育懇話会（2000）:『ハワイの地理的見方・考え方（広島地理教育懇話会報告書No.1）』175p.

地理科学学会：地理教育ESD研究グループ・地理教育懇話会（2012）:『地理教育フォーラム』第10号（最終号），73p.

中山修一・和田文雄・湯浅清治編（2011）:『持続可能な社会と地理教育実践』古今書院，262p.

中山修一・和田文雄・湯浅清治編（2012）:『持続可能な社会をめざす地理ESD授業ガイド』啓文社，76p.

広島大学大学院国際協力研究科中山修一教授定年退官記念事業会（2004）:『中山修一先生：年譜と研究業績』63p.

広島県立御調高等学校（2016）:『各教科，総合的な学習の時間，地域実践の3つを柱としたESDの取組に関する研究報告書（平成26・27年度国立教育政策研究所教育課程研究指定校事業（高等学校ESD）』83p.

広島県ユネスコ連絡協議会編（2015）:『第1回広島県ユネスコESD大賞実施報告書』24p.

広島県ユネスコ連絡協議会編（2016）:『第2回広島県ユネスコESD大賞実施報告書』38p.

第4章 身近な地域の調査を通した地理教育におけるESDの可能性
── 子どもの地図から見る持続可能な環境と社会 ──

金　玹辰

Chapter 4: The Potential of Field Survey for ESD in Geography Education
― Sustainable Environment and Society as Seen through Children's Maps ―

Hyunjin Kim

Abstract:

The current Course of Study Guidelines place importance on the field survey in one's local community in Life Environmental Studies and the third and fourth grades of Social Studies in elementary school, and in geographical area of Social Studies in junior high school. To carry out the field survey as ESD practice, it is necessary for children to experience well-balanced natural and social environment of their surroundings with local and/or global perspectives. The general process of the field survey is as follows: （1）Theme setting and planning for field survey;（2）Observation and recording on the field ;（3）Information analyzing and summarizing; and（4）Presentation. At step of（3）, map-making is an effective method. For example, the Asahikawa Children's Environment Map Contest is a good opportunity for children to observe and investigate their environment and Society, and represent it on the map. Some prize-winning works show the importance of the natural environment, sustainable development, and globalization in the local community from the perspective of ESD.

Keywords: Environment and Society, Field Survey, Children, Maps

I. はじめに

地理教育は，人間と環境との相互作用および相互依存関係を学ぶ機会を提供することで，「持続可能な開発のための教育（以下，ESD）」に貢献してきた。地理教育の1つの大きな目的は，現在，そして未来における「責任ある能動的な（responsible and active）市民」の育成である（IGU・CGE 1992）。このような市民の育成に対して，Stoltman（1990, p.ix）は生徒により良い知識を持たせ（informed），地域や国家，そして世界に市民として能動的参加できるようにすることが地理教育の根本的な役割であると述べている。Fien, Cox and Fossey（1989, p.2）によれば，地理教育は，①環境と社会に関する（about）教育，②環境と社会の中での（in）教育，③環境と社会のための（for）教育，の3つに分けることができる。これらの地理教育が目指す市民を単に結びつけてみると，①環境と社会に関する知識を持つ市民，②環境と社会の中で能動的に参加する市民，③環境と社会のために責任ある市民に整理することが可能である。これまで日本の地理教育はどちらかといえば，①知識を持つ市民の育成に重点を置いていたが，ESDの導入に従い，②や③の市民をも育成するために工夫が必要であると指摘されている（泉ほか 2012）。すなわち，これからの地理教育においては，持続可能な環境と社会に関する地理固有の知識を伝えることに留まらず，人間と（自然的かつ人文的）環境の間によりよい関係を築くために地理的知識や技能を活用したり，意識を高め行動したりすることまでが望まれるだろう。

本稿では，身近な地域の調査とその結果である子どもの地図に注目し，地理教育におけるESDの可能性を提案する。子どもが地域に出て，地域の環境（自然的かつ人文的）を自ら調べ，地域の良さと課題を発見することはESDにつながる要素を多く含んでいる。そのため，まず，現行学習指導要領における身近な地域の調査の位置づけを確認し，ESDの観点から実践課題を明らかにする。次に，より効果的なESD実践にするために，教科書における身近な地域の調査の進め方を分析し，改善策を提案する。最後に，身近な地域の調査の結果として子どもが作成した地図を分析することで，ESDとしてのその意義を

明らかにする。その際，「私たちの身のまわりの環境地図作品展」[1]の受賞作品とその学校の取り組みを事例とする。

II．現行学習指導要領における身近な地域の調査の位置づけとESDの実践課題

　ここでは，まず小・中学校における身近な地域の調査が，現行学習指導要領においてどのように反映されているかを確認した後，ESDとして実践するための課題を明らかにしたい。

1．小・中学校における身近な地域の調査
　小・中学校の身近な地域の調査は，表4-1のように少なくても3回は行うことができる。まず，地域に関心をもち，地域のよさに気付き，愛着をもつための小学校生活科のまち探検，次に，地域の様子は場所によって違いがあることを把握するための小学校社会科3・4学年の地域学習，そして，市町村規模の地域調査を行う際の視点や方法，地理的なまとめ方，発表方法の基礎を身に付けるための中学校社会科地理的分野の身近な地域の調査がある。それに加え，中学校の歴史的分野においては地域の歴史を調べたり，公民的分野では地域の課題を調べたりすることも可能であり，総合的な学習の時間においても身近な

表4-1　小・中学校における身近な地域の調査内容と地図活用

小学校生活科1・2学年	小学校社会科3・4学年	中学校社会科地理的分野
・地域に関心をもち，地域のよさに気付き，愛着をもつためのまち探検	・地域の様子は場所によって違いがあることを考えるための地域調査	・市町村規模の地域調査を行う際の視点や方法，地理的なまとめ方，発表の方法の基礎を身に付けるための地域調査
・範囲：子どもの生活圏，家庭・学校・地域（学区域），主体的な活動の広がりや深まりを可能にする空間	・範囲：学区域・市（区，町，村），直接に観察できる範囲から行政的な範囲への広がり	・範囲：生徒の日常の生活圏や行動圏を考慮して適切に設定（学区域〜複数の市町村）
・地図利用：生活科マップ（模型・絵地図）	・地図利用：絵地図→（鳥瞰図・立体地図・空中写真）→平面地図（四・八方位・地図記号）	・地図利用：平面地図（地形図読み，大縮尺地図，分布図・主題図作成）

文部科学省（2008a，b，c）より筆者作成。

地域の調査を活用することができる。

　まず，生活科のまち探険と社会科の地域学習を比べると，まち探険は場所に対する子どもの個人的な反応に注目するが，地域学習は場所的相違から地域の特色を把握することを目的とする。生活科では子どもの生活圏である身近な地域の中で，自分と他の人々，自然や社会的環境を学習対象とする。その際，校外での活動を積極的に取り入れることや人々と自然や社会的環境を一体的に扱う活動を工夫することが必要となる（文部科学省　2008a, p.75）。一方，社会科3・4学年の地域学習では自分が通っている学校のまわりや住んでいる市（区，町，村）において，場所によって地域の様子が違うことを学ぶため，地形，土地利用，公共施設，交通，歴史的な建築物などを観察，調査し白地図にまとめる活動を行う（文部科学省　2008b, p.117）。

　次に，小学校社会科の地域学習と中学校社会科地理的分野の身近な地域の調査を比べると，小学校では地域の地理的事象を網羅的に調べる地誌的アプローチを取るが，中学校の場合は地域の課題を発見し，その解決策を探る課題解決的アプローチを用いる。地理的見方・考え方から見れば，小学校の地域学習は，「①どこに，どのようなものが，どのように広がっているのか，諸事象を位置や空間的な広がりとのかかわりでとらえ，地理的事象として見いだすこと」（文部科学省　2008c, p.20）の地理的見方の基本を身につけるためである。それに比べ，中学校では，「②そうした地理的事象がなぜそこでそのようにみられるのか，また，なぜそのように分布したり移り変わったりするのか，地理的事象やその空間的な配置，秩序などを成り立たせている背景や要因を，地域という枠組みの中で，地域の環境条件や他地域との結び付きなどと人間の営みとのかかわりに着目して追究し，とらえること」（文部科学省　2008c, p.20）の地理的考え方の基本を踏まえ，最終的には「⑤地域の変容をとらえ，地域の課題や将来像について考えること」（文部科学省　2008c, p.21）までを学ぶために調査を行うことになっている。また，前述した地理教育の分類と市民の育成の観点から見てみると，小学校の地域学習は①環境と社会に関する教育であり，地域に関する知識を持つ市民の育成につながる。それに比べ，中学校では，②環境の社会の中での教育と③環境と社会のための教育として責任ある能動的市民の育成を目指して身近な地域の学習を行うことである。

以上，小・中学校における身近な地域の調査を確認した。近年，小中一貫教育の重要性が指摘されている中で，身近な地域の調査の位置づけを見ると次の通りである。自分と身のまわりの環境との関わりを発見することが小学校生活科の重要な活動であり，身近な地域から世界へ同心円拡大的な小学校社会科では出発点であり，中学校社会科地理的分野では世界から日本の様々な地域を学び，学んだ知識と技能を最終的に活用する場である。

2．ESD としての身近な地域の調査の実践課題

　これまで確認したように小・中学校において身近な地域を調査することは，地域を知り，地域で学び，地域のために考えるための重要な学習活動である。しかし，池（2012, p.37）の指摘のように，身近な地域の調査を多く行っている小学校では教員の地域調査に対する知識や方法の不足が，中学校では教員の多忙化による地域調査の準備・実施に不十分な時間ということが課題となっている。これらだけでなく，ESD 実践として身近な地域の調査を行うためにはいくつかの課題がある。

　まず，小学校における身近な地域の調査を ESD の観点から見てみよう。

　ESD においては基本的に環境と経済，そして社会という3つの側面での持続可能性を考えなければならない。さらに，それらを個々に扱うことではなく相互関連づけて，考えることが必要である。しかし，小学校社会科3・4学年の目標では，「③地域における社会的事象を観察，調査するとともに，地図や各種の具体的資料を効果的に活用し，地域社会の社会的事象の特色や相互の関連などについて考える力，調べたことや考えたことを表現する力を育てるようにする」（文部科学省　2008b, p.20，下線筆者）ということになっている。そのため，小学校社会科の地域学習においては，地域の「特色ある地形」は調べるものの，他の自然的環境は学習対象ではなく，環境と社会の関連性を深く理解することは難しくなっている。それに比べ，生活科では「具体的な活動や体験を通して，自分と身近な人々，社会及び自然とのかかわりに関心」（文部科学省　2008a, p.9，下線筆者）を持つことが目標であり，社会的環境だけではなく自然的環境も学習対象となっている。人間と環境との相互作用および相互依存関係を学ぶことが地理教育の主な内容であれば，生活科におけるまち探険

はより環境と社会を総合的に調べることができる重要な機会であり，ESDとしてもふさわしい。

　これからの地理教育においては小学校低学年あるいは幼稚園までをも含んで，K-12学年の全体的なカリキュラムを考えることが必要となる。その際，現在の小学校生活科におけるまち探険を通した子どもの場所に対する個人的反応は地理教育において重要な役割を果たす。これに対してSlater (1982, p.9)は，人間主義的な接近（humanistic approach）として評価しており，他の人々とは共有できてもできなくても，子どもが自分なりの場所の意味を探るようにする必要があり，重要なのは探険する過程そのもので，身のまわりの環境に対する知識や経験を得る機会であると指摘している。彼女の指摘のように，小学校における身近な地域の調査を実践するためには，できるだけ多くの経験を与えることが大切であり，その際には社会的環境だけではなく自然的環境にも触れることができるように指導しなければならない。また，現在行われている方位や地図記号などの形式的な調査方法の習得ではなく，子ども一人ひとりが身のまわりの環境に対してどのように反応するかを大切にしながら，調査そのものの楽しさを与えることが必要である。

　次に，中学校における身近な地域の調査をESDの観点から見てみよう。

　2008年に改訂された現行学習指導要領では「持続可能な社会の構築（地理的分野）」，「持続可能な社会を形成（公民的分野）」というESDに関連する文言が導入されている。詳しく見てみると，地理的分野の内容（2）の「ウ　日本の諸地域」の「（エ）環境問題や環境保全を中核とした考察」において，「地域の環境問題や環境保全の取組を中核として，<u>それを産業や地域開発の動向，人々の生活などと関連付け，持続可能な社会の構築のためには地域における環境保全の取組が大切</u>であることなどについて考える」（文部科学省2008c, p.140，下線筆者）という項目が入っている。このように，地理的分野におけるESD内容は，産業や地域開発などの経済の側面や人々の生活という社会の側面に関連付けてはいるものの，環境保全という側面が中心となっている。

　また，日本の諸地域学習においては効果を高めることができれば，「ウの中の学校所在地を含む地域の学習と結び付けて扱って」（文部科学省　2008c, p.142),「エ　身近な地域の調査」を行うこともできる。地理的分野のまとめとしての身近な地域の調査は、「生徒が生活している土地に対する理解と関心を深めて地域の課題を見いだし，地域社会の形成に参画しその発展に努力しようとする態度を養う」（文部科学省　2008c, p.141, 下線筆者）ことになっている。一方，社会科の全体のまとめとして，公民的分野の最後の内容は「（4）イ　よりよい社会を目指して－持続可能な社会を形成するという観点から，私たちがよりよい社会を築いていくために解決すべき課題を探究させ，自分の考えをまとめさせる」（文部科学省　2008c, p.148）ということである。身近な地域の調査のための準備・実施の不十分な時間が問題と指摘されているが，この「イ　よりよい社会を目指して」については，内容の取扱いにおいて「（イ）社会科のまとめとして位置付け，適切かつ十分な授業時数を配当すること」（文部科学省　2008c, p.149）になっている。従って，中学校社会科における身近な地域の調査を行うためには，地理的分野にこだわることなく，公民的分野はもちろん歴史的分野との関連も視野に入れながら実施に十分な時間を確保することが望ましい。

　さらに，この社会科の最後のまとめでは，「（ア）身近な地域の生活や我が国の取組との関連性に着目させ，世界的な視野と地域的な視点に立って探究させること」（文部科学省　2008c, p.149, 下線筆者）という取扱いになっている。そのため，地域的な視点だけではなく，世界的な視野までも入れた調査活動が可能となり，より良いESDの実践につながることができる。IGU・CGEの地理ESDルツェルン宣言（2007）においても，持続可能な開発を実行する地理的能力として「ローカルから世界までの範囲で地理的なトピックスを探求する実践的な社会的スキルを用いること」（p.3）とともに，持続可能な開発を高めるための学際的な能力として「ローカルな経験と地域の経験を世界的な現象と関連づけること」（p.3）を挙げている。そして，学習アプローチの選択基準の一つとして，「地域の連続性－その地域の話題は，近くから遠くへと厳密に配列されるべきではなく，世界への視点を考慮しなければならない」（p.5）と指摘している。すなわち，「Think Globally, Act Locally」という，地球的に考えながら地域的に行動できることを目指す身近な地域の調査を行うことが必要であろう。

III．教科書における身近な地域の調査とESDのための改善

　これまでは学習指導要領を基にESDと身近な地域の調査との関連性を分析してきた。その結果を踏まえ，教科書ではどのように身近な地域を調査するように述べられているかを明らかにし，ESDとしてより効果的な身近な地域の調査を行うための改善策を提案する。対象とした教科書は全国的に広く扱われている東京書籍の小学校『あしたへ　ジャンプ　新しい生活　下（2015）』，『新しい社会　3・4上（2015）』，中学校『新しい社会地理（2016）』である。

1．教科書における身近な地域の調査の進め方

　身近な地域の調査はどのように行われるのか。その進め方は固定されたものではなく，目的や内容によって異なり，子どもの発達段階も考慮しなければならない。

　まず，生活科の教科書でのまち探険の進め方を見てみよう。1学年で使う教科書には学校探険や公園の散歩が含まれているものの，本格的なまち探険は2学年で使う教科書に登場する。東京書籍の場合，表4-2のようにまち探険の単元が2つ設けられている。1回目のまち探検ではまちの様々なものや場所を発見することが中心となっているが，2回目ではまちで働く人々に注目しながら探険を行う。このようにまち探険は地域に出かけ，ものと場所，そして人々に触れ合うこと（Ⅱ野外調査）を目的とする一方，観察したり調べたりしたい調査の計画や，めあてを立てて（Ⅰ事前学習），発見した内容を伝える方法を学ぶこと（Ⅲ事後学習）ができる。

　このような生活科で学んだまち探検と，社会科3・4学年の地域学習とは何が異なるか。次に，社会科の教科書における地域学習の進め方を見てみよう（表4-3）。進め方は細かくなったものの，生活科のまち探検のように，まちのことを話したり調査の計画を立てたりするⅠ事前学習，まちに出て調べるⅡ野外調査，観察したり調べたりした内容をまとめるⅢ事後学習の3つに分けることができる。中でも社会科のⅠ事前学習においては，生活科のまち探検で学んだめあてを決めることを発展させ，学習問題をつくる段階を設け，その学習問題を解決す

表 4-2　小学校生活科の教科書におけるまち探検

どきどき　わくわく　まちたんけん (pp. 21〜29)	もっと　なかよし　まちたんけん (pp. 69〜76)	
・まちのことを話そう 　みんなに教えたいな。 　みんなのまちにはどんなものがあるかな。 ・まちたんけんの計画を立てよう 　どこに行こうかな。 　どんなじゅんびがひつようかな。 　たんけんに行くときのやくそくをきめておこう。	・まちたんけんの計画を立てよう 　こんどはどこに行こうかな。 　何を聞こうかな。 　たんけんのめあてをきめておこう。	Ⅰ事前学習
・まちたんけんに行こう 　見たいな。知りたいな。 ・見つけたことを教え合おう。 　何をつたえようかな。 　友だちはどんなことを見つけたかな。	・もういちどまちたんけんに行こう 　もっと知りたいな。聞きたいな。 　春に来たときとわかったところはあるかな。 　あいさつやおれいは言えたかな。 ・まちの人となかよくなろう。 　もっと話したいな。 　いっしょにやってみたいな。 　どうしたらなかよくなれるかな。 　まちの人のまちへの思いを聞こう。	Ⅱ野外調査
	・なかよくなった人のことをしょうかいしよう。 　聞いてほしいな。聞きたいな。	Ⅲ事後学習

表 4-3　社会科の教科書における地域学習（3・4学年）

わたしのまち　みんなのまち-(1)学校のまわり (pp. 2〜19)	
・つかむ 　家から学校までの道には、どんな場所があるでしょうか。 　通学路や家の近くにあるお気に入りの場所を、しょうかいしょう。 　お気に入りの場所を、しょうかいするための絵地図をつくろう。 　みんなの調べたいことをもとに、学習問題をつくりましょう。 　見たいことや知りたいことを話し合って、学習問題をつくろう。 　調べることや調べ方を話し合って、たんけんの計画を立ててよう。コースを決める。 　学習問題：私たちの学校のまわりは、どのような様子なのでしょうか。　→予想しよう。	Ⅰ事前学習
・調べる 　①神社にむかう道は、どのような様子なのでしょうか。 　②学校の北がわにある、大きな公園のまわりは、どのような様子なのでしょうか。 　③広い道のまわりと、広い道のむこうがわは、どのような様子なのでしょうか。 　①・②・③コースをたんけんしてみよう。 　見つけたことやふしぎに思ったことを白地図にかきこもう。	Ⅱ野外調査
たんけんが終わったら、絵地図にまとめよう。 　絵地図をつなげてみよう。どんなことがわかるでしょうか。 　学校を中心にして、絵地図をつなげてみよう。 　つなげた絵地図を見て、わかったことを発表しよう。 　絵地図をわかりやすくするには、どうすればよいか話し合おう。 　地図は、どのようにすればわかりやすくなるでしょうか。 　みんなで記号を決めて、絵地図をもう一度整理しよう。 　先生の地図を見て、気づいたことを話し合おう。 　先生の地図に出てくる地図記号について学習しよう。	Ⅲ事後学習
・まとめる 　学校のまわりの様子について、調べたことをもとにまとめましょう。 　学習目標をかくにんしよう。学習に出てきたことばを使ってみよう。 　学校のまわりの様子について、気づいたことをみんなで発表しよう。 　空から学校を見た様子と絵地図の様子を見くらべてみよう。	

るための調べ活動になっている。また，生活科の教科書では地図の活用について挿絵で表現されていたもののあまり説明はなかったが，社会科では白地図を使ったり絵地図にまとめたりすることが中心となっている。

　一方，中学校社会科地理的分野における身近な地域の調査はどのように進められているか。中学校社会科の学習指導要領では地理的分野における身近な地域の調査の例として7段階の進め方が載っている（文部科学省　2008c, p.60）。それに比べ，東京書籍の教科書でも7段階を経て身近な地域の調査 (pp.264-281) を行うように提示しているが，その内容は異なる。表4-4のように教科書 (a) ～ (g) を基に学習指導要領①～⑦との比較を行うと，教科書では様々な調査を1つの段階 (e) で説明しているが，学習指導要領では野外調査②と文献調査③と2つに分けている。また，教科書では調査の前段階を仮説の設定 (c) と調査計画の設定 (d) に分けて説明しているが，学習指導要領では調査後のまとめる段階③，④，⑥，⑦を詳しく説明している。

　以上，小・中学校の教科書で示されている身近な地域の調査の進め方を確認

表4-4　中学校社会科地理的分野における身近な地域の調査

(a)情報を集める 　通学路を観察したり，家族の話を聞いたりして，地域の特色と課題を見つけよう。
(b)調査テーマを決定する 　自然環境，人口，生活・文化等に着目して，テーマを決めよう。 　　　　　　　　　　　　　　　　→①取り上げる地理的事象を決める。
(c)仮説を立てる 　決めた調査テーマに対して，答えを予想しよう。
(d)調査計画を立てる 　立てた仮説を基に，どのように調査を進めるか，計画を立てよう。 　　　　　　　　　　　　　　　　→②地理的事象をとらえる調査項目を決める。
(e)調査する 　聞き取り調査や文献を活用した調査など，さまざまな方法で調査しよう。 　　　　　　　　　　　　　　　　→②野外での観察や調査を行う。 　　　　　　　　　　→⑤地理的事象を成り立たせている要因を調べ，関連を調査する。
(f)考察しまとめる 　調査結果を整理して，さまざまな方法でまとめよう。 　　　　　　　　　　　　　　→③とらえた地理的事象について分布図等に表す。 　　　　　　→④傾向性や規則性を見いだし，地形図や関係する主題図と見比べてみる。 　　　　　　→⑥地域的特色としてまとめ，<u>地域の課題や将来像について考察する。</u> 　　　　　　　　　　　　　　　　→⑦地図等に分かりやすくまとめる。
g.発表する 　発表会を行って，互いの意見を交換しよう 　　　　　　　　　　　　　　　　→⑥意見交換する。 　　　　　　　　　　　　　　　　→⑦調査結果を発表する。

してきた。このような進め方で身近な地域の調査を行い，それがESD実践につながるためには何が必要だろうか。次はESDの観点から身近な地域の調査を行うための改善策を提案する。

2. ESDのための改善策

　前述した教科書における身近な地域の調査の進め方においては，地理的知識・技能を習得したり活用したりすることができる。しかし，ESDとして実践するためには，地理的知識・技能の習得や活用を踏まえながら，持続可能な開発のために努力しようとする意識変化までを視野に入れる必要がある。IGU・CGE（2007）の地理ESDルツェルン宣言においては，持続可能な開発とそのための地理教育の貢献について次のように述べている（p.4）。

　　　持続可能な開発は未来指向的であり，人間と自然の間の平和の概念であり，世界における世代間，異なる国家間，文化間，そして地域間の公正の概念である。また，持続可能な開発の概念は<u>社会的，環境的，経済的関心に加え，世界的な**責任（responsibility）**と**政治的参加（political participation）**</u>に拡大される。そのような挑戦のために<u>必要とされる能力</u>は，地理教育を通して－他の学問と協働して－学ぶことができることである。（下線・太字は筆者）

　上記の内容を踏まえて考えると，身近な地域を調査することで，社会的，環境的，経済的関心を高め，世界的な責任と政治的参与に必要な能力を身に付けることができれば，それはESDとして位置づけられる。つまり，身近な地域の調査は，地域のことを社会的，環境的，経済的な関係から総合的に把握し，他の地域や世界的な観点へ広げる必要がある。そして，ただ地域の様子や現状の把握に留まらず，地域の課題解決や未来を考える過程を設ける必要がある。特に，ESDとしては，「責任と政治的参加」を学ぶことが不可欠である。そのため，②環境の社会の中で，③環境と社会のための教育として身近な地域の調査を行い，責任ある能動的市民の育成を目指すことが大切である。

　教科書における身近な地域の調査を見ると，Ⅱ野外調査にて調べた内容をま

とめて発表する Ⅲ事後学習 が設けられているが，教室の中での学習のまとめになる可能性が高い。「責任と政治的参加」を前提した Ⅲ事後学習 を行うことであれば，調べた内容を改めて地域に伝えることが必要であろう。子どもが真剣に身近な地域の調査を行うとすれば，地域が総合的把握できたり，地域の課題が見えたりする。そして，地域の課題を解決したいと思ったり，地域の未来を自然的に考えたりすることまでに発展できる。そのため，身近な地域の調査を通して子どもが持続可能な環境と社会を考えることができ，その結果を教室や学校だけに留まらず，より広く伝えることができるような工夫を行う必要がある。

Ⅳ．子どもの地図から見る ESD 実践としての身近な地域の調査

　これまで，筆者は「私たちの身のまわりの環境地図作品展（以下，環境地図展）」という活動に関わり，子どもが自ら身近な地域の調査を行って作成した多くの地図を見る経験を得た。そこで見た子どもの地図には ESD の観点があふれている[2]。ここでは「環境地図展」の受賞作品と所属学校の取り組みを事例に，ESD としての身近な地域の調査の可能性を示したい。

1．釧路市立城山小学校における取り組み

　2012 年度の第 22 回「環境地図展」において「国土交通省国土地理院長賞」を受賞したのは，釧路市立城山小学校の 4 年生たち（10 人）が社会科の地域学習を始め，理科，総合的な学習の時間を通して「石炭」について調べて作った「釧路石炭マップⅡ～歴史編～」である。タイトルからわかるように，この地図は 2 回目の釧路石炭マップであり，1 回目の地図は子どもたちが 3 年生の時に作成されていた。まず 3 学年では地域の生産について学ぶために，今でも石炭を採掘している釧路コールマインや昔からの釧路炭鉱の歴史が説明されている炭鉱展示館を見学したり，以前炭鉱で働いていた方々に聞き取りを行ったりした。これにより釧路には石炭に関する仕事があり，それらは自分たちの生活を支えていることやその国内流通などを学んで地図を作った。4 学年でも続いて釧路市立博物館の学芸員に聞き取りを行い，地域の歴史として炭鉱につい

て調べ，地図にまとめた。このような城山小学校の取り組みは，小学校社会科3・4学年において，地域学習の導入単元として地域の様子を調べることだけではなく，その後の様々な学習内容においても身近な地域の調査を取り入れたり，他の教科や総合的な学習の時間との連携を図ったりして，最終的に地図をつくり，調査結果を報告することが主な特徴である。

　さらに，この取り組みでは，調査結果を学校だけに留まらず地域の人々へ伝えることにつなげようしている。指導した釜萢陽子先生は，子どもたちが作成した地図を地域へ広く伝えるために，（財）日本地図センターの平成23年度研究活動等支援と，くしろ圏広域観光推進コンソーシアムや北海道地図株式会社の協力を得て，2012年3月に子どもの地図を元とする「釧路石炭マップ：日本で唯一炭鉱のあるマチ」を完成し，地域の人々や観光客へ無料で配布した[3]。また，4年生が地域の歴史を学ぶ時に協力を得ていた釧路市立博物館では，2012年11月17日から2013年1月20日まで，企画展「空と地図から見る太平洋炭鉱－都市炭鉱・釧路－」が開催され，これまでの子どもが作った釧路石炭マップも展示の一部として飾られた[4]。

　2013年度から1学年を担当した釜萢先生は生活科でもまち探検を通した地図作成に取り組んだ。特に，2014年度の生活科学習では，「つるがだい公園－クシロヤエマップ」，「ありがとうくしろ川」，「地域の野菜マップ」，「博物館で調べた釧路の自然」，という4枚の「ほくたち・わたしたちが見つけたくしろお宝マップ」を作成している（釜萢　2014）。その内，第24回の「環境地図展」において，優秀賞を得た「つるがだい公園－クシロヤエマップ（旭川市長賞）」を事例に，子どもたちが描いた持続可能な環境と社会の様子を調べてみよう。

　「つるがだい公園－クシロヤエマップ」（図4-1）は，子どもたちが学校の隣にある公園への散歩を通して見つけたクシロヤエを一つひとつ数え，公園内の分布を丁寧に地図にまとめた作品である。教科書の内容と比べると，「春をさがそう」に相当するが，ただ公園に行ってみて咲いている花を見つけたことを表現したものではない。最初はつるがだい公園（場所）やクシロヤエ（もの）に注目したが，子どもの関心はクシロヤエを作った人までに広がる。そして普通の桜より長く花見ができるように新たにクシロヤエを作った人の思いを

第 4 章　身近な地域の調査を通した地理教育における ESD の可能性　　73

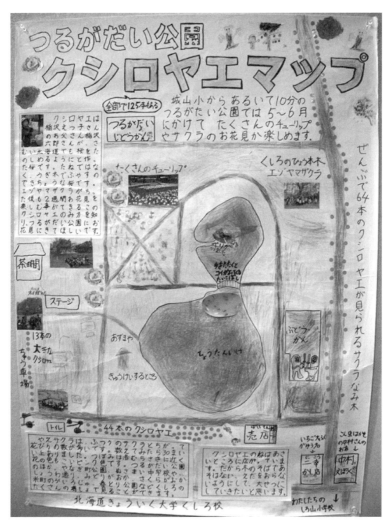

図 4-1　つるがだい公園－クシロヤエマップ

知り，クシロヤエの木を大切にしたいという気持ちを地域の人々に伝えている。
ESD の観点から見れば，子どもたちにはクシロヤエという環境的関心，それ
を作った人々への社会的関心，そして他の桜より 2 週間も花見を楽しむことが
できるという経済的関心も含めて，つるがだい公園の春を広く探している。ま

た，クシロヤエを大切にしたいという責任とそれを地域の人々に伝えるために地図を作成したことを通して，「責任と政治的参加」に必要な能力を身に付けている。

2．筑波大学附属駒場中・高等学校の取り組み

2016年に第26回目を迎えた「環境地図展」は北海道旭川市で開催されたが，全国および世界的規模で行われ，様々なところから子どもたちの地図が寄せられた。その中で，第6回の「環境地図展」から継続的に学校単位での応募を行っているのが，筑波大学附属駒場中・高等学校である。

筑波大学附属駒場中・高等学校では，中学校1年生が年間を通して行う教育活動として環境地図作成を位置づけている（大野　2015）。子どもは4月に地形図について学び，夏休み中に環境地図を作成する。作成に悩む生徒を対象として夏休み後半に「お助け講座」を開き，お互いに悩みを話し合い，作成のヒントを得るようにしている。2学期が始まると，作成された地図をクラス別に発表し，10月に「環境地図展」に出品し，11月に開催する学校の文化祭でも作品展示を行っている。

このように筑波大学附属駒場中・高等学校から環境地図展に出品されるものは学校内の予選を通過したもので，非常に水準が高くて，ユニークな発想の作品も多い。例えば，第24回の「国土交通省国土地理院長賞」を受賞した「犬のお散歩安全MAP～地上30cmのキケン～」という作品は，犬の目線でタバコの吸い殻などのゴミを調べたものである。地上30cmで設置したビデオカメラで撮影しながら道を歩き，細い裏道やコンビニの近い道にゴミが多く捨てられていることを確認し，犬の安全な散歩のためにタバコのポイ捨てを止めることを訴えている。また，自分の目線からもペットのマナーを注意する看板を発見し，ペットと人々が共に暮らすまちづくりも考えている。このように自分の経験（飼っている犬の散歩）を契機として，身のまわりの環境を調べることで，地域の課題（ゴミ問題やペットのマナー）を見つけることができる。

一方，第24回の「日本地図学会長賞」を受賞した「ぼくが浦安に住む外国人だったら～外国人に住みやすい街づくりを考える～」（図4-2）は，外国人の目線で自分が住んでいる千葉県浦安市の課題を調べ，外国人も住みやすい多

第 4 章　身近な地域の調査を通した地理教育における ESD の可能性　　75

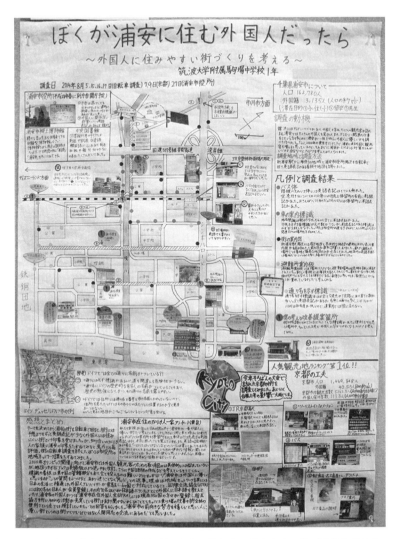

図 4-2　ぼくが浦安に住む外国人だったら〜外国人に住みやすい街づくりを考える〜

文化共生のまちづくりを提案したものである。そして，地域の課題を解決するために，多くの外国人の観光客が訪れる日本の京都の様子を直接観察して調べたり，他の国（ドイツ）の事例について地図などを通して比較したりしている。
　このように中学校社会科地理的分野の身近な地域の調査は，市町村規模の地

域調査を行う際の視点や方法，地理的なまとめ方，発表方法の基礎を身に付けるためのものである。そのため「犬のお散歩安全 MAP ～地上 30cm のキケン～」のように家の周辺であれば，また「ぼくが浦安に住む外国人だったら～外国人に住みやすい街づくりを考える～」のように複数の市町村を比較したりすることも可能である。さらに，地域的な視点だけではなく，世界的な視野まで様々なスケールでの考察ができる。

　Himiyama（2010）は，「環境地図展」の意義を述べる中で，子どもが身のまわりを直接観察して調べて地図を作成することは，必ずしも身近な地域だけを強調することではなく，様々なスケールでの観点を身に付けることも可能であると指摘する。実際，「ぼくが浦安に住む外国人だったら～外国人に住みやすい街づくりを考える～」を見ればわかるように，多文化共生のような地球的課題を住んでいる地域の観点で考え，さらに他の国内外の地域と比較することもできる。

IV．おわりに

　本稿では，身近な地域の調査を通して社会的，環境的，経済的関心を高め，世界的な責任と政治的参与に必要な能力を身に付けることで，地理教育における ESD の可能性を提案した。「持続可能な開発のための教育」の英語は Education for Sustainable Development であり，一般的に ESD の略で使われる。この略語は日本だけでなく世界的にもそうであるが，ESD という表現には隠れている for もみえるようにすべきではないかと考える。

　そもそも，ESD という概念は 2002 年ヨハネスブルグ・サミットにおいて提案された「持続可能な開発」を推進するために「教育」という手段を用いる「DESD（Decade of Education for Sustainable Development）2005‐2014」から広がったものである。つまり，10 年間「持続可能な開発」の推進に「教育」がいかに役に立つかを実践的に試みたことである。そして，2015 年の 9 月にニューヨーク国連本部において開催された「国連持続可能な開発サミット」では，「Transforming our world: the 2030 Agenda for Sustainable Development（我々の世界を変革する：持続可能な開発のための 2030 アジェンダ）」が採択され，これ

から15年間の行動目標である「持続可能な開発目標（SDGs）」が提示されている[5]。これからの地理教育においてもこの「持続可能な開発目標（SDGs）」を視野に入れ，次世代を担う子どもに持続可能な環境と社会を構築するための能力を与える必要がある。

注
1) 北海道教育大学旭川校地理学教室内の環境地図教育研究会が主催している。詳しいことは環境地図教育研究会のホームページ（http://www.environmentalmap.org）を参照すること。
2) 「環境地図展」に出品している子どもたちの地図は，身のまわりの環境について自分で観察し考えたものであり，単純な地図ではなく，地図をメインとした身近な地域の調査を報告する作品である。そのため，子どもの作品では，地図はもちろんのこと，調査の目的，野外調査の様子が写った写真，結果の考察など様々な情報が含まれている。2008年以降の受賞作品は環境地図教育研究会のホームページにてご覧できる。
3) 七山（2012）においては1回目の「釧路石炭マップ」を始め，取り組みの詳しい内容が紹介されている。また，環境地図教育研究会のホームページでも配布された釧路石炭マップと関連新聞記事が掲載されている。http://www.environmentalmap.org/report/2012/05/post-13.html（2016年9月20日閲覧）
4) 釧路市立博物館「企画展空と地図から見る太平洋炭砿―都市炭鉱・釧路―」http://www.city.kushiro.lg.jp/museum/kikaku/2012/haku00001.html（2016年9月20日）
5) 「持続可能な開発目標（SDGs）」については，国際連合広報センターのホームページ（日本）を参照すること。
http://www.unic.or.jp/activities/economic_social_development/sustainable_development/2030agenda/（2016年9月20日閲覧）

文献
大野　新（2015）：中学生とともに環境地図作りに取り組んで．地図中心，517，p.14.
池　俊介（2012）：地理教育における地域調査の現状と課題．E-journal GEO，7（1），pp.35-42.
泉　貴久・梅村松秀・福島義和・池下　誠編（2012）：『社会参画の授業づくり―持続可能な社会にむけて―』古今書院．
釜萢陽子編（2014）：ぼくたち・わたしたちが見つけたくしろお宝マップ．
七山　太(2012)：児童が作成した地図をもとに完成した「釧路石炭マップ」のご紹介．GSJ地質ニュース，1（12），pp.379-380.
文部科学省（2008a）：『小学校学習指導要領解説　生活編』日本文教出版．

文部科学省（2008b）：『小学校学習指導要領解説　社会編』東洋館出版社.
文部科学省（2008c）：『中学校学習指導要領解説　社会編』日本文教出版.
Fien, J., Cox, B. and Fossey, W.（1989）：Geography：A Medium for Education. Fien, J., Gerber, R. and Wilson, P. eds. *The Geography Teacher's Guide to the Classroom*, Macmillan India Ltd, pp.1-9.
Himiyama,Y.（2010）：The Asahikawa Environmental Map Contest and Glocal Environmental Education. Himiyama,Y., Sing,R.B., Kanda, F. and Hindson, J. eds. *Glocal Environmental Education*. Rawat Publications, pp.230-243.
IGU・CGE（1992）：The International Charter on Geographical Education. http://www.igu-cge.org/charter-translations/1.%20English.pdf（2016 年 9 月 20 日閲覧），中山修一（訳）（1993）：地理教育国際憲章. 地理科学, 48（2）, pp.104-119.
IGU・CGE（2007）：Lucerne Declaration on Geographical Education for Sustainable Development. http://igu-cge.tamu.edu/LucerneDeclaration.pdf（2016 年 9 月 20 日閲覧），大西宏治（訳）（2008）：持続可能な開発のための地理教育に関するルツェルン宣言（全訳）. 新地理, 55（3・4）, pp.33-38.
Slater, F.（1982）：*Learning through geography: An Introduction to Activity Planning*, London: Heinemann Educational Book.
Stoltman, J. P.（1990）：*Geography Education for Citizenship*, Social Science Education Consortium.

第5章　ESDとしての「世界記憶遺産」
── 歴史学習における教材化の視点 ──

國分麻里

Chapter 5: *The Memory of the World* as ESD
― From the Perspective of Teaching Materials in the Learning of History ―

Mari Kokubu

Abstract:

How can *the Memory of the World* be utilized as ESD in the learning of history? This paper considers this question from the perspective of teaching materials. *The Memory of the World* is registered documentary heritage, such as handwritten manuscripts, publications, music, and films, which has been recognized by UNESCO as being of world significance. This UNESCO's work to enable the preservation of the documentary heritage of the world and perpetual access to it is in line with ESD, aimed at the construction of a sustainable society. The following outlines four perspectives, drawn from its content and methods, for teaching materials in the learning of history. The first is the study of universal values shared by all humanity such as human rights, democracy, and the feelings of the people. The second is the study of a broad sense, which transcends national boundaries, being applicable to regions or even individuals. The third is the study of archive perspective, as method to facilitate preservation and access of the documentary heritage. The fourth perspective is how *history* is produce through the assessment of documentary heritage nominated.

Keywords: ESD, *The Memory of the World*, Learning of history, Teathing material

Ⅰ．はじめに

　ESD とは Education for Sustainable Development の略である。日本では「持続可能な開発のための教育」と訳される。以前，簡単なものではあったが，筆者は ESD と社会科の関係を整理したことがあった。そこでは，次の 3 点を中心に述べた。1 点目は，ESD が環境や資源，地球全体の問題，格差といった主題に関する知識だけでなく，価値や行動，態度といった思考判断，実際的な動きをも重視したものであること。2 点目は，教育の手段として環境・社会・経済のバランスを取ることや学校教育を含む地域からの視点，活動的な学習活動を取り入れた教育であること。3 点目は，環境教育や開発教育，グローバル教育など ESD との接点がある地理や公民と比較して歴史での実践が少ないことである（國分　2015）。自然破壊や格差の問題，人権の侵害などを超えて「持続可能な社会」を構築するという ESD の趣旨を鑑みると，この考えを歴史学習でも積極的に取り入れていく必要がある。

　本章では「持続可能な社会」を構築していくための歴史学習の素材として「世界記憶遺産」に着目する。「世界記憶遺産」とは，ユネスコが 1992 年に始めた事業で，世界的に重要と認定した記録を記録遺産と認定するものであり，それを保護し永続的にアクセス可能とするシステムも含んでいる。このような「世界記憶遺産」事業は，「持続可能な社会」の構築という ESD の趣旨と合致するものである。日本でも 2011 年に山本作兵衛炭坑記録画・記録文書がこの「世界記憶遺産」に登録されたことで注目を浴びるようになった。まだここ数年のことであるから，他のユネスコの遺産と比較しても日本での学術研究はほとんどない。それどころか，中国申請による「南京大虐殺の記録」登録などから，日本では政治的な話題として知られている側面もある。

　そこで，ESD としての「世界記憶遺産」をどのように歴史学習に用いることができるか，その教材化の視点を提案する。まず「世界記憶遺産」という用語や特色を明らかにする中で歴史学習を考える際の素材を検討する。次に，「世界記憶遺産」に登録された 2 事例の歴史学習の状況やその登録理由を検討した後，ESD としての「世界記憶遺産」を歴史学習に用いる際の教材化の視点を

提供する。

Ⅱ．「世界記憶遺産」とは

1．「世界記憶遺産」という名称の問題

　「世界記憶遺産」の原文は，Memory of the world である。この日本語訳に関して2つのことが提起されていた。

　1つ目は「世界記憶遺産」という名称に対して，2016年6月20日に文部科学省にある日本ユネスコ委員会が「世界の記憶」と名称変更を行うようにしたことである。国際条約などに基づく世界遺産などとこの記憶遺産の性質が異なるために，元の英語の意味により近い訳語にすべきだという意見が寄せられたためだとする（朝日新聞　2016.6.21）。この記事によると，原文には遺産を示す heritage が使われていないのに「国民にわかりやすい」などの理由で2010年に政府がユネスコ記憶遺産という訳語を当てたということである。今回の名称変更は，近年の「世界記憶遺産」をめぐる論争と関連していることは間違いない。なぜならば，2015年10月10日に「南京大虐殺の記録」が「世界記憶遺産」に登録され，2016年6月1日には韓国や中国，日本も含めた8か国14団体が日本軍「慰安婦」に関する資料の登録をユネスコに申請した直後だからである。このような背景の中で，他の世界遺産と同様に権威があるように思われる「遺産」という名称を避け，英文をそのまま訳した「世界の記憶」と変更したのである。

　2点目は「Memory」をどのよう訳するかということである。この点に関して，歴史学者の笠原十九司は次のように述べる。「『記憶遺産』と呼ぶと，歴史的出来事自体を登録するように誤解されがちであるが，歴史的出来事を検証・顕彰できる一次的記録物の保存と公開を目的にしている。ユネスコでも『Documents Heritage』（ママ）と称しているので，『記録遺産』と訳したほうが適切ともいえる」（笠原　2016a, p.250）。一次資料の保存と公開を目的にしているという意味で Memory を「記憶」ではなく「記録」と訳すべきという主張である。ユネスコの英文を確認すると，確かに「記憶遺産」は documentary heritage と称されている。以下，該当する英単語は筆者が挿入した（ユネスコ情報社会部

2002, p.8）。

　ユネスコ記憶遺産は，人類の記録遺産（documentary heritage）を取り上げている。記録（document）とは，周到で知的な意図をもって何かを「文章化」（documents）または「記録」（records）するものである。

　Memory について，プログレッシブ英和中辞典（第 4 版）では記憶・想起・回想と日本語に訳されている。これを見る限りにおいては Memory を記憶と訳すことは問題ないように思える。しかし，記憶という言葉に込められた意味から，筆者も「記憶」ではなく「記録」と訳することを主張する。角川国語辞典では，記憶を「1. 物事をわすれず心に留めておくこと，物覚え。2（心理）．過去の印象を再生させる作用」とする。記憶は覚えたことを忘れないという意思であり，行為であるという指摘である。つまりここには記憶の基となる一次情報だけでなく，その情報に関わる経験や体験に基づく個人的な感情も含まれている。記憶というものは，各々の経験や体験にしたがい，極めて多様なものとならざるを得ない。これに対して，記録の英語および日本語はプログレッシブ和英中辞典（第 3 版）の解説によると「〔書きしるしたもの〕a record,〔文書〕a document,〔公文書〕archives,〔議事録〕the minutes」である。このように「記録」には Memory の意味はなく，笠原が示したように「記録」と訳するのが正確である。同様の理由だろうか，隣国の韓国ではこの Memory を기록（記録）と訳している。ただ，筆者の主張とは異なるものの一般的によく知られているという理由から，本章では便宜的に「世界記憶遺産」を用いる。

2．「世界記憶遺産」のユネスコでの位置づけ

　ユネスコには 3 つの世界遺産があるといわれている。世界遺産，無形文化遺産，そしてこの「世界記憶遺産」である。最も早く創設されたのは世界遺産条約（正式には『世界の文化遺産及び自然遺産の保護に関する条約』）で，1972 年に第 17 回 UNESCO 総会で採択された。この世界遺産は有形の不動産を対象としている一方で，2003 年に採択された無形文化遺産保護条約は，伝統的な音楽や舞踊，工芸技術という無形の文化を対象にしている。日本でも雅楽や和

食，和紙など22件が登録されている。これら2つの世界遺産に対して，「世界記憶遺産」とはどのようなものか。以下，ユネスコによる定義である（ユネスコ情報社会部　2002, p.8）。

　　ユネスコ記憶遺産は，人類の記録遺産を取り上げている。記録とは，周到で知的な意図をもって何かを「文章化」または「記録」するものである。記録の概念は普遍的であるが，文化の中には他の文化より「記録志向」が強いものであることが認められている。そのために，またその他の理由によって，世界の記録遺産—ひいてはユネスコ記憶遺産—においては，すべての文化が平等に代表されるわけではない。例えば無形および口承遺産は，他のユネスコ事業の範疇である。

　以上のように，「世界記憶遺産」は意識的に書かれた文章や記録を取り上げたものであり，文化遺産や無形文化遺産とは明確に目的が異なっている。「世界記憶遺産」の具体的な目的は，次の(a)～(c)である（ユネスコ情報社会部　2002, p.3）。(a)最適な技術によって世界の記録遺産の保存を促進する。(b)記録遺産への普遍的アクセスを支援する。(c) 記録遺産の存在や重要性について世界的な認識を高める。この内容を見ると，破壊されたり，紛失したり，文字が消えたりするなど時間的経過が進むと失われていく世界的な記録をどのように後世に残し，いかにそれが大切なものであるかを多くの人々に知らせることが任務である。このような事業が必要となった理由は，世界遺産同様，人類の遺産が破壊や散財，劣化や破損といったリスクにさらされているという現状認識からであった。
　こうした事情から，1992年より事業が開始され，2015年10月現在，348件が登録されている。記録とは，その書かれた内容と書かれている媒体の2つを指している。媒体の例として，次の内容が挙げられている（ユネスコ情報社会部　2002, p.8）。

　　(1) 手書き原稿，書籍，新聞，ポスター等のテキスト資料。テキストの内容は，インク，鉛筆，絵の具その他の手段で記録されている可能性がある。

媒体は，紙，プラスチック，パピルス羊皮紙，ヤシの葉，木の皮，織物，石その他があり得る。
(2) 図画,版画やプリント,地図,音楽等の非テキスト資料。フィルム,ディスク，テープ，写真等の視聴覚資料は，記録方法がアナログ形式かデジタル形式か，または機械式か電子式かその他手段を問わず，内容を搭載した情報を持つ物理的媒体で構成される。

上記を見ると，媒体は移動や保存可能であり，再現・移行可能なものであることがわかる。これ以外にも，ウェブサイト等の文章などが対象となる。
加えて，「世界記憶遺産」リストには，国際・地域・国内の3種類がある（ユネスコ情報社会部　2002, p.20）。日本では国際ばかりに注目が集まるが，①国内(national)，②東アジア太平洋などの地域的(regional)，③国際的(international)および地球規模(global)というそれぞれの地理的範囲で，記録遺産を選定する。2016年5月には②の地域選定において，差別からの解放を目指して1922年に結成された水平社（日本）と衡平社（朝鮮半島）の関係書類とその交流を示す資料がアジア太平洋地域版で初めて登録された（毎日新聞　2016.5.26）。

Ⅲ．「世界記憶遺産」の手続き，基準

1．申請および審査

登録申請をする際の申請者は，いかなる個人，政府やNGOを含むどのような組織でも提出することができる[1]。複数の所有者がいる場合は2カ国以上の共同申請ができる。ただ，地域や国，危機に瀕した記録が他の申請よりも優先される。日本の場合，申請する場合は国内委員会での選考を経て推薦されるが，原則して一国より申請する場合は2年毎に2件と決められている。

国際では，申請者からの書類は事務局での整理を経て，登録小委員が徹底的な調査を行う。ここで専門家などから評価や助言を求めたり，すでにリストに掲載されている記録遺産との比較を行ったりする。小委員会は通常，国際図書館連盟，国際公文書館会議，視聴覚保存期間連絡協議会，国際博物館会議などの専門機関や専門NGOにも助言を求める。こうした機関は助言とともに，申

請内容が選定基準を満たすかどうかについての意見表明も依頼される。そして，登録小委員会はリストに追加すべきかどうかの勧告書を IAC に提出する。IAC とは，ユネスコ記憶遺産の運営主体であり，事業の計画および実施についてユネスコに助言を行う。また，議長や副議長などで構成されるビューローや技術小委員会など他の委員会の業務を監視し，新規登録についてユネスコ事務局長に提言も行う（登録の手引き　年不詳, p.5）。この IAC は記憶遺産の管理や保護の分野から選出された 14 名の専門家により構成される。

2．選定基準と登録

　申請された記録を「世界記憶遺産」に登録するかの基準について，最も大切とされるのは真正性，すなわち，本物かどうかという点である[2]。記録の来歴や身元が確実にわかっているか，複製品や模造品，偽造品，偽文書や偽情報ではないかということである。次に重要とされるのが，世界的重要性である。これは国際の枠組みが基準となっているが，地域や国内でもその範囲内での重要性が問われる。たくさんあるものではなく唯一のものか，その代わりはないかということ，その消失や劣化は人類に損害を与えるかどうかということが基準となる。そして，この世界的重要性に付随して (a) 時代，(b) 場所，(c) 人，(d) 題材とテーマ，(e) 形式および様式の (a) ～ (e) の中から 1 つ以上の基準を満たさなければならない。(a) 時代は，その記録の古さもあるが，それ以上に時代を映し出すものであるということである。(b) 場所は，その記録がなされた場所を指している。記録によって場所に関する重要な情報が含まれている場合もある。(c) 人は，記録が人間の営みや社会，産業などの発展を表現している，あるいは重要な個人や集団の影響を反映している記録か否かである。(d) 題材とテーマは，対象が特定の歴史的あるいは知的発展の象徴かどうか，(e) 形式および様式は，その記録が卓越した形式や様式かという判断である。これ以外にも，希少性や完全性も考慮する。

　また，審査においては「単にその古さや美的資質ゆえに貴重であるのではない」（ユネスコ情報社会部　2002, p.24）とされる。この「世界記憶遺産」事業が始まった当初は特に手描き原稿などの古い資料を評価したり，西洋での品目が好まれる傾向があったりしたという。そのため，現在は地理的・時代的の両

方のバランスを図る必要があるとガイドラインには記されている[3]。

3．記録・保存

　ユネスコに「世界記憶遺産」として登録されても，法的にも金銭的にも何も変わらない[4]。自分たちが申請した記録が登録されても，所有者や保管者，政府によって制限や義務が課されることはなく，ユネスコも該当する記録の保全や管理，アクセス性を可能にする手段提供の義務はない。しかし，記録が登録されるとユネスコは保存の知識とともに，継続的な関心を持つ。申請する際には，IACがその記録の安全を脅かすような法律や契約，文化的な状況がないことを明らかにする。もし，適切な保管，保存，保護，アクセスの仕組みに所有者や保管者が異議を唱えた場合，ユネスコによる登録が保存の動きに役立つ。また，危機に直面している遺産の保護については，ユネスコが利用可能な資金を優先的に充てることができる。また，IACは誰にでも「世界記憶遺産」にアクセスできることを要求している。

　以上のように「世界記憶遺産」として登録されたとしても，その後の処理は基本的に申請した側に任される。ただユネスコは「世界記憶遺産」として認証し，保存，保護，適切なアクセスができるための知識や関心を持ち続けるのである。次節では，「世界記憶遺産」の代表的な記録類である，「フランス人権宣言」と「アンネの日記」を具体的に取り上げ，現代日本の教科書や授業での状況，登録理由を明らかにする。

Ⅳ．「世界記憶遺産」と歴史学習

1．フランス人権宣言
(1) 教科書叙述および授業実践

　現在の歴史教科書叙述では，中学校でも高校でもフランス人権宣言の内容は資料として掲載されている。多くの世界史教科書ではフランス革命という題名で，国民議会の結成，人権宣言を含む憲法の制定，革命戦争と国王の処刑，恐怖政治で構成している。人権宣言はその内容が抜粋で書かれ，教科書会社ごとに内容が異なることが興味深い。必ず扱われているのは，自由・権利の平等（1

条），政治的結合の目的と権利の種類（2条），国民主権（3条），自由の定義・権利行使の限界（4条）と，所有の不可侵，正当かつ事前の補償（17条）である。一番多く掲載している山川出版社は，表現の自由（10条）や権利の保障と権力分立（16条）など8つを掲載している[5]。中学校も高校教科書と枠組みは同じである。

次は，授業実践であるが，結論から言うと人権宣言そのものに焦点を当てたものはない。中村真人（2006）は，フランス革命の流れを追う中でこの革命と現代とのつながりを明らかにし，国民国家の意味を問うている。藤本榮光（2015）は，高校世界史の授業においてルイ14世を処刑した人の気持ちを通じて，死刑制度を問う実践を行っている。これらの実践を見ると，人権宣言のみを扱った歴史授業はなく，フランス革命の流れの中で人権宣言が行なわれたことを説明する授業が行われていることが分かる。

(2) 登録理由

「人間と市民の権利宣言」の原文（1789～91年）は，2003年に登録された。この原文の初版は，1789年にパリで国民議会によってまとめられ，関連書類として1791年の憲法も登録されている。これら資料はフランス，パリの国立文書館歴史センターにある。登録された理由は以下の通りである（樺島・村田 2014, p.302）。

【登録理由】人権宣言は，その参考資料とともに民主主義の発展の根本をなす文章で世界中の人権を尊重するものである

登録理由では，簡単にその後の民主主義発展の根本，世界中の人権尊重の基となることが述べられている。公式ガイドブックではより詳細にその価値を説明している。以下の内容である（樺島・村田 2014, p.304）。

この宣言は，そのものがフランス革命の遺産であり，革命の原則と考えが集約されている。フランスでつくられたが，発布当初から文化や宗教，政治，そのほかの相違に関係なく，すべての人間に向けられていた。侵すことのできない基本原則として人間の尊厳を確立したのである。文化・政

治・民族・経済・社会の違いを超えて普遍的な価値をもつものであり，あらゆる人間に対する不可分の権利と義務を確立し，人類の歴史に大きな影響をおよぼした。国際法の基調となり，1948年の国連宣言の根幹をなすものである。

　フランス革命との関係で人権尊重の内容に重点が置かれている。このすべての人間に向けられた人権尊重という考えが，フランスだけでなく人類の普遍的な価値を持つものであるということである。フランス人権宣言は，フランスだけのものではなく，その後の国際法や国連など世界の人権を尊重するような法律の制定に大きく影響した。そうした普遍的な価値の世界的な広がりを高く評価しているのである。

2．アンネ・フランクの日記
(1) 教科書叙述および授業実践

　ほぼすべての中学校歴史教科書がアンネ＝フランクの顔写真と日記の存在については叙述しており，加えて，「世界記憶遺産」に登録されたこと（藤井譲治ほか　2015, p.241），日記の具体的な叙述を紹介している教科書もある（深谷克己ほか　2015, p.241）。際立つのは，見開き2頁をアンネ＝フランクの内容で構成している学び舎の中学社会歴史分野『ともに学ぶ人間の歴史』教科書である。これは，「第二次世界大戦の時代」の「戦争と二人の少女－ヨーロッパの戦争－」という小単元で，隠れ家生活に至る話，同じ1929年にオランダで生まれ抵抗運動をしていた映画俳優のオードリー＝ヘプバーンの抵抗運動，強制収容所での子どもの様子の3項目で構成されている。興味深いのは，アンネとオードリーの人生を重ねて合わせているところである（学び舎　2015, p.241）。

　　　アンネとオードリーは，ともに1929年生まれです。戦争・占領という状況のなかで，少女時代を過ごしました。しかし，そんななかでも二人の少女は，社会に目を閉ざすことはありませんでした。後に映画俳優となったオードリーが，『アンネの日記』を読んだとき，『アンネは私自身でもあっ

た』と語りました。

　当時，ナチスドイツの支配下で，レジスタンスの連絡係をしていたオードリーという少女の気持ちを代弁していたのが，隠れ家生活をしていたアンネの日記だったというものである。それでは，アンネ・フランクに関する授業実践はどうであろうか。実践の多くは，アンネ＝フランクの生涯や日記内容に触れながらも，ファシズムや戦争の怖さなどを強調する事例としてアンネを用いる実践が多い。例えば長谷部晃は，「アンネの日記」を用いて授業する目的をヨーロッパのファシズムとそれへの抵抗を学ぶためとする（長谷部晃　2001, pp.50-51）。

(2) 登録理由

　1942年6月14日から1944年8月1日まで書かれた『アンネの日記』が「世界記憶遺産」に登録されたのは2009年のことである。登録対象は『アンネの日記』他，関連する文章，引用，物語であり，所属機関等はアムステルダムのアンネ・フランクの家である。登録理由は以下の通りである（樺島・村田 2014, p.478）。

　　【登録理由】アンネ・フランクの書いたものは一個人の記録だが，彼女の声は，もう話すことのできない無数の沈黙者を代弁する象徴となった。第二次世界大戦中，何百万人というユダヤ人が苦しみのなかで死んでいった。アンネはアムステルダムの隠れ家というきわめて耐え難い状況におかれていたが，楽観的な姿勢を失わず，ごく一般的な青春期の少女の声が日記には綴られている。

　このように，アンネ＝フランクの日記はドイツ占領下のユダヤ人少女の個人の記録ではなく，当時のユダヤ人の心を証明し代弁する，思春期の少女の一般化できる資料として登録されているのである。ナチスの残虐な行為を批判するのではなく，また，戦争や平和の代表というよりも，当時の一人の少女の気持ちとして『アンネの日記』が評価されている点がとても注目される。個人の日記であっても，一般化できる，皆に共通することが大事だということ示してお

り，これが持続可能な記録としての ESD を指すものであると考える。前述した通り，『学び舎』の叙述では，当時のナチスドイツの支配下でアンネとオードリーという 2 人の共通する気持ちに関する叙述があったが，上記の登録理由，すなわち当時の少女の気持ちが評価されている点と重なるものである。

　以上のように，本節では「世界記憶遺産」に登録されている「フランス人権宣言」と「アンネの日記」に関して具体的に検討してきた。歴史学習においては，それぞれ歴史的事項を学ぶための解読資料や具体的事例として用いられていたが，「世界記憶遺産」では人としての権利やその時代を映す思春期の子どもの気持ちなどがその価値として認められていた。次章では，このような「世界記憶遺産」の特色を活かした教材化の視点を 4 点示す。

V．「世界記憶遺産」の教材化の視点

1．人類の普遍的な価値を学ぶ視点

　1 点目は，人権や民主主義，その時代の人々の感情など，人類の普遍的な価値を学ぶという視点である。「世界記憶遺産」の登録基準では，記録に対する明確な基準があった。人権や集団心理など，一人や一国だけのものでない，世界の普遍的な価値を体現しているものが「世界記憶遺産」と認定されていたことがわかる。現代社会では価値多元的な流れもある中で，「世界記憶遺産」が人権や平和の記録を今後も残していかなければならないという一つの価値を提供する。「世界記憶遺産」を学ぶ歴史学習では，後世に語り継がなければならない世界的な記録をその意味や価値とともに学ぶことが可能である。

2．国家を超えた広がりを学ぶ視点

　2 点目は，国境を超えたつながりを学ぶという視点である。「世界記憶遺産」は，基本的に地域や個人でも申請できる。国家という枠を超えて，世界に目を開く歴史学習が可能となる。実際，従軍「慰安婦」の申請は韓国や日本，関連するその他の地域の国 8 カ国 14 団体が行なっている。また，朝鮮通信使の申請についても，日本と韓国の民間団体が共同で行なうことを試みている（朝日新聞　2016. 2.20）。こうした民間の共同申請の事例から，国境を超えた人々の

つながりを学ぶことができる。

3．記録継承を行うアーカイブズという視点

　3点目は，記録を半永久的に保存・接続可能にするという記録継承の手段を学ぶというアーカイブズの視点である。記録は何もしなければ，時間の経過とともに破損・損傷していったり，暴力的な破壊や紛失などによって失われていったりする。記録は歴史の基礎となるものであり，その有無は人々の歴史認識にも大きな影響を与える。「世界記憶遺産」の事業は，世界的に認められる歴史的文章や画像，音などのデータ記録を半永久的に保存・接続可能にし，次世代に伝えるものである。その際，アーカイブズという視点から歴史を学ぶことが可能となる。アーカイブズとは，①様々な利用価値の下で永続的に保存される記録，②そのような記録を保存し利用に供する施設やシステムという2つの意味がある（安藤　2009, p.61）。「世界記憶遺産」を世界的に重要な記録の保存・活用という側面から学ぶのである。

4．「歴史」のつくられ方を学ぶ視点

　4点目は，審査の過程で記録が検討，確定され，周知されていくという歴史のつくられ方を学ぶという視点である。「世界記憶遺産」の中心であるIACのメンバーであるレイ・エドモンドソン（2016）は，遺産として選定されるには事実に基づく正確な記録，客観的な事実が大事であり，ロビー活動など政治的な活動はかえってマイナスになると証言している。また，登録には隠された意図はなく，摩擦を生むようなものや誇張された資料は却下され，証拠があるものだけが審査のベースになるとした。しかし，こうした事業側の意図に反して，「世界記憶遺産」の登録事業は意見の分かれる歴史的事象を世界の「歴史」とするか否かの判断を下すものとなってしまっている。ここで日本でも話題となった「南京大虐殺の記録」を例にもう少し説明しよう。「南京大虐殺」は大虐殺という事件の性質上，正式な死傷者数を認定できるものでないためにその数には万単位で違いを見せてきた。驚くことに，そうした死傷者数の相違を根拠に大虐殺の存在自体を否定する論考も日本では存在する。本来，こうした性質の歴史事象については，関係国間の歴史学者により厳密な史料批判を踏まえ

た実証的な研究を行い，双方が納得するところでの「確定」作業を行うことが望ましい。だが，感情のもつれからそうした行為が難しい状況の中で，中国が記録を提出，「世界記憶遺産」に認定されたことについて，日本政府が反発した[6]。こうした動きから，どのような記録が申請され「世界記憶遺産」に認定されたのか，そのプロセスと内容を追うことで，記録が世界の「歴史」として認定される過程を学ぶことが可能となる[7]。

VI. おわりに

　本章では，ESDとしての「世界記憶遺産」をどのように歴史学習に用いることができるか，その教材化に向けて検討してきた。「世界記憶遺産」に関しては，単に「南京大虐殺」や従軍「慰安婦」など東アジアでの歴史問題の視点から歴史授業を構成するのではなく，「世界記憶遺産」としての特色から歴史授業の教材化を図ることを提案した。教材化の視点は次の4点であった。1点目は，人権や民主主義，その時代の人々の感情など，人類の普遍的な価値を学ぶという視点である。2点目は，地域や個人でも申請できることから国境を超えたつながりを学ぶという視点である。3点目は，記録を半永久的に保存・接続可能にするというアーカイブズの視点である。4点目は，審査の過程で記録が検討，確定，周知されていくという「歴史」のつくられ方を学ぶという視点である。「持続可能な社会」構築に向けて，こうした視点を歴史学習にも取り入れることが必要であろう。

注
1) 以下の申請および審査内容は，ユネスコ情報社会部, p.27 を参照。
2) 以下の選定基準と登録の内容は，ユネスコ情報社会部, p.22 を参照。
3) ユネスコ情報社会部, p.23 の注 23 にその旨の叙述がある。
4) 以下の内容は断りがない限り，ユネスコ情報社会部, pp.24-25 を参照。
5) 岸本美緒ほか (2014) では，キャプションに「人権宣言正式な名称は『人間と市民の権利の宣言』であり，すべての人間に認められる権利（人権）と，市民の権利（市民権）が区別されている」と書かれてある。
6) 毎日新聞 (2015) によると，日本政府は 10 月 9 日と 10 日に中国外務省に「ユネスコの政治利用だ」として抗議した。加えて，ユネスコに対しても菅義偉官房長

官が拠出する分担金の停止・削減を「検討する」との意向を表明している。これに中国側は強く反発した。なお，1996年より記憶遺産に関わっているレイ・エドモンドソン（2016）は論争になっている死傷者の数はそれほど重要でなく，南京大虐殺は事実であったと判断され記憶遺産に登録されたとした。
7) 世界記憶遺産に登録された「南京大虐殺の記録」の概略については，世界記憶遺産のHPに公開されている。また，「南京大虐殺の記録」資料閲覧や公開が制限されていることについて，レイ・エドモンドソン（2016）は保全を考えるとアクセスを制限せざるを得ない場合もあるとした。また，「南京大虐殺」だけに限らずその国のプライバシー権や情報公開の問題をクリアーしない限り，情報にアクセスできないという実際上の問題があることを説明した。

文献

朝日新聞（2016）：朝鮮通信使，固い絆日韓，世界記憶遺産に共同申請へ.2016.2.20.
朝日新聞（2016）：記憶遺産名称，「世界の記憶」に日本ユネスコ国内委員会.2016.6.21.
安藤正人(2009)：『アジアのアーカイブズと日本－記録を守り記憶を伝える』岩田書院.
笠原十九司（2016a）：国際社会に歴史修正主義は通用しない－ユネスコ「世界記憶遺産」登録の実相.世界, 877.
笠原十九司（2016b）：南京大虐殺の世界記憶遺産登録について.歴史評論, 797.
樺山紘一（日本語版監修）・村田綾子訳（2014）：『MEMORY OF THE WORLD 世界記憶遺産百科 全244のユネスコ世界記憶遺産』柊風舎.
岸本美緒ほか（2014）：『新世界史B』山川出版社, p.261.
國分麻里（2015）：本報告書の概要.「ESDに基づく社会科（地理歴史科・公民科）授業の構想－高度な授業力育成を目指す筑波大学教育研究科社会科教育コースの取り組み－」,研究代表者井田仁康，平成24年度～平成28年度科学研究費補助金（基盤研究B）研究成果報告書, pp.1-3.
中村真人（2006）：単元「フランス革命と国民国家の誕生」.社会科教育論叢, 45集.
長谷部晃（2001）：アンネ・フランクの旅.歴史地理教育, pp.50-51.
深谷克己ほか（2015）：『中学社会歴史未来をひらく』教育出版, p.223.
藤井讓治ほか（2016）：『中学社会歴史分野』日本文教出版, p.231.
藤本榮光（2015）：フランス革命の授業－死刑執行人の生涯から死刑制度を問う－.歴史地理教育,836号.
毎日新聞（2015）：世界記憶遺産中国申請の「南京大虐殺」資料登録,2015.11.10.
毎日新聞（2016）：世界記憶遺産アジア版水平社記録が登録,2016.5.26.
安井俊夫ほか（2015）：戦争と二人の少女－ヨーロッパの戦争－,『ともに学ぶ人間の歴史－中学社会歴史分野』学び舎, p.241.
ユネスコ情報社会部(2002)：ユネスコ記憶遺産記録遺産保護のための一般指標（仮訳）.
　http://www.mext.go.jp/component/a_menu/other/micro_detail/__icsFiles/afieldfile/2016/06/24/

1354665_01.pdf（2016.7.1 閲覧）.

ユネスコ情報社会部（年不詳）：登録の手引き（仮訳）.
　http://www.mext.go.jp/component/a_menu/other/micro_detail/__icsFiles/afieldfile/2016/06/24/1354665_02.pdf　（2016.7.1 閲覧）.

レイ・エドモンドソン（2016）：ユネスコ記憶遺産共同登録日本委員会「日本軍『慰安婦』資料の登録に向けてユネスコ記憶遺産はなぜ作られたのか」, 2016.9.9, 韓国 YMCA ホール.

第6章　過去を通して未来を構想する社会科歴史学習の課題と可能性
―― これからの社会（の形成）のために，歴史学習はどのように関わることができるのか ――

熊田禎介

Chapter 6: Challenges and Possibilities of Looking to the Future
from the Past in the Study of History in Social Studies
― What Place Can the Study of History have in the Formation of Future Societies? ―

Teisuke Kumata

Abstract:

Within the context of the question of what the study of history can do for the creation of a sustainable society, this paper explores the challenges and possibilities for the study of history within the field of social studies that conceives of the future through the lens of the past. Specifically, the case of practical research in "conceptual ability" at the junior high school affiliated with Utsunomiya University was used to investigate how the study of history relates to conceptions of the future. Results showed that for this particular case, the study of history can serve a scaffolding function for conceiving the future, especially with regard to two aspects that were positioned as a means for fostering "conceptual ability" in social studies: "(1) Development of teaching materials for aiding the understanding of the processes through which the present day has come about and of reform", and "(2) Learning themes where the ideas of governments, the intelligentsia, and other historical figures are considered and evaluated". This particular example was not directly concerned with ESD; however, it can be proposed that it contains practical implications for the state of history studies within a type of social studies that works toward the formation of sustainable societies.

Keywords: "Conceptual Ability", History in Social Studies, Conceptions of the Future, Near Past and Near Future, Ideas of Historical Figures

Ⅰ．はじめに

　2010 年の日本社会科教育学会第 60 回全国研究大会におけるシンポジウムでは，「持続可能な社会の形成のために社会科は何ができるか」をテーマに，ESD と関わって社会科は何ができるのかについて議論がなされた[1]。そのなかで，中尾敏朗は，ESD の実現に向けて歴史学習に求められることとして，現代の社会の特色や目指すべき未来の姿が「わかる」ことを挙げ，「過去を学ぶことで現代の社会が『理解』でき，未来社会の構想が促される」歴史学習を提案している[2]。その上で ESD の視点に照らして考えた場合，これまでの歴史学習の在り方を「現代の社会の特色を理解することができる歴史学習か？」，「未来に向けた社会構想や課題解決の力を育てる歴史学習か？」の 2 点から反省的に振り返ってみる必要があるとし，次の 4 点の実現を提案している。

(1) 現代の社会の特色がつかめるまでの学習範囲の確実な実施
(2) 歴史の大きな動きや現代の社会の特色が「わかる」歴史学習
(3) 「懐かしい未来」の再発見と伝統や文化の価値の再認識
(4) 歴史上の価値対立的な課題を取り上げて思考・判断・表現する学習

　本章では，これらの所論に導かれながら，過去を通して未来を構想するための社会科歴史学習の課題と可能性について考究する。具体的には，宇都宮大学教育学部附属中学校における「構想力」の実践研究を手がかりとして，未来を構想するために社会科における歴史学習がどのように関わっているのかを検討することを目的とする。

Ⅱ．宇都宮大学教育学部附属中学校における「構想力」の実践研究

1.「構想力」の実践研究とその趣旨・内容

　宇都宮大学教育学部附属中学校では，2011 〜 2013 年度にかけて，「確かな

学びを通して自己を確立する生徒の育成」を研究主題に研究を進めてきたが，本校社会科部では，それを研究テーマ「これからの社会とそこに生きる自分を構想する生徒の育成」（以下，「『構想力』の実践研究」とする）と具体化し，実践研究を行ってきた。2012年度の研究における「研究テーマ設定の趣旨」には，次のように述べられている[3]。

> （前略）それでは，社会科でこそ培うべき思考力・判断力とは何だろうか。次代に生きる子どもたちに社会科が培うべきは「構想力」である，と私たちは考えた。研究テーマの「これからの社会を構想する」とは，今後の社会を予測したり，あるべき社会の姿を考えたりすることである。これからの社会について根拠をもとに論理的に考え，予測することは，思考力を育成したり，社会認識を深めたりする上で非常に効果的な手だてである。だが，私たちは，構想力を育成することを，単に社会認識を深めたり，思考力を育成したりするための手だてと捉えているのではない。構想力こそが将来の実生活に生きる，社会科で学ぶべき学力の中核であり，構想力を育成する授業や構想を立てる授業によって，社会科の学習課題，教材，手だても変容すると考えているのである。
> 　「そこに生きる自分を構想する」とは，社会科で学んだことを通して自分の生き方を自分自身に問いかけ，自分の将来の目標を社会と関連付けて見出すことである。「そこに生きる自分を構想する」ことは，社会科の目標に照らして，また主体的に社会に参画していく態度を育成するためにも欠かせない。これからの社会とそこに生きる自分を構想すること，それによって構想力を育成することは，社会科でなければできない，そして生徒自身の自立に資するものであることを確信し，その手だてを生み出す研究としたい。

ここではまず，次代を生きる子どもたちのために社会科が培うべきは「構想力」であるとの明確な研究の立場・姿勢が示されている。そして，ここでいう「構想力」は，社会認識や思考力の育成のための手だてではなく，「将来の実生活に生きる，社会科で学ぶべき学力の中核」であり，「構想力」を育成する授

業や構想を立てる授業によって，逆に学習課題や教材，手だてが変容すると位置づけられていることが注目される。

さらに，研究テーマに関して特筆したいのは，子どもたち自身が予測したり，そのあるべき姿を考えたりした「これからの社会」(の構想)において，「そこに生きる自分を構想」させているという点である。このことは，子どもたちにとって，将来は「こうなるだろう」あるいは「こうなるといい」と構想した「これからの社会」のなかで，実際に「自分はどのように生きてゆけばよいか」，そして「自分はどのようにかかわるのか」等，現実社会の問題を自身の問題として捉えていくことを意味していると考えられる。すなわち，それは「それまでの社会科における学びを踏まえ，自分の生き方を自身に問いかけ，自分の将来の目標を社会と関連づけて見出させる」ことといえる。

2．構想を生み出す過程と「構想力」

それでは，中学校社会科における「構想力」とは，具体的にどのような力であり，また，いかなる過程を経て育成されるのであろうか。以下，2012年度の『公開研究発表会発表要項』(『要項』とする)の説明・論述に拠りながら，簡潔に紹介したい。まず，本校社会科部では，中学校社会科における「構想力」を次のように定義している[4]。

> 中学校社会科における構想力とは，これからの社会やそこに至る道筋，自分の在り方等を，情報を収集・分析・総合して論理的に考え，明確に予測したり判断したりする力。未来を切り拓き，これからの社会を生きていく力の中核となるもの。

次に，構想を生み出す過程については，実際には複雑な過程を経ることになるとしながらも，おおよそは図6-1のようになると説明されている。これによれば，その過程は「構想の必要性の認識」，「情報の想起・収集」，「情報の分析」，「構想案の作成」，「構想案の吟味」，「構想の完成」の各段階からなっていることが確認できる[5]。

そして，このような構想ができるまでの各段階と，そのなかで求められる主

第6章　過去を通して未来を構想する社会科歴史学習の課題と可能性　　99

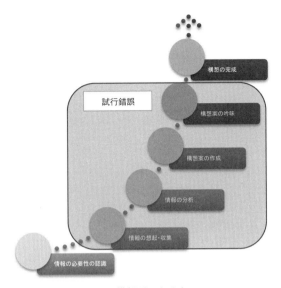

図 6-1　構想ができるまで
「宇都宮大学教育学部附属中学校第 57 回公開研究発表会発表要項」2012, p.34 より抜粋。

な学力の対応関係を表 6-1 のように整理した上で，これらの学力の総体を「構想力」であるとしている[6]。

　国立教育政策研究所教育課程研究センターでは，学校における ESD に関する研究に取り組み，2012 年にその成果を最終報告書としてまとめている[7]。そのなかでは，ESD の枠組みとして，持続可能な社会づくりの構成概念とともに，ESD の視点に立った学習指導において重視する能力・態度として，「①批判的に考える力」・「②未来像を予測して計画を立てる力」・「③多面的，総合的に考える力」・「④コミュニケーションを行う力」・「⑤他人と協力する態度」・「⑥つながりを尊重する態度」・「⑦進んで参加する態度」の 7 つが例示されているが，本実践において想定されている「構想力」もそれに重なる部分が多いことが首肯されよう。また，本実践では，そうした能力・態度の育成方法を，構想ができるまでのプロセスにおいて示したものとして評価することもできよう。このように考えた場合，本校における「構想力」の実践研究は，持続可能な未来や社会の構築を志向する ESD の目的や射程とも重なるところが多いであろう。

表6-1　構想ができるまでの段階と各段階で求められる主な学力

構想ができるまでの各段階	各段階で求められる主な学力
構想の必要性の認識 予測すべきテーマを見出す。それが自分のこれからの生活と関連があると気付いたり，自分の価値観に照らして看過できない事態に対して構想の必要性を感じると思われる。	・自分が生きるこれからの社会に対する関心 ・社会参画しようとする態度 ・社会的事象への幅広い関心 ・すでに獲得した知識
情報の想起・収集・分析 構想するために必要な情報や知識を思い起こしたり，新たに収集することである。現状を正確に把握するために必要な情報を収集する。さらに，集めた情報や知識の中から構想を生み出すために必要な情報を選択する。	・資料収集の技能 ・資料読み取りの技能 ・批判的思考
構想案の作成・吟味 選択した情報を組み合わせ，総合して構想を作り上げる。そして，いったん作った構想案の妥当性を確認する段階である。それぞれの資料の読みとりや解釈は正しいか，論理は正しいか。これらを吟味して，もし必要があれば前の段階に戻ってやり直す。この段階では，他の生徒に自分の構想を示し，批評を受けるのも有効だろう。吟味した結果，問題がなければ構想が完成する。	・様々な情報を結び付け総合する力 ・批判的思考 ・自分の意見を深めたり吟味したりするために対話する力
構想の完成	

「宇都宮大学教育学部附属中学校第57回公開研究発表会発表要項」2012, p.35より抜粋・一部修正。

3.「構想力」を育成するための手だて

　以上で見てきたような，構想ができるまでの各段階やそのなかで求められる主な学力の関連性について詳細は省略するが，続いて本実践研究では，構想の過程とそのなかで求められる学力とに対応させるかたちで，「構想力」を育成するための手だてを図6-2のように示している[8]。

　これによれば，これまでの本校社会科部による研究の成果・蓄積を引き継ぎながら，構想ができるまでの各段階において，「構想力」を育成するための多くの手だてが位置づけられていることがわかる。これらの手だては，以上のよ

第6章 過去を通して未来を構想する社会科歴史学習の課題と可能性　101

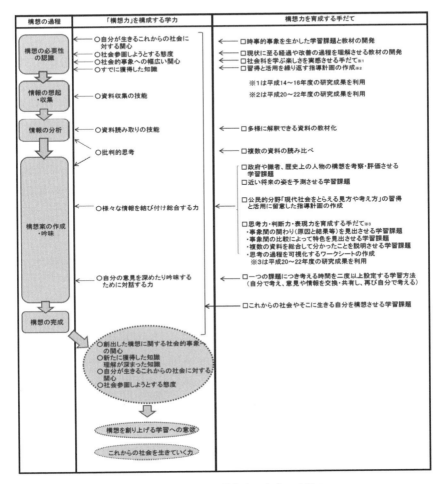

図6-2　構想の過程・構想力・育成の手だて
「宇都宮大学教育学部附属中学校第57回公開研究発表会発表要項」2012, p.42より抜粋・一部修正。

うな「構想力」を育成するための授業実践や授業分析を積み重ねるなか見出されてきたものであるが，2012年度において新たに見出された手だてを抽出すると，以下の6点になる[9]。

①「現在に至る経過や改善の過程を理解させる教材の開発」

②「政府や識者，歴史上の人物の構想を考察・評価させる学習課題」
③「近い将来の姿を予測させる学習課題」
④「公民的分野『現代社会をとらえる見方や考え方』の習得と活用に留意した指導計画の作成」
⑤「思考の過程を可視化するワークシートの作成」
⑥「これからの社会やそこに生きる自分を構想させる学習課題」

それでは，社会科の授業において「これからの社会やそこに生きる自分を構想させる」際に，これらの手だてによって，どのように「構想力」を高めることができるのであろうか。そこで次節では，（主として，学習課題や教材開発に関わる①・②・③・⑥に即して）その具体的な手だてと実際について，実践のねらい・流れと概要を中心に見ていくことにしたい。

Ⅲ．「構想力」を育成するための手だてとその実際

1.「現在に至る経過や改善の過程を理解させる教材の開発」

まず，本手だては，構想の過程のなかでも，最初の「構想の必要性の認識」の段階に位置づいている。図6-2を見ればわかるように，この段階では，「自分が生きるこれからの社会に対する関心」・「社会参画しようとする態度」・「社会的事象への幅広い関心」・「すでに獲得した知識」が必要とされるため，ここでは現状に至る過程や改善の過程を理解させることによって，社会は人々の努力によって改善されることを理解させること，そして，この理解が社会参画する態度を支えると捉えられている[10]。

以上のようなねらいのもとに，実際に行われた【公民的分野「個人の尊厳と両性の本質的平等」】では，男女雇用機会均等法の制定・改正によって書き換えられてきた求人広告とともに，両性の本質的平等の意義を理解させる授業が実践されている。男女共同参画社会の実現はまだ不十分ではあるが，男女間の不平等が改善されてきたのも確かであるとの認識のもと，本実践では，求人広告の変化や年表（「男女平等な社会をつくるためにどのような取り組みがされてきただろうか？」）の記述，グラフ（グラフ①「女性の勤続年数の変化および男性との比較」，グラフ②「厚生労働省『賃金構造基本統計調査』」，グラフ

第6章　過去を通して未来を構想する社会科歴史学習の課題と可能性　103

グラフ① 女性の勤続年数の変化および男性との比較

グラフ② 厚生労働省「賃金構造基本統計調査」

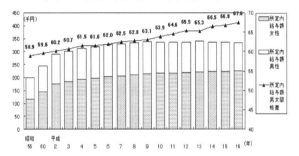

グラフ③ 女性のM字型曲線

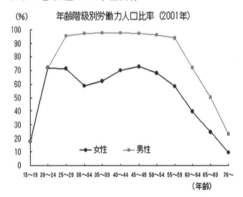

③「女性のM字型曲線年齢階層別労働力人口比率（2001年）柏市男女共同参画センターHPより」）から，不完全ながらも改善の方向に向かっていることが読み取ることができる教材が開発されている[11]。

2.「政府や識者，歴史上の人物の構想を考察・評価させる学習課題」

本手だてについては，構想の過程における「構想案の作成・吟味」の段階に

位置づいている(図6-2参照)。なかでも，本手だては，主に歴史的分野を想定し，時代の転換期に，のちの時代の社会の有り様を方向付けるような政策や決定，活動などを行った人物を取り上げている[12]。具体的な実践のねらい・流れは，次のようになる。

①まず，生徒は資料をもとにその人物の政策や決定，活動などについて，その内容とねらいについて調べる。
②次に，生徒は調べた結果をもとに，その人物が社会を変革する上でどのような構想を有していたかを考える。学習課題は「〇〇〇〇は社会をどのように変えようとしていたのだろうか？(明らかにしよう)」という形になる。
③このように，本実践は，歴史上の人物の構想を明らかにするものであり，生徒は学習により，歴史の中で政策等を通して構想が実現していく過程を学ぶことになる。

また，以下に示すのは，実際の実践事例【歴史的分野「織田信長は世の中をどのように変えようとしたのだろう？」】の概要（表6-2）である。

表6-2 「織田信長は世の中をどのように変えようとしたのだろう？」の概要

時	題目・学習活動の概要
1	「近世の日本の学習についての見通しをもとう」 ・近世の日本についていだいているイメージを自分の言葉に表すことで学習の見通しをもつ。
2	「ヨーロッパはルネサンスや宗教改革によってどのように変化したのだろう？」 ・ルネサンスや宗教改革について調べ，ヨーロッパの社会がどのように変化したかをまとめる。
3	「ヨーロッパ人はどのように世界に進出したのか？」 ・中世から近世にかけてのヨーロッパの地図を古い順に並べて，ヨーロッパ人にとって「世界」はどう変化したのかを確認する。
4	「ヨーロッパ人の来航がもたらしたものは？」 ・ヨーロッパ人の来航による鉄砲・キリスト教の伝来を調べ，その影響を資料から考察する。
5	「織田信長は世の中をどのように変えようとしたのだろう？」 ・織田信長の政策・事業のねらいから，その構想を明らかにする。
6	「豊臣秀吉は世の中をどう変えたのか？」 ・豊臣秀吉の政策について調べ，政策がその後の社会に与えた影響を考える。
7	「桃山文化の特色をとらえよう」 ・資料から桃山文化の特徴を調べ，発表する。

「ヨーロッパ人の来航と天下統一」の単元計画は7時間である。このうち5時間目にあたる部分で「織田信長は世の中をどのように変えようとしたのだろう？」というテーマで実践を行った（6時間目の豊臣秀吉でも実践は可能である）。資料から信長のさまざまな政策・事業の概要とそのねらいを読み取り、グループでの意見交換をとおして信長の政策・事業の背後にある社会を変革する構想を明らかにしていく。全体での発表を学び合う機会として設け、自分のとらえ方を検証できるようにした。

3.「近い将来の姿を予測させる学習課題」

本手だては、「構想案の作成・吟味」の段階において「様々な情報を結び付け総合する力」を育成すると同時に、これからの社会を構想させる学習課題でもある[13]（図6-2参照）。そのための具体的な授業のねらい・流れは、次のようなものである。

①複数の資料を読みとり情報を総合して、今後、実際にそれぞれの国や地域がどのように発展するかを考えさせる学習課題を設定する。
②また、構想を立てる過程では、過去の学習内容や資料を生かしながら、他の生徒と意見を交換したり、その内容を吟味したりする活動を含める。
③そして、構想力を支える思考力・判断力・表現力を育成するため、これまでに学習した知識（EU等）・技能（資料を読み取る技能）を活用するとともに言語活動の充実を図る。また、これらの学習活動を通して基本的・基礎的な知識を習得させると共に、アフリカ州への関心・意欲を高める。

また、以下に示すのは、実際の実践事例【地理的分野「アフリカ州は今後どのように変わっていくのか？」】の概要である[14]。

　　「アフリカ州」の単元計画は3時間である。「アフリカ州は今後どのように変わっていくと思いますか」という課題を行った。まず教師側で用意した複数の資料を使い、アフリカの発展してきた過程と現状を読み解いていく。資料には次のような内容を用いた。

資料1　アフリカの鉱工業分布地図
資料2　アフリカの鉱物資源埋蔵量の世界に占める割合のグラフ
資料3　世界人口に占めるアフリカの割合
資料4　日本がアフリカへのODAを倍増したという新聞記事
資料5　アフリカのGDP成長率が著しい国を示した地図
資料6　アフリカ全体の経済成長率
資料7　主な国のアフリカ支援実績の推移
資料8　主な国の貿易の推移

　その後，今までの経過や既習の他地域との比較をしながら，10年後の未来予測を行った。その未来予測は，4人グループで行い，班の生徒同士で意見の交換を行った。その際，自分の将来予測が正しいかどうかを吟味するために，何らかの資料を根拠に予測を立てるようにした。

4.「これからの社会やそこに生きる自分を構想させる学習課題」

　本手だては，「構想力」全体を育成するためのものであり，構想することへの意欲を高める手だてにもなる[14]（図6-2参照）。その意味においても，構想の過程全体において，次のようなねらい・流れによって，実践がなされている。

①構想力を育成するために，実際にこれからの社会や自分を構想させる学習課題を設定する。
②複数の資料を読み取り，情報を総合してこれからの社会や自分を構想する学習活動を含める。
③構想を立てる過程では，他の生徒と意見を交換したり，ともに考える活動を含める。
④構想力を支える思考力・判断力・表現力を育成するため，これまでに学習した知識（南北問題等）・技能（資料を読み取る技能）を活用するとともに言語活動の充実を図る。また，これらの学習活動を通して基本的・基礎的な知識を習得させると共に，国際社会に対する関心・意欲を高める。

　また以下に示すのは，実際の実践事例【公民的分野「国際社会は食糧やエネ

ルギーをどのように分配したらよいだろうか？」】の概要（表6-3）である[15]。

2時間扱いの実践。プレゼンテーションソフトを使用。「世界は食糧やエネルギーをどのように分配したらよいだろうか」をテーマに，教師が作成した4枚のスライドについてナレーションを考えさせた。4枚のスライドには，それぞれ下表のような図やグラフを載せた。過去数十年の推移を読み取ることによって，未来予測しやすいように工夫した。生徒には次ページのようなワークシートを配付した。表中の「スライドの主題」は生徒には伝えなかった。

表6-3 「国際社会は食糧やエネルギーをどのように分配したらよいだろうか？」の配布資料

	スライドの主題	資料	
1	南北の格差	GDPの世界地図（2008）	
2	偏るエネルギーや食糧の分配	主要国の一人あたりの電力消費量（2006年）	Hunger Map（FAO, 2010）
3	資源や食糧価格の高騰	原油価格の動向（1980-2010）	米，小麦，とうもろこし等価格の推移（1980-2011）
4	日本の自給率を主要国と比較する	日本の食糧自給率の変化（1940-2010）	主要国のエネルギー依存度（2006年）

4人グループでナレーションを作成させ，プレゼンテーション用ソフトを使って発表させた。この実践では，発表が目標ではなかった。グループごとの発表は「情報や意見の交換・共有の機会」である。ここで獲得した情報や意見をもとに，再び自分達のグループの意見を吟味し直した。そして，最終的に一人一人が自分のナレーションを完成させた。

それでは，これまで見てきたような「構想力」を育成する手だてのなかで，未来を構想するための歴史学習はどのように位置づき，いかなる役割を果たしているであろうか？　次節では，以上で紹介してきた実践事例に即して，過去を通して未来を構想するための社会科歴史学習の位置と役割を考えてみることにしたい。

Ⅳ．過去を通して未来を構想するための社会科歴史学習の位置と役割

1．歴史上の人物のなかに「構想」を見出し，それを考察・評価すること

　本実践研究を見てきた時に，社会科における歴史学習として，主として歴史的分野に位置づいているのは，前節で見た「Ⅲ．2 政府や識者，歴史上の人物の構想を考察・評価させる学習課題」であろう。それでは，この学習は，過去を通して未来を構想するための歴史学習として，どのような役割を果たしているのだろうか。

　先にも見たように，「織田信長は世の中をどのように変えようとしたのだろう？」の学習では，まず生徒は資料をもとに織田信長の政策や事業，活動を自由に取り上げ，その内容・ねらいを調べることが目的とされている。実際に，生徒の1人Mさんが調べた政策・事業とそのねらいに関する記述内容を示すと，以下のようになる。

【Mさんのワークシートの記述内容】

	政策・事業	ねらい
1	楽市・楽座	商工業を活発にする。 座の免除→座の本所の力を排除する。寺社・貴族などの権力を弱める。
2	堺の自治を奪う	工業の独占。 鉄砲などの武器を大量につくらせるのに役立つ。統一のための道具をつくる。
3	関所の廃止	物の流通や兵の移動をよくする（→統一に向けた戦いのため）。 商業を活発にする。税をかけていた人達の権力や収入を弱める。
4	武将の配置	まだ滅ぼしていない大名を弾圧しやすくするために周りを囲う。戦の時に囲んでいればやりやすい。
5	寺社勢力の屈服	寺社も大名と同じように，政治に関わったりなど，大きな力を持っていたので，それらが反乱を起こすのを防ぐため（一向一揆など）。
6	キリスト教の保護	南蛮貿易の利益。 仏教の力を弱める→統一の障害

　この記述を見る限り，Mさんは，信長による6つの政策・事業を取り上げ，その具体的内容を記述するとともに，各政策とその背景にあるねらいの関係や

政策間の比較から，信長の政治的な構想には，一貫して「統一」という観点があったことを推察していることがわかる。そのことを示すように，Mさんはこの後の「信長の構想は？（はじめて知ったこと，気づいたこと，疑問に思ったこと）」の欄に，「さまざまな政策で，いろいろな権力を奪って吸収し，権力を一本化しようとしていった。全国を統一し，日本を平和にしようとした。」等と記述しているのである。

このように，本学習において，生徒は，①歴史上の人物の政策・事業をトレースするなかで「構想」の存在に気づき，また，②その政策・事業の背後にあるねらいを探究するなかで，そこに社会を変革するための（政治的な）「構想」を見出していることがわかる。そして，③その「構想」が以後の歴史的展開のなかで，どのように実現していったのか，あるいは実現しなかったのか。さらには，結果的に成功した政策と失敗した政策の差はどこから出たのだろうか，あるいはどのようにすれば，その政策は成功したのか等を考察・評価していくことで，歴史上の人物のなかにおいて，「構想」を実現するための具体的な手順や方法を学んでいくことが目的とされているのである。

2．近い過去のなかに「構想」を見出し，現在に至る経過や改善の過程を理解すること

一方で，こうした歴史上の人物による政策・事業のなかに「構想」を見出し，それに寄り添うのは時代を遡るほど困難になるため，近現代以降の方が比較的取り入れやすいのもまた事実であろう。その意味においても，「Ⅲ.1 現在に至る経過や改善の過程を理解させる教材の開発」は，現在を起点とした，より近い過去における「構想」や現在に至る経過や改善の過程に着目した（広義の）歴史学習ともいえるものである。

たとえば，公民的分野「個人の尊厳と両性の本質的平等」の実践では，主として1985年の男女雇用機会均等法の制定前・後から2006年の改正に至る約30年に焦点化しながら教材開発がなされ，実践されていることがわかる。以下に示すのは，本授業におけるSさんのワークシートの記述内容である。

【Sさんのワークシートの記述内容】

	それぞれの資料から読み取れること
年表	だんだん女性も社会に貢献できるようになってきたということが分かった。国連での決まりを守るために日本でも女性と男性が同等というようなきまりができきたことも分かった。
グラフ①	男女雇用機会均等法が成立する前（1980）に比べて成立してからは女性の勤続年数がのびました→女性差別がなくなってきた。でもまだ男性との勤続年数の差は少しあるんだ。
グラフ②	だんだん女性と男性の給与額に格差がなくなってきた（S55では男性が女性の2倍。しかしH16では1.5倍くらい）。でもグラフを見るとやっぱり男性の方が給料が多いんだなー（まだ女性は男性の7割弱である）。
グラフ③	女性は男性より労働人口が少ない。男性は20〜50代は労働人口比率もほぼ100％。女性は20代後半〜30代後半にかけていったん落ち込む→これは出産があるため。

　これを見ると，Sさんは，年表や先に引用したグラフ等の読み取りを通して，この数十年の間にも，男女平等な社会をつくるための多くの「構想」や取り組みが存在し，不完全ながらも次第に男女間の不平等が改善されてきていると認識していることがわかる。ただし，Sさんも，ワークシートの最後の欄「四つの資料から，あなたが気づいたこと，考えたこと」に，「男女雇用機会均等法などの決まりにより，女性の社会貢献ができるようになった。仕事の勤続年数や給与額に格差がなくなってきた!! でもやっぱりまだ男性の方が仕事に深く関わっているのだと思った。」と書いているように，男女共同参画社会の実現にはまだ不十分である現状にも気づいているのである。

　このように，本学習では，①最初から長いスパンではなく，現在を起点とした数十年くらいの近い過去のなかに「構想」を見出し，②その実現に向けた取り組みの現在に至る経過や改善の過程を歴史的に辿ることによって，③少しずつではあるが，社会が改善されてきたことを理解することが目指されているのである。また，このことが，以下の「そこに生きる自分を構想する」手だてと相俟って，生徒自身がこれからの社会に関わっていこうとする契機を内包していることも見落としてはならないであろう。

3．過去を根拠・足場にして現在を把握し，未来の「構想」につなげること

　そして，「構想力」の実践研究において改めて注目できるのは，これからの

第6章　過去を通して未来を構想する社会科歴史学習の課題と可能性　　111

社会の構想のなかで，(歴史的分野に閉じない) 社会科歴史学習が具体化していることである。「Ⅲ.3 近い将来の姿を予測させる学習課題」，「Ⅲ.4 これからの社会やそこに生きる自分を構想させる学習課題」の実践では，次のような学びの姿が見られる。

　まず，地理的分野「アフリカ州は今後どのように変わっていくのか？」の実践において，ある生徒は，10年後のアフリカ州について，「はじめのうちは，BRICs や NEXT11 などといった国々が発展するためにそちらにとられるが，やがて資源を売りにして発展するだろう。そして急に落ちる。」との未来予測をしている。そして，その理由については，「なぜなら，アフリカの売りは資源だからだ。資源は枯渇してしまうため，落ちてしまう。日本の場合，工業化を進めることにより回避できたが，それは日本に元々資源がなかったため。資源のあるアフリカはそれに頼って，乗り遅れるだろう。そうしたらもとの構図に戻ることも考えられる。」としている[16]。この未来予測は，これまで豊富な鉱産資源をもとに発展してきた中国の学習等をもとに導出されたと考えられるが，その根拠に挙げられているのは，日本における経済発展の歴史的特色であり，中国におけるそれとの比較のなかから，今後のアフリカ州は中国に近い経済発展をするのではないかと予測したと考えられるのである。ここでは，未来予測の際に過去が参照され，その根拠としての役割を歴史学習が果たしていることがわかる。

　また関連して，公民的分野「国際社会は食糧やエネルギーをどのように分配したらよいだろうか？」の実践においては，先に紹介した「過去数十年の推移を読み取らせることによって，未来予測をしやすいように工夫した」各資料についての読み取りから，世界の食糧・エネルギーに関する現状を把握し，将来を予測しようとしていること，また，その予測に基づいて，発展途上地域における経済統合を目的とした組織の結成や先進国の発展途上国に対する援助等を提案していることが，生徒の作品例の分析から明らかになっている[17]。ここでは，原油価格，米・小麦・とうもろこし価格，日本の食糧自給率等の「過去数十年の推移」を参照したことが，現在を把握する (し直す) ための足場となり，未来の「構想」へとつながっていることが確認できるのである。

　以上のように，「これからの社会」と「そこに生きる自分」を構想すること

を目指した両実践においても，未来予測において歴史学習がその根拠や足場として機能していること，そして，それが未来の「構想」へとつながる可能性を改めて確認できたことは，今後の社会科歴史学習にも実践的示唆を与えてくれるのではないかと考える。

V．むすびにかえて

　「構想力」の実践研究は3カ年の実践研究であるが，最終年度において，「『これからの社会とそこに生きる自分を構想する』ことは，学習内容が現代社会に密着している公民的分野が一番構想しやすいのだが，地理的分野や歴史的分野で学習したことをもとに構想することが多かった」との指摘[18]があることも付言しておきたい。

　この点に関して，もし歴史というものが，現在の問題に照らして過去を見るところに成り立ち，過去を省察することを通してこそ，現在から未来を構想することができるとするならば，問われるべきはやはり現在の問題なのであろう。この意味においても，過去を通して未来を構想する社会科歴史学習の在り方も，その主体である現在の子どもたちの現実や歴史的問題意識を丁寧に探り，そこを出発点に構築していくことも今後，さらに重要になってくると考えられる。それは，過去・現在・未来という「時間的な『つながり』」を重視するESDとも共通する実践的課題といえるのではないだろうか。

＊本章の執筆にあたって，堀口　勲・小栗英樹・川中子靖の各先生にはインタビューや資料提供等をはじめとして多大なご協力をいただいた。記して深く謝意を表したい。

注
1) 井田仁康（2011）を参照。なお，本シンポジウムの発表内容・議論については，本論文の他，「持続可能な社会の形成のために社会科は何ができるか」をテーマに，特集号として編集された同号に所収された各氏の論文に詳しい。
2) 中尾敏朗（2011）を参照。
3) 堀口　勲・小栗英樹・川中子靖（2012），p.33を参照。なお，本校の「構想力」の実践研究に関わる先行研究等については，本要項を参照されたい。

4) 前掲3), p.34 を参照。
5) 前掲3) を参照。なお, 図6-1中の「試行錯誤」とは,「この間の過程を何度も往き来すること, すなわち, これからの社会やそこに生きる自分について情報を集め構想を生み出しては吟味・修正することを繰り返す, という意味である」としている。
6) 前掲3), pp.34-36 を参照。なお, 表6-1中の各段階における「構想力」の詳細については,『要項』を参照されたい。
7) 国立教育政策研究所教育課程研究センター（2012）を参照。
8) 前掲3), p.42 を参照。
9) 前掲3), pp.43-44 を参照。また, 2013年度における研究では, これらの他に「(7) 様々な視点から構想させる学習課題」,「(8) 話し合いから構想させる学習課題」の2点が追加されている（宇都宮大学教育学部附属中学校（2013a））。なお, 手だてや実践の詳細については, 本要項を参照されたい。
10) 前掲3), p.43 を参照。
11) 宇都宮大学教育学部附属中学校（2012）を参照。
12) 宇都宮大学教育学部附属中学校（2013b）を参照。
13) 前掲3), p.43 を参照。
14) 前掲11) を参照。
15) 前掲3), p.44 を参照。なお, 本文中で言及・引用されているワークシートについては, 紙幅の都合上, 本章において省略した。
16) 前掲11) を参照。
17) 前掲11) を参照。なお, 年度末の生徒アンケートで「印象に残っている授業」として本授業を挙げた生徒は,「印象に残っていること」として「日本の状況を知り, 自分の生活を意識しようと思った」と書いており, 構想を立てる課題が生徒の態度形成に果たす意義と可能性についても指摘されている。
18) 前掲3), pp.43-44 を参照。

文献
井田仁康（2011）：持続可能な社会の形成のための社会科・地理歴史科─高等学校地理歴史科における融合科目の提案─. 社会科教育研究, 113, pp.1-8.
宇都宮大学教育学部附属中学校（2012）：「宇都宮大学教育学部附属中学校 第57回公開研究発表会 社会科実践事例編」.
宇都宮大学教育学部附属中学校（2013a）：「宇都宮大学教育学部附属中学校 第58回公開研究発表会 発表要項」.
宇都宮大学教育学部附属中学校（2013b）：「宇都宮大学教育学部附属中学校 第58回公開研究発表会 社会科実践事例編」.
国立教育政策研究所教育課程研究センター（2012）『学校における持続可能な発展の

ための教育（ESD）に関する研究〔最終報告書〕』.
中尾敏朗（2011）：持続可能な社会とこれからの歴史学習―現代の社会が『わかる』歴史学習に向けて―. 社会科教育研究, 113, pp.21-28.
堀口　勲・小栗英樹・川中子靖（2012）：これからの社会とそこに生きる自分を構想する生徒の育成.「宇都宮大学教育学部附属中学校第57回公開研究発表会発表要項」.

第7章　ドイツ歴史学習にみる ESD としての近代社会像の探究
―― 産業革命期の社会変容の扱いを事例として ――

佐藤　公

Chapter 7: ESD as an Exploration of the Image of Modern Society as Seen in History Studies in Germany
― The Case of the Treatment of Social Change during the Industrial Revolution ―

Ko Sato

Abstract:
In the period after the birth of the modern era, the industrial revolution that had spread globally did not simply transform the ways in which human society and the natural environment interacted. It also constituted an epoch-making transition to the contemporary way of life and natural environment. The study of history founded on the socio-historical consideration of the industrial revolution is an inquiry into contemporary social challenges through an understanding of the relationship of humans and the environment in modern society. Furthermore, it enables us to get close to the beginnings of the social structure that now requires "sustainable development" and to look to the future from a historical understanding of the world. In Germany, the reading and comprehension of images and statistical materials is proactively employed as a method in historical studies. Learners do not simply need the ability to read various social events and information as historical fact. They also require a cooperative attitude and need to engage in cooperation with other learners in the process of enquiring into the truth. At the same time, getting up close to how German society solved its problems in the past is a learning opportunity for acquiring a vision for the social transformation that is expected of ESD education.

Keywords: History Education, Secondary Education, Germany, Industrial Revolution, Sustainability

I. ESDにおける歴史学習の可能性

1. ESDに資する学校教育と教科教育

　本章の目的は，ドイツ中等歴史教育において描かれる近代社会像とその探究のあり方を辿りながら，「持続可能な社会のための教育」(Education for Sustainable Development, ESD) を通じて展望すべき社会像の獲得に対して，歴史学習はいかなる貢献が可能か，その可能性を検討するものである[1]。

　「持続可能な社会」の実現とそのための人材育成をめぐる教育改革は，学校教育カリキュラム全体を通じて育成すべき資質・能力，さらには教師自身及び学校の組織運営の質的向上も含む，人間形成に関わる営み全般に及ぶ広範な取り組みである。学習者が関わる現在，そして将来に渡る「持続可能な社会」のあり方に関する課題を探究し解決するための学習活動は，一教科や一領域のみで完結するものではない。学校教育が「持続可能な社会」を担いうる人間形成に資するためには，「持続可能な社会」のあり方とその実現に向けた方向性を，各教科や領域間の相互関連及びカリキュラム編成を通じて実現しなければならない。

　同時に教科教育は，どのようにして学習者の現実とその課題解決に貢献しうるのか，それぞれの教科が有している目標及び獲得可能な資質・能力をあらかじめ規定しておかなければならない。学校教育カリキュラムを構成する各教科や諸領域は，それぞれの学習活動を通じて獲得しうる資質・能力を前提としつつ，ESDがカリキュラム全体で実現しなければならない価値を共有しうる教育実践の場として各々機能する必要がある。そして，学校教育において扱われるべき「持続可能な社会」のあり方をめぐる教育的課題は，その根源に環境と開発をめぐって国際社会が重ねてきたこれまでの議論とその帰結を内包しつつも，学習者の現実から検討を始めるべきものである。

　例えば田中 (2014) は，1987年の国連「環境と開発に関する世界委員会」(World Commission on Environment and Development, WECD) による報告書「我々の共通の未来」("*Our Common Future*") に示された「持続可能な開発」の定義[2]を出発点に，ESDの歴史的経過と日本における環境教育及び開発教育との関連

性を考察している。その際,事例として,NPO 法人「開発教育協会」による「地域を掘り下げ,世界とつながる」カリキュラムを取り上げ,その特徴を3つの点から論じている。まず,このカリキュラムは,最終的に子ども自身が関わる地域だけではなく,それらを取り巻く世界とつながるために,自らの発言や行動,それらを支える技能の習得や活用を通して,地域や行政へと参加する主体となることを目指している点である。次に,地域から出発するからこそ,学習活動の過程で関わる一人ひとりが「効力感」を獲得できる点である。そして,「地域を掘り下げる」という学習の取り組みが,「人とつながる」「歴史とつながる」「世界とつながる」という3つの観点から構想されており,広い視野に立った地域の深い理解を可能にしていることを指摘している。これらの特徴は,社会認識を育む社会科教育が ESD の出発点として機能しつつ,教科横断的な学習課題の発掘と探究,及び実践場面として有効に位置づく可能性を示している。同様に,歴史学習もまた,現代及び将来の社会像に関する学習課題そのものを明確にするための探究活動とその過程において,現代的課題の出発点に焦点をあてる営みとなりうる。すなわち歴史学習は,過去の「持続可能だった社会」において生じた「持続可能性」をめぐる課題とその選択,及び結果としての帰結に学ぶ機会となり,ESD としても活用しうる領域である。

2. ESD における歴史学と歴史学習の役割

　各教科や諸領域の目的を達成しつつ,カリキュラムとして学校教育に位置づけられるべき ESD において,特に歴史教育を通じた貢献は,いかなる「持続可能性」をめぐっての学習課題や教育実践において可能だろうか。
　歴史学は,「過去の事実」とその「解釈」をめぐる学問である。描き出された歴史的事実もまた,あくまでも「現在ではない」社会の姿を示すものである。そのため,現在から将来,現実から不確実性を展望する ESD の推進においても,過去の社会に生きた人間の手による記録が残された事象を対象とせざるをえない。歴史学習における ESD は,現代社会における環境・経済に関する理解の基盤として,文化的側面における活動の探究が中心となる。
　しかし,将来が現在の選択の結果であると同時に,現在は過去の選択結果である。人間による活動の痕跡である歴史的事実のみならず,過去の社会との接

続や共通性を見出し，過去の社会の経験がどのような帰結を生んだのかを探究することは，現在と将来を生きる学習者にとって，将来という不確実な時間的展望の持ち方を少しでも確実なものとするために必要な思考方法といえる。

例えば，2015年に国連総会にて採択された，ESD推進に向けた今後の行動指針「持続可能な開発のための2030アジェンダ」("*Transforming our world: the 2030 Agenda for Sustainable Development*")において，国際社会に共通する「世界を変えるための17の目標」(Sustainable Development Goals, SDGs) を掲げた[3]。当然のことながら，過去の社会における事象を探ること自体は，直接的な目標にならない。しかし，それぞれの目標が内包している価値がこれまで実現していない理由を明確にするとともに，将来の社会における持続的な利用，開発が不可能となっている現状とその課題は，歴史的視点に立つことでしか得られない。社会の将来的「展望」を可能にする方法の1つが，歴史的世界に見いだされる「事実」と，その原因・結果を含む「来歴」に迫り，現代社会の抱える課題の現状とその将来的な選択結果の姿として浮かび上がらせる歴史的認識の獲得である。すなわち，歴史学習としてのESDでは，環境と開発の観点に立ち，以下2つの「現在の社会を理解する」という意味において，学習者の現実社会の将来像を探究すると同時に，歴史的世界も探究するのである。

(1)「現代社会」の来歴

現代社会を構成する事実そのものの探究場面において，現状が生じた「原因」を探る学習である（「歴史的探究1」）。将来的に解決が迫られる，現代社会が抱える課題がいつから，どのように生じたのか。出発点を明確につかむことにより，将来における解決と，そのための主体的活動の方向性が得られる。

(2)「過去の社会」の帰結

現代社会が抱える課題から，将来における解決とその社会のあり方を構想し，その実現に自ら関わろうとする場面において，過去の社会に類似した課題を見出しつつ，その帰結を探究する学習である（「歴史的探究2」）。過去の社会における帰結は，類似した課題の解決方法がどのようなものであったのか，歴史的事実として明らかにするだけではない。学習者が，その歴史的社会における原因と結果をもって，現代社会が抱える課題の解決の方法や糸口になりえないかどうか考察すること，または過去の社会の失敗に学び新たな解決方法を探究

第7章　ドイツ歴史学習にみる ESD としての近代社会像の探究　119

することを可能にする。図 7-1 は，この 2 つの歴史学習のあり方を過去から現在，将来に渡る時間軸に位置づけ，どのような歴史的世界とそのあり方を考察するのか示すものである。

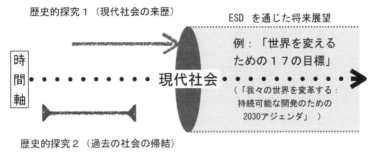

図 7-1　歴史的探究を通じた ESD の基本構造（筆者作成）

　以上のような観点から，本章では，教科教育としての歴史学習の有する ESD への貢献可能性について，ドイツ中等教育における産業革命期に関する学習を事例として考察するものである。

II．ドイツ歴史学習における ESD の扱い
　　―ドイツ中等教育前期段階の歴史教科書を事例に―

1．カリキュラムへの「持続可能な社会」の位置づけ

　ドイツ各州の中等教育前期段階における歴史教育関連カリキュラムにおいて，「持続可能な社会」の扱いは大きく 2 つにわけられる[4]。1 つは，「環境科」（Erdkunde）または「社会研究」（Gesellschaftslehre）といった教科横断型・総合型のカリキュラムにおける歴史的な探究場面，もう 1 つは「歴史」（Geschichte）という一教科のカリキュラムへ位置づけられるものである。

(1) 教科横断的な学習における探究
　ニーダーザクセン文化省（2014）は，第 8 学年までの到達目標の 1 つとして，「持続可能な開発」に関する現状や課題について捉えることを掲げている。

例えば，学習分野「人間と環境」（Lernfeld "Mensch und Umwelt"）では，「大きく捉える技能」（Orientierungskompetenz）として，学習者が「持続可能な開発」（nachhaltige Entwicklung）の事例を説明する活動が掲げられている[5]。同分野では，「判断する能力」（Urteilskompetenz）として，「持続可能な開発」の現状認識を批判的に捉える機会を活用することも掲げている。また，学習分野「経済と社会」（Lernfeld "Ökonomie und Gesellschaft"）では，「判断する能力」（Urteilskompetenz）として，科学技術の発展の「持続可能性」について評価する活動が示されている。

(2) 歴史学習における探究

ザールラント州教育文化省（2014）は，中等教育前期段階（第6学年〜9学年）における教科「歴史」（Geschichte）に関する「カリキュラム」（Lehrplan）の中で，「方法コンピテンシー」（Methodenkompetenz）が特に貢献可能な場面として，身につけた学習方法が現代に関する学習を手助けできることと指摘している。この，現代社会の特徴を示す概念の1つに「持続可能性」（Nachhaltigkeit）が明示されている[6]。

それぞれのカリキュラムから読み取れる特徴は，現実の社会を認識するのか，過去の社会を認識するのかという教科の目標にしたがって，「持続可能な社会」のありかたを追究する構成の相違である。「持続可能性」という概念自体，時間軸上のある一点を指したり，完結したりするものではなく，あらかじめ一定の時間的な広がりを有している現象を指し示している。そして，どの時点をもってその広がりの「始まり」としたり，「終わり」としたりするのかによって，捉え方も異なる。この「始まり」を過去の社会とすれば，2つの探究はともに歴史学習となる。描くべき事象の「終わり」もまた過去の社会とするのであれば，教科「歴史」となり，そうでなければ教科横断的に現代の社会を探究する教科となる。しかし，このような相違を認めつつも，ESDの観点から，過去の社会の選択に由来した現代的課題を探究するためには，直接的な接続如何に関わらず，歴史的事象に迫る学習を必要としている。

2. 教科書編集上の特色

事例として取り上げる歴史教科書は，Cornelsen社による歴史教科書"*Forum*

第7章　ドイツ歴史学習にみる ESD としての近代社会像の探究　　121

Geschichte"（『歴史フォーラム』，2002 年，以下『フォーラム』）を取り上げて考察する。本『フォーラム』シリーズは全4巻から構成されている。ドイツでは，各州の検定基準に沿った教科書が作成されるため，本『フォーラム』シリーズも各州向けに編集されている。考察対象とした版は，ドイツ全州での使用を可能にするため，刊行当時の各州のカリキュラム・ガイドライン全てに適合するよう編集されており，特定の州に対応させた版よりも分量が大きなものとなっている。しかし同時に，各州で共通に用いることを可能にするため，掲載内容の地域性は薄められている。

また，複線型の教育制度を有するドイツ中等教育にあって，『フォーラム』は，一般大学入学資格である「アビトゥア」（Abitur）獲得を目指す生徒が学ぶ教育機関であるギムナジウム（Gymnasium）での使用を主に想定している。これは，「アビトゥア」試験が論述中心であり，その準備段階での歴史学習に必要な知識及び学習活動を支える史資料やテーマを幅広く網羅するためである。以上の方針は，各巻の構成にもつながっており，学習テーマや内容の選択と構成，資料選択の原則として4つの志向性を掲げており，それぞれ「起源志向」（genetischen Orientierung）「課題志向」（Problemorientierung）「活動志向」（Handlungsorientierung）「製作志向」（Produktionsorientierung）とされている。これらの志向性は，単に学習者にとっての学習活動の種類を整理した概念ではなく，むしろ歴史学習における歴史的事象の科学的認識や歴史的探究に必要とされる原則に基づいたものである。

3．教科書記述内容の構成上の特色

本シリーズの各章ごとの内容構成は，編集上の特色を踏まえ，以下の4つの特徴が共通に取り入れられている。

(1) スタートページ（**Auftaktseiten**）

各章の最初のページは，見開きで完結する「スタートページ」である。大きな図像をベースに，時代背景を簡潔に論じた文章と，章全体の展開を想起させる複数の小さな図像も配置している。文章や図像といった歴史学習では欠かせない2つの種類の史資料を中心に，これらの読み解きと内容の対比及び関連付けを行うことができる。あわせて，各章の考察範囲を大きくつかめる年表を配

置し，各章での時間の経過，文章や図表に示された事象間の関係等を時系列として視覚的に表示している。以上のような工夫を通じて，章全体の全体像を伝えるとともに，これからの学習への動機づけとなっている。

(2) テーマページ（**Themenseiten**）

　教科書「本文」に相当し，各節に相当する様々なテーマについて，基本的な歴史的事実の叙述と説明を中心的な役割としているページである。しかし，各ページには複数種類の史資料と，学習者がそれらを使って本文で述べられた歴史的事実に関する理解を深めるための課題も設けられている。史資料の種類は多様であり，歴史事象の原典や図像，写真，風刺画，地図，統計情報とチャート，グラフ等，歴史解釈や再構成に必要とされる史資料が用意されている。表示上の工夫として，史資料は大きく4つに大別され，それぞれのタイトルは色別に示されている。

　このような構成は，本文より読み取った歴史的事実を，学習課題に沿って活用することを可能にしている。学習者は，単に本文中に示された解釈を受け止め理解するだけでなく，自身の理解を「再利用」して学習課題と向き合い，自分なりの歴史解釈のレッスンを行うことが可能になっている。

　掲載された課題とそのための作業指示に合わせ，さらに本文とは別の囲みとして，内容理解に必要な概念や言葉，関連する内容を学べる参考文献やインターネットサイトなどの情報も掲載されている。これらは，本文の理解やページ内の学習活動に役立てられるだけでなく，振り返りの際の学習方法としても参照されるものである。

(3) ワークショップページ（**Workshopseiten**）

　テーマページに示された学習内容の理解を深めつつ，学習方法を獲得するため，具体的な活動を通して学ぶ，『フォーラム』の内容構成上重要な部分である。このページは，更に「方法ページ」（Methodenseiten）と「アトリエページ」（Werkstattseiten）から構成されている。

　「方法ページ」は，各章で取り上げられている史資料の体系的な取扱いについて，本文で扱われたトピックと密接に連携して実践される。この史資料読解や考察のための方法や技術は，学習者の学年を考慮しつつ段階的に提示され，『フォーラム』シリーズ全体で繰り返し使用することが想定されている。

「アトリエページ」は，歴史的事実以上に，「方法ページ」では行うことが難しい学習者自身の抱いた課題の探究に力点を置いたページとなっている。そのため，学習課題自体も学習者自身の問題として考えうるものが例示され，史資料の読解と同等以上に，調べた結果について自分なりに表現したり製作したりする作業を想定している。これらは，学習者自身の学習活動への刺激を与えるといった動機づけの角度から歴史学習の意義を伝える部分となっている。

(4) まとめのページ（**Zusammenfassungen**）

各章の終わりを飾る「まとめのページ」は，スタートページ同様，見開きページで構成されている。このページには大きく2つの機能があり，1つは各章の大きなテーマの帰結を，簡潔な文章で示すことである。もう1つは，各章で新たに登場した歴史事象や各時代の中心的な概念，さらに歴史の探究方法について，学習者自らが振り返り，情報を整理して執筆する「カード式歴史目録」（Geschichtskartei）を作成するというものである。「アトリエページ」にも似た，学習者自らの考えの表現や製作活動を可能にする「まとめのページ」は，内容や方法に至る学習内容を繰り返し身につける機会であり，多様な学習活動と学習者同士による学習成果の交流を促進可能にするものである。

3．歴史学習における ESD の扱い

ドイツ各州のカリキュラム及び歴史教科書である『フォーラム』の構成と内容の特色を参考に，歴史学習における ESD の扱いを考察してみると，以下の2点を指摘できる。

第1に，ESD の本質にある「持続可能性」概念の有する時間的展望において，原因－結果という観点から，歴史学習は ESD に位置づけうるという点である。「持続可能性」に関する考察は，歴史的世界で完結する「歴史」カリキュラムには明確に位置づけられていないが，教科横断的な教科における現代的課題の探究場面において明確に位置けられている。歴史学習の本質に ESD が位置づくというよりも，ESD の本質には時間的展望が位置づいており，この点において，歴史学習を通じた現代的課題の歴史的探究が ESD に貢献しうるものになる。

第2に，ESD が将来にわたる課題解決を志向する人間を育てるという観点

において，過去の社会の経験や，歴史的事象の原因と帰結をたどること自体，将来の問題解決プロセスの範例となる点である。例えば，取り上げた『フォーラム』の構成自体は，歴史事象の解釈が中心的活動であった。しかし，『フォーラム』の有する4つの志向性自体は，単に学習者を歴史的文脈において再現された歴史的世界に直面させるのではなく，現代社会に生きる学習者自らが，自身の社会の来歴の中で現代的課題探究の主体となること，さらには，学習者自らが歴史的世界や歴史的探究に必要な概念を整理し，文章や行動で表現する場面を繰り返し設けることを積極的に勧めている。特に，その解釈のための手法を学ぶこと自体が，自らの手で課題を捉え，理解し，解決に向けて行動する際の技能そのものであり，新たな課題を捉えることにもつながる。

以上のように『フォーラム』は，各章や単元といった学習目標・内容のまとまりの中で，「現代的な課題」とそれを生み出した「歴史的世界」とのつながりが確保されている。歴史学習自体は，情報提供機会として間接的なものにとどまる。しかし学習者は，歴史的世界の読解を通じて，史資料を用いた現状分析と現状を生み出した過去の社会との接点を見つける主体となって，これからの社会的課題の解決に向けた過去の社会における問題解決のための叡智と理由を獲得することができる。

このような歴史学習の方向性は，図7-1で示したような基本構造に対し，さらに学習者の主体性を生かす要素を加えることによって，図7-2のように歴史学習が将来の社会像の追究に貢献しうることを示せるものと考える。図7-1と

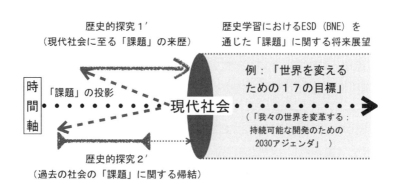

図7-2　現代的課題から出発する歴史的探究を通じたESD（筆者作成）

の違いは，学習者の課題意識を映し出す場として，歴史的世界を想定したものである。この考察結果と，考察を通じて身につけた概念や手法は，歴史的世界と学習者自らの生きる現代社会とのつながりを確認するものであり，ESDを通じた将来展望を実現する資質・能力を構成するものであるといえよう。

IV. 産業革命期の社会変容の探究と ESD への貢献

1. 構成の特色と学習内容の関連

　先に述べた構成上の特色は，近代社会像の変容の探究，さらに ESD とどのように関連づけられるのか。産業革命期をめぐる社会変容に関する学習内容と学習活動を事例として，近代社会の到来をもたらし，現代の生活環境の出発点ともなった社会変容の様子を捉える歴史学習の可能性を検討する。具体的には，"Forum Geschichte Band 3: Vom Zeitalter des Absolutismus bis zum Ersten Weltkrieg"（『歴史フォーラム　第 3 巻：絶対主義の時代から第一次世界大戦まで』，2002 年，以下『フォーラム 3』）中，"5. Die lndustrialisierung verändert die Gesellschaft"（5．産業化が社会を変えた，以下『5 章』）の構成と活動内容，及び資料選択・配置等について，テーマごとに提示されている学習課題を手がかりに検討する。なお，『フォーラム 3』の『5 章』の構成は，表 7-1 に示した。

　「スタートページ」は，それぞれ異なるものを生産している 3 つの工場の図像を提示している。それぞれ，大規模な「蒸気機関を利用した工場」，労働者が詰め込まれた「タバコ工場」，そしてオートメーション化が進んだ無菌室内の「コンピューターチップ工場」であり，時代の変容とともに，労働環境の変化にも着目させるものとなっている。さらに，重油で汚染された水鳥をモチーフに，地球規模の環境汚染を風刺する資料が 1 枚掲載されており，現在の環境問題との接続を想起させるものとなっている。

　「テーマページ」は大きく 4 つに分けられている。テーマ 1 は，ヨーロッパ全体における産業化の素描である。産業化の始まりの時期も，その道程も対比的に捉えられる「イングランド」と「ドイツ」を提示しつつ，更に「イタリア」を取り上げて産業化以前の社会の姿も描きながら，産業化の多様な道筋を考察させている。あわせて，産業化の進展を示す指標として統計情報を用い，その

表 7-1 『歴史フォーラム』第 3 巻「5. 産業化が社会を変えた」の構成

ページ構成	テーマ
スタート	産業化が社会を変えた
テーマ1	ヨーロッパにおける産業化の素描
1-1	なぜ産業化はイングランドから始まったのか？ 　要因1：空間と人口-産業化の原動力？ 　要因2：経済-ある新しい経済 　要因3：技術-産業化のエンジン？ 　要因4：教育のない産業化？
方法1-1	統計に関する評価とグラフを用いる手法 　手順1：形式の分析　　手順2：内容の分析 　手順3：歴史的文脈　　手順4：有効性の評価
1-2	「もたらされた」産業化？ －ドイツの事例
1-3	昔から産業のあった地域の現代化 －イタリアの事例
テーマ2	ラインラント＝ヴェストファーレンの産業化
2-1	石炭と鉄 －「旧」ルール地方
2-2	ホーシュー家 －変化の時代の中にあった一企業
2-3	ルール地方における労働と日常生活
方法2-1	写真の分析 　手順1：写真家への問い　　手順2：写真への問い 　手順3：説明と解釈
アトリエ2-1	「ポット（坩堝）」から「パーク（公園）」へ －新しい「アイデンティティー」を探して
2-4	「少し異なる」産業化：ミンデン＝リューベック地方 　煙突のない産業化？
テーマ3	進歩 －人間を犠牲に？
3-1	工場での労働条件と役割
方法3-1	探究学習プロジェクトにおける歴史的テーマ 　手順1：準備　　手順2：計画の実行 　手順3：分析とプレゼンテーション 　手順4：プロジェクトを通じて得た経験の検討と評価
3-2	専制国家における労働者運動
方法3-2	政治宣言を調べる 　手順1：起草者（依頼者）への問い 　手順2：資料への問い　　手順3：発信対象への問い 　手順4：帰結に対する判断と振り返り
3-3	労働組合 －労働運動の「改革エンジン」
テーマ4	産業化社会 －どこに？
4-1	労働の世界 －全ては変わる？
4-2	「エネルギーへの渇望」 －全ては太陽に？
4-3	情報 －全てはチップに？
4-4	「生への渇望」 －全ては遺伝子に？
まとめ	産業化の要因　　ヨーロッパにおける産業化 産業化の道筋　　地球規模の産業社会

(筆者作成)

第 7 章　ドイツ歴史学習にみる ESD としての近代社会像の探究　127

解釈と表現活動を通じて学習方法の習得場面としている。

　テーマ 2 は，ドイツの産業化の中心にあったルール地方の産業と労働者の生活，地域の変容を，事業主や労働者の日常生活に迫る社会史的手法を取り入れながら展開している。ドイツ国内でも地域差がみられた産業化の歩みを，ルール地方とは異なる 2 つの地方の姿も描きながら，対比的に伝えている。また，学習方法の 1 つとして写真の分析手順を取り上げている。考察時期には写真技術も普及しており，当時を記す一次資料としての写真も現存するため，近代以降の学習における写真の活用は，大変有効な資料及び考察手法である。さらに，学習者の個人的探究の機会として，当時の産業地帯という性格，その結果として起こった環境汚染というイメージからの脱却を図る現在のルール地方の姿を，学習者の有するイメージをもとに捉える活動も設定されている。

　テーマ 3 は，19 世紀後半のプロイセン王国による社会保障制度導入前後の時期をめぐり，産業化を担った労働者の生活困窮と，労働条件をめぐる闘争に焦点をあてている。学習方法を身につける場面では，実際に歴史解釈のもととなった政治文書を読み，直接的に資料読解を行っていく。さらに，課題を明示せず，学習者自身がグループで課題を設定し，歴史的事象に関する探究を行う「プロジェクト学習」も行う。テーマ 2 における写真や風刺画，テーマ 3 の政治文書同様，近代以降においては当時の史資料が現存しているものも多い。学習者が直接調べ，触れ，解釈し，叙述するという，一連の歴史学的手法を用いて歴史を描く主体になることが可能な活動である。

　テーマ 4 は，これまで描いてきた近代社会における産業化の姿が，現代社会の産業のあり方とどのように異なるのか，そしてどう関連づくのか，「職業選択」「太陽光発電」「情報産業」「遺伝情報」というテーマから考えるものとなっている。ここでは，過去と現在の対比を通じて，歴史的世界だけではなく，現代社会とそこに起きる学習者自身の産業の捉え方を考える構成となっている。

　まとめは，全体を「産業化進展の諸要素」「ヨーロッパの産業化」「産業化の帰結」「地球規模の産業化」という観点から整理している。また，「カード式歴史目録」では，「階級闘争」「資本」「社会主義」といった本章で出てきた新しい概念や，「統計情報」「写真分析」といった課題探究のための手法に関して整理するものとなっている。

2. 近代社会像の探究と ESD

　歴史学習が可能とする，近代社会像の探究を通じた ESD への貢献とは，どのような要素なのか。第1に，近代社会における産業技術や環境問題，労働問題，ライフスタイル，都市文化といった学習内容やテーマが現代社会，そして将来において解決が求められる課題と直結している点である。第2に，歴史的な課題探究の手法として，史資料が現存するため，直接に史資料を用いて歴史的課題に迫るだけではなく，解決の過程で得られた知識や理解，技能を，現代社会の考察にも活かすことができる点である。第3に，史資料が現存する分，量も膨大であるため，参考資料やウェブサイトの紹介も行い，教科書が取り上げていない史資料へのアプローチも積極的に勧めている点である。

　さらに，このような学習内容と探究の手法から見出される，歴史学習を通じた近代社会の探究の意義は，図 7-2 で示したような ESD への貢献のあり方に対してどのような具体性を与えられるのか。学習内容の面では，産業構造，生活環境等 ESD が課題とし，解決を目指すべき多様な社会的課題の出発点こそ近代社会であることから，学習者自身が現代社会とのつながりを実感し，解決に向けた具体的な叡智に迫る課題を提供できる。学習手法の面では，史料批判が歴史学における基本的な手法であると同時に，広く史資料の読み手によって再構築されているものであるという歴史像の本質に迫ることを可能にする。

　近代社会に視点を置き，歴史的世界に生きた「彼ら」が，学習者自身の生きる現代社会に何を残そうとし，またどのような帰結を想定していたのかを考えることは，現代社会の問題の起源に迫ることを可能にする。すなわち，「持続可能な開発」の定義を借りるならば，「近代社会に生きた多様な階層・地域の人々が，自らのニーズを充足する能力を損なうことなく，現代社会に生きる我々学習者の世代のニーズを満たすような発展」だったのかどうかを考えることこそ，歴史学習がなしうる ESD への貢献であるといえよう。同時に，この答えは，将来世代へ引き継ぐ「持続可能な開発」のあり方を大きく示した，現代の我々が獲得しうる可能性でもある。

第7章　ドイツ歴史学習にみるESDとしての近代社会像の探究　129

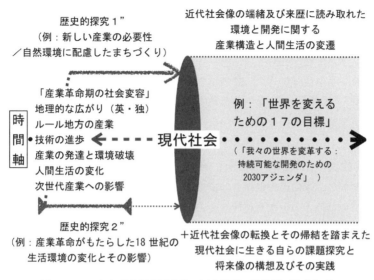

図7-3　ESDにおける近代社会像の歴史学習の構造例（筆者作成）

V. おわりに

1. 近代社会の所産としての「持続可能性」概念

　本章では，ESDに対して歴史学習はいかなる貢献が可能か，その可能性を検討してきた。歴史学習に「持続可能性」の探究場面を求めることは，現代的課題としてのESDとの接続において，歴史学習固有の目標との乖離も大きく難しいものであるということに変わりはない。しかし，「持続可能性」という概念そのものが近代社会という歴史的世界の所産であり，歴史的背景を必要とする概念であることもまた変わらない。

　ドイツにおいて"Nachhaltigkeit"と表記される「持続可能性」の概念は，ハンス・カール・フォン・カルロヴィッツ（Hans Carl von Carlowitz, 1645-1714）によって，すでに300年も前に提唱していたとされている。カルロヴィッツ(1713)は，ザクセン州における鉱山開発と鉱物精錬に伴い，森林伐採が急速に進む状況に対処するため，森林資源の持続的な利用のために必要な考えと具体的な措置をまとめた。その中でカルロヴィッツは，経済が共同体の福利に資するものとな

ること，恵みを与えてくれる自然を大切に扱うこと，将来の世代に責任を負うことの3つが必要であると指摘した[7]。近代社会が我々に投げかける社会問題は，単に現代との時間的近さによって生じているのではなく，現代社会とその生活環境，さらには解決すべき課題への直接的な影響が非常に強いことに基づいている。「持続可能性」という言葉もまた，近代社会の残滓の中にあって，我々の生活現実同様，現代社会とのつながりを見出しうる概念となっている。

2．近代社会の出発点から将来を展望する

　歴史学習が，単に過去の社会の姿を明らかにして叙述する機会ではなく，学習成果から学習者の生きる現代社会の理解に役立てられるものでなくてはならないとする主張は，これまでも繰り返されてきた。本章では，教科教育としての役割を担う歴史学習のあり方をふまえ，歴史的世界を対象に学習することの意義を現在及び将来に拓きつつ豊かにする取り組みとしてESDを捉えるために，ドイツ中等歴史教育における近代社会の探究の姿を考察してきた。

　考察対象とした教科書では，学習内容を活用する問いがあらかじめ用意されており，学習内容の理解と活用が連動する教材づくりの姿が見て取れた。また，歴史学習の手法として文章だけではなく，積極的に図像資料や統計資料の読み解きを取り入れており，学習者には，様々な社会的事象や情報を歴史的事実として読み取る技能が求められる。このような学習を通じて，現在及び過去の社会が抱える課題と自ら向き合い，歴史的概念や学習方法の獲得と活用を通じて，課題解決に向かおうとする姿勢を身につけることが期待されている。

　具体的な学習内容として考察した近代以降の産業化は，地域によってその遅速はあるものの，地球規模で展開し，あらゆる人間と環境に変化を与えた。それは，過去の人間社会と自然環境との関わり方を変えたばかりではなく，現代的な生活様式及び生活環境成立の画期となった。産業革命期の歴史学習は，近代社会における人間と環境との関わりを通じて，現代的な社会課題の原因を探究する活動となる。同時に，「持続可能な開発」を必要とする社会構造の端緒に迫り，歴史的世界に読み取る帰結から将来を展望することを可能にした。過去のドイツ社会，特にESDへの貢献という視点から，歴史学習は，近代社会がどのように課題を解決したのかに迫ることを通じて，歴史学習は，ESDに

より育成が期待される社会転換のためのビジョン獲得の学習機会にもなりうるものである。

注
1) ドイツ語では「持続可能な社会のための教育」を「Bildung für nachhaltige Entwicklung」（BNE）と表記している。本章では，直接引用等条件がない限りにおいて，表現上の統一を図るため，便宜的に「ESD」と表記する。
2)「将来の世代が自らのニーズを充足する能力を損なうことなく，現在の世代のニーズを満たすような発展」
3) http://www.un.org/sustainabledevelopment/development-agenda/ （2016年9月30日閲覧）
4)「ゲオルク・エッカート国際教科書研究所」（Georg-Eckert Institüt）が運営する"Curricula Workstation"（http://curricula-workstation.edumeres.net/lehrplaene/）により，2010年以降のドイツ全州のカリキュラムを対象として検索，抽出。
5) Saarland Ministerium für Bildung und Kulture (2014), p.6.
6) Niedersächsisches Kultusministerium (2014), p.23.
7) Ulrich Grober (1999) "Der Erfinder der Nachhaltigkeit", Die Zeit 48/ 1999. http://www.zeit.de/1999/48/Der_Erfinder_der_Nachhaltigkeit（2016年9月30日閲覧）

文献
田中治彦（2014）：持続可能な開発のための教育（ESD）の歴史と課題．田中治彦・杉村美紀共編『多文化共生社会における ESD・市民教育』上智大学出版，pp.88-103.
Saarland Ministerium für Bildung und Kulture (2014)：*Lehrplan Geschichte Gymnasium*.
Niedersächsisches Kultusministerium (2014)：*Kerncurriculum für die Integrierte Gesamtschule Schuljahrgänge 5-10 Gesellschaftslehre*.

第8章　法教育における公正に対する
　　　　ものの見方や考え方の育成
──　持続可能な社会の実現の視点から　──

磯山恭子

Chapter 8: Developing Ways of Viewing and Thinking about Justice in Law-Related Education
── From the Perspective of the Realization of a Sustainable Society ──

Kyoko Isoyama

Abstract:

This paper aims to clarify the relationship between Law-Related Education and ESD, specifically by way of thinking about Law-Related Education that exhibits an ESD methodology. The introduction of ESD, which is one part of the background of educational reform, realized a vision of a sustainable society and called for the betterment of society towards the goal of sustainable development. The foundations of Law-Related Education that has as its goal the development of legal literacy lies in the importance of a mutual respect for human rights. This idea is at the heart of the realization of a sustainable society. The goal of Law-Related Education is to foster ways of viewing and thinking about justice within the citizenry. Based on such ways of viewing and thinking about justice, children independently discover problems, proactively engage in debate, and work towards solutions. The demand for the development of such skills will continue to increase in the future. Efforts toward achieving this goal are, in their essence, educational activities that play a part in the realization of a sustainable society.

Keywords: ESD, Law-Related Education, Citizenship, Justice, Sustainability

Ⅰ．ESD における公正の意味

　本章の目的は，ESD（Education for Sustainable Development）の方法を具体的に提示する法教育の考え方を手がかりとして，法教育と ESD との関係性を明らかにすることである。その際，ESD の背景となる持続可能な社会を構成する原理の1つである公正に注目し，法教育における公正の授業の特色を考察する。

　持続可能な社会の実現は，古くて新しい課題であるが，近年，持続可能性という言葉は，急速な広がりを見せている。

　2002年に，南アフリカ共和国で開催された「持続可能な開発に関する世界首脳会議」（ヨハネスブルク・サミット）は，持続可能な社会の実現が教育課題として明確に把握されることとなった契機とされている[1]。ヨハネスブルク・サミットにおいて，日本の政府と NGO によって提案された「持続可能な開発のための教育の10年」（Decade of Education for Sustainable Development）は，それ以降，ESD を大きく推進させることになった。

　このことを受けて，日本でも，「国連持続可能な開発のための教育の10年」関係省庁連絡会議が設置され，2006年に，「わが国における『国連持続可能な開発のための教育の10年』実施計画」が策定された。

　ESD とは，「持続可能な社会の担い手を育む教育」であると一般的に定義されている[2]。ESD では，「国連持続可能な開発のための教育の10年」関係省庁連絡会議，ESD-J，および環境省をはじめとする様々な機関や組織が，その推進を担ってきた。そのため，ESD の定義やその理念は，実に多岐にわたっている。

　国立教育政策研究所教育課程研究センターの刊行する最終報告書『学校における持続可能な発展のための教育（ESD）に関する研究』[3]には，学校における ESD の授業のあり方が，具体的に提案されている。教科の1つである社会科における ESD の導入や，ESD の授業のあり方の考察にあたって，本報告書は，大きな手がかりとなると考える。

　本報告書では，各教科の授業において ESD を展開することを想定し，ESD

の目標は,「持続可能な社会づくりに関わる課題を見いだし,それらを解決するために必要な能力・態度を身に付ける」[4]ことであると捉えている。

さらに,本報告書では,「国連持続可能な開発のための教育の10年」関係省庁連絡会議,ESD-J,および英国教育技能省の考え方を踏まえて,持続可能な社会の実現に関連する多様な概念を整理している。具体的には,持続可能な社会の実現に関連する主要な概念として,「多様性」「相互性」「有限性」「公平性」「連携性」「責任性」の6つを挙げている[5]。

本報告書では,これら6つの主要な概念の中でも,「一人ひとりを大切に」とイメージする公平性を,人(集団・地域・社会・国など)の意思や行動に関する概念として位置づけている。

公平性とは,「持続可能な社会は,基本的な権利の保障や自然等からの恩恵の享受などが,地域や世代を渡って公平・公正・平等であることを基盤にしていること」[6]と定義される。さらに,公平性の考え方を,「持続可能な社会の基盤は,一人ひとりの良好な生活や健康が保証・維持・増進されることである。そのためには,人権や生命が尊重され,他者を犠牲にすることなく,権利の保障や恩恵の享受が公平であることが必要であり,これらは地域や国を超え,世代を渡って保持されることが大切である。」[7]と,具体的に説明している。

持続可能な社会の実現に関連する主要な概念の1つとして挙げられる公平性は,本章で注目する公正に対するものの見方や考え方と関連づけることができうる。

Ⅱ. 社会科における ESD の重要性

1. 社会科における ESD の背景

ESDの導入といった教育の変革が求められる背景の1つには,持続可能な社会という社会像の顕在化によって,このような社会の維持と発展が求められるようになったことが挙げられる。ここでは,環境と開発に関する世界委員会のまとめた『地球の未来を守るために』[8]をもとに,持続可能な社会という社会像を把握する。

持続可能な社会とは,持続可能な発展がなされうる社会のことである。持続

可能な発展とは,「将来世代がそのニーズを満たす能力を損なうことなく,現在世代のニーズを満たす発展」[9] のことである。

このような前提のもとで,持続可能な発展とは,次の2つの概念を含むものである。

第1に,「ニーズの概念,すなわち世界の貧者の不可欠なニーズ」[10] である。

第2に,「現在および将来のニーズを満たす環境の能力について,技術や社会組織の状態によって課される限界」[11] である。持続可能な発展とは,「資源の開発,投資の方向,技術開発の方向づけ,制度の変化の全てが調和し,人間のニーズと切望を満たすための現在および将来世代の潜在能力を高める変化の過程」[12] である。

持続可能な社会という社会像の顕在化を受けて,市民一人ひとりが,世界の貧者の不可欠なニーズや現在および将来のニーズを満たす環境の能力の限界に関わる課題を,主体的につかみ,その課題に働きかけ,解決していく能力を身に付けることが求められている。このような持続可能な社会の実現に向けて,公民的資質の育成を目指す社会科は,重要な役割を担っている。

そのため,社会科において,積極的にESDに取り組むことが期待されていると言える。

2. 法教育における持続可能性に求められる視点

法教育における持続可能性の意味を考察するにあたって,法学における法と持続可能性との関係性やその方向性の議論の動向は,大きな手がかりとなりうる[13]。

従来,法学における持続可能性は,とりわけ2000年以降,ポスト開発国家での法整備や政策決定のあり方の研究が進められてきた[14]。開発法学と呼ばれるこの領域では,「開発途上地域の法と政治・経済・社会発展との様々な関係を究明」[15] することと,「そこで得られた知見を動員することにより,政策提言とともにその批判的検討を行う」[16] ことを課題としている。開発法学では,アジアを中心とする開発途上国の法システムを対象に,持続可能な開発に果たす法の役割を議論してきた。

それに対して,法と持続可能性との関係性やその方向性の議論は,主として,

法社会学の領域でなされている。これらの議論は，人間と自然との関係の全体性を回復させる社会システムを再構築するために，法的な概念として，積極的に持続可能性を位置づける試みであると言えよう。

このような法と持続可能性に関する代表的な研究者である楜澤能生は，「持続可能性は，産業社会の経済的，社会的『成長』パラダイムに代わる，21世紀社会の新しい発展パラダイムを指し示す概念，一つの社会構成原理として位置づけることができる」[17]と述べている。

持続可能性は，経済，社会，エコロジーの3要素によって構成されている[18]。これら3つの発展は，単独ではなく相互に作用し合い，常に調整がなされる必要のある目的である。さらに，持続可能性は，「全体性，統合，世代間公平，グローバル性，規範性，参加」[19]といった様々な概念と関連している不明確性に特徴づけられる。

これらの持続可能性の性格から，法教育における持続可能性を巡って，次の3つの基本的な視点が求められると言えよう。

すなわち，第1に，産業社会から持続可能な社会へといった大きな社会の変化を視野に入れることである。第2に，持続可能性という概念は，社会を構成する原理として，主要な法的な概念の1つであることである。その際，法的な概念である持続可能性のみならず，様々な法的な概念と持続可能性との関係性を把握する必要がある。さらに，第3に，経済，社会，エコロジーの3要素の発展の相互作用や調整といった法的事象をもとに，持続可能性の機能に着目していくことである。

III．社会科における ESD の位置

2008年1月に，中央教育審議会は，「幼稚園，小学校，中学校，高等学校及び特別支援学校の学習指導要領等の改善について」[20]答申を行った。

本答申では，「世界や我が国の社会が持続可能な発展を遂げるためには，環境問題や少子・高齢化といった課題に協力しながら積極的に対応することが求められる」[21]とし，持続可能な社会の実現とそのための教育の充実の重要性を指摘している。本答申を踏まえて，改訂された2008年版学習指導要領に

第8章 法教育における公正に対するものの見方や考え方の育成　137

表8-1　各教科の中学校学習指導要領におけるESDに関する記述

教科	分野	目標および内容
社会科	地理的分野	〔内容〕 (2) 日本の様々な地域　ウ日本の諸地域　（エ）環境問題や環境保全を中核とした考察 地域の環境問題や環境保全の取組を中核として，それを産業や地域開発の動向，人々の生活などと関連付け，持続可能な社会の構築のためには地域における環境保全の取組が大切であることなどについて考える。
	公民的分野	〔目標〕 (3) 国際的な相互依存関係の深まりの中で，世界平和の実現と人類の福祉の大のために，各国が相互に主権を尊重し，各国民が協力し合うことが重要であることを認識させるとともに，自国を愛し，その平和と繁栄を図ることが大切であることを自覚させる。 〔内容〕 (4) 私たちと国際社会の諸課題　イよりよい社会を目指して 持続可能な社会を形成するという観点から，私たちがよりよい社会を築いていくために解決すべき課題を探究させ，自分の考えをまとめさせる。
理科		〔教科の目標〕 自然の事物・現象に進んでかかわり，目的意識をもって観察，実験などを行い，科学的に探究する能力の基礎と態度を育てるとともに自然の事物・現象についての理解を深め，科学的な見方や考え方を養う。
	第1分野	〔目標〕 (4) 物質やエネルギーに関する事物・現象を調べる活動を行い，これらの活動を通して科学技術の発展と人間生活とのかかわりについて認識を深め，科学的に考える態度を養うとともに，自然を総合的に見ることができるようにする。 〔内容〕 (7) 科学技術と人間　ウ自然環境の保全と科学技術の利用　（ア）自然環境の保全と科学技術の利用 自然環境の保全と科学技術の利用の在り方について科学的に考察し，持続可能な社会をつくることが重要であることを認識すること。
	第2分野	〔目標〕 (4) 生物とそれを取り巻く自然の事物・現象を調べる活動を行い，これらの活動を通して生命を尊重し，自然環境の保全に寄与する態度を育て，自然を総合的に見ることができるようにする。 〔内容〕 (7) 自然と人間　ウ自然環境の保全と科学技術の利用　（ア）自然環境の保全と科学技術の利用 自然環境の保全と科学技術の利用の在り方について科学的に考察し，持続可能な社会をつくることが重要であることを認識すること。

技術・家庭科	技術分野	〔内容〕 A 材料と加工に関する技術 (1) 生活や産業の中で利用されている技術について，次の事項を指導する。 イ 技術の進展と環境との関係について考えること。 (2) 材料と加工法について，次の事項を指導する。 ウ 材料と加工に関する技術の適切な評価・活用について考えること。 B エネルギー変換に関する技術 (1) エネルギー変換機器の仕組みと保守点検について，次の事項を指導する。 ウ エネルギー変換に関する技術の適切な評価・活用について考えること。 C 生物育成に関する技術 (1) 生物の生育環境と育成技術について，次の事項を指導する。 イ 生物育成に関する技術の適切な評価・活用について考えること。 D 情報に関する技術 (1) 情報通信ネットワークと情報モラルについて，次の事項を指導する。 エ 情報に関する技術の適切な評価・活用について考えること。
	家庭科分野	〔内容〕 D 身近な消費生活と環境 (2) 家庭生活と環境について，次の事項を指導する。 ア 自分や家族の消費生活が環境に与える影響について考え，環境に配慮した消費生活について工夫し，実践できること。

文部科学省（2008）:『中学校学習指導要領解説 社会科編』日本文教出版，文部科学省（2008）:『中学校学習指導要領解説 理科編』大日本図書，文部科学省（2008）:『中学校学習指導要領解説 技術・家庭編』教育図書より筆者作成。

は，持続可能な社会の実現に関わる記述がなされることとなった。このような2008年版学習指導要領におけるESDの位置づけによって，小中高等学校におけるESDの実践は大きく前進することとなった。

　ここでは，とりわけ，随所にその記述が見受けられる2008年版中学校学習指導要領におけるESDの位置づけを確認する。そのため，表8-1の通り，各教科の2008年版中学校学習指導要領の解説の文言で，持続可能性との関連を明確に述べている箇所を整理した[22]。

　2008年版中学校学習指導要領では，表8-1の通り，社会科，理科，技術・家庭科といった各教科にわたって，ESDに関連する教育目標や教育内容が，具体的に提示されていることがわかる。このような既存の各教科に位置づけ，各教科間で横断的，連続的に取り組まれることが，ESDの展開には重要であると考える。

さらに，本章の課題である社会科における ESD の位置づけに注目していく。2008 年版社会科学習指導要領では，持続可能な社会の実現に向けて，社会科における ESD の視点の導入が明確に位置づけられている。

社会科，地理歴史科，公民科の改善の基本方針には，「我が国及び世界の成り立ちや地域構成，今日の社会経済システム，様々な伝統や文化，宗教についての理解を通して，我が国の国土や歴史に対する愛情をはぐくみ，日本人としての自覚をもって国際社会で主体的に生きるとともに，持続可能な社会の実現を目指すなど，公共的な事柄に自ら参画していく資質や能力を育成することを重視する方向で改善を図る。」[23] と述べられている。このように，2008 年版社会科学習指導要領では，持続可能な社会の実現に向けて，より良い社会の形成に参画する資質や能力の基礎を培うことを重視して，その内容の選択と配列がなされることになった。

2008 年版小中学校社会科学習指導要領における ESD の位置づけには，大きく次の 2 つの特色があると考える。

すなわち，まず第 1 に，小学校では，社会科の教科の目標である公民的資質の育成に，持続可能な社会の実現に向けて，より良い社会の形成に参画する資質や能力の基礎の形成も含まれることが明確にされていることである。第 2 に，中学校では，公民的分野において，社会科のまとめとして，持続可能な社会を形成するという観点から，社会的な課題を探究し自分の考えをまとめる学習の単元が設定されていることである。

IV. 公正に対するものの見方や考え方の育成を目指す法教育の授業構成の特色

1．ESD の方法としての法教育の役割

社会科では，社会経済システムの理解を通して，先述した持続可能な社会の実現を目指すなど，公共的な事柄に自ら参画していく資質や能力の育成が目指される。社会経済システムの変化の 1 つに，司法の役割の増大がある。このような変化への対応として，近年，公民的資質の育成への方法の 1 つである法教育が注目されつつある。

法的リテラシーの育成を目指す法教育とは,「法律専門家ではない者を対象に, 法全般, 法形成過程, 法制度と, それらが基づいている原理と価値に関する知識と技能を提供する教育」[24] であると定義されている。

　法教育の背景には, お互いの権利を尊重し合うといった人権の相互尊重の重要性がある。お互いの権利を尊重し合うといった人権の相互尊重は, 持続可能な社会の実現のための最も基盤となる思想にあたる。そのため, 法教育は, 持続可能な社会の実現に向けて, 具体的な方法を提示するものである。法教育の学習活動は,「ルールや法をつくること」「ルールや法を使うこと」「ルールや法を考え, 判断すること」といった3つの視点のもとで, 展開される。

2. 小学校の法教育における公正の授業の具体的展開

　1970年代からアメリカの法教育を牽引してきたAmerican Bar Associationでは, 小中高等学校における代表的な法教育の授業の事例を, 多数提示している[25]。これらの法教育の授業には, それぞれ中核となる法的な概念がある。

　表8-2の通り, これらの法教育の授業の事例のうち, 小学校の法教育における公正の授業を整理した。小学校の法教育の授業の全24事例のうち, 公正の授業は14事例であった。

　これらの事例では, 中核となる法的な概念として,「市民参加」「合衆国憲法」「紛争解決」「適正法手続き」「平等の保護」「合衆国憲法修正第1条」「法と社会」を設定している。中でも,「適正法手続き」と「平等の保護」では, 公正の取り扱いが, 重点的になされていることがわかる。

　ここでは, 小学校の法教育における公正の授業のうち, 公正に対するものの見方や考え方の育成を重視した取り組みがなされていると判断できる次の3つの事例を取り上げる。具体的には,「紛争における権利－プロのタップダンサーの事例－」「憲法は公正な取り扱いへの権利を守っているか」「公正な取り扱い」である。

　第1の事例である法教育の授業「紛争における権利－プロのタップダンサーの事例－」[26] は, 幼稚園から第3学年を対象としている。本授業は, 中核となる法的な概念として,「紛争解決」を設定している。

　本授業の概要は, まず, 子どもに, ある人物の権利が他の人物の権利と対立

第8章　法教育における公正に対するものの見方や考え方の育成　141

表8-2　法教育における公正の授業の概要

概念	授業名	概要
市民参加	市民は公共政策にどのように影響を与えるか (第4学年～第6学年)	子どもは，議論のある学校の政策を提示され，その論争に対する2つの見方を与えられる。子どもは，グループに分かれて，その政策への反対と賛成の理由を準備するよう求められる。その政策を変更するべきかしないべきかを決定した後で，子どもは，政策を変更した方が良い理由や政策決定に影響を与える要因を振り返るよう求められる。
合衆国憲法	市民としての権利と責任を理解する (第3学年～第6学年)	子どもは，いくつかの市民として楽しむ権利と，これらの権利に伴って生じる責任を知るだろう。子どもは，自分自身と同時に他者の権利を保護する責任があるかどうかを振り返るだろう。
紛争解決	調停と当事者主義の過程 (第4学年～第6学年)	子どもは，まず，当事者主義の過程によって仮設的な事例を解決するよう求められる。それぞれの子どもは，原告，被告および裁判官の立場を分担する。原告と被告は，順番に自分の言い分を主張し，裁判官は，判決を言い渡す。子どもは，その解決を振り返るよう求められる。子どもは，調停によって同様な事例を解決するよう指示をされ，紛争解決の2つの方法を比較する。
	紛争における権利 (幼稚園～第3学年)	教員は，子どもに，ある人物の権利が他の人物の権利と対立する状況を提示する。子どもは，その問題を知り，解決を提案し，解決案の結果がもたらす可能性を議論するだろう。教員は，子どもに，最も公正である解決を考えるよう促し，あらかじめルールを明らかにすることを遵守する重要性を示すために，状況を活用する。
適正法手続き	公平な陪審員を選択する (幼稚園～第6学年)	子どもは，ゴールディロック対3匹のくまの裁判で最も公正で公平と思われる陪審員の一覧から選択するよう求められる。子どもは，それぞれの陪審員が公平であると選択した理由を正当だと説明するよう促され，公平な陪審員を選択することと関連するその課題を理解する。
	憲法は公正な取り扱いへの権利を守っているか (第4学年～第6学年)	子どもは，関連する憲法の条文を議論することで，適正法手続きを実用的に理解していく。子どもは，ギデオン対ウェインライトの事例を提示され，自分たちの適正法手続きの議論を踏まえて，クラレンス・ギデオンは弁護人を要求する権利をもっているかどうかを決定しなくてはならない。適正法手続きの権利が当てはまる他の状況を議論するとともに，本授業は，刑事裁判における適正法手続きの権利の重要性を議論することでまとめる。
	裁判所で働く人々 (幼稚園～第3学年)	子どもは，ある人物が犯罪を犯したことを訴えられている状況を提示される。子どもは，その人物が無罪か有罪かを決定する適正法手続きを保障する責任のある裁判所にいる人々を知るだろう。

	サーレム魔女裁判の劇化 (第4学年～第6学年)	本授業では，訴えられている人物が明らかに不公正な裁判を強いられている寸劇を軸に展開する。子どもは，その裁判が不公正であると考える理由を議論するよう求められ，子どもが発見した問題を修正する方法を提案する。自然に，合衆国憲法と権利の章典のもとで適正法手続きを保証する理由を議論するようになる。
	亀のヤートル模擬裁判 (第4学年～第6学年)	本模擬裁判では，子どもに陪審員裁判の仕組みを経験させ，陪審員として役割を果たすことの重要性を強調する。
平等の保護	有名なカンザスの子ども (幼稚園～第6学年)	子どもは，有名なアメリカ合衆国最高裁判所判決に参与したあるカンザスの子どもの話を読むだろう。子どもは，平等，人種差別および統合に関する意見を主体的に形成するように考え，事実と意見を区別するだろう。
	公正な取り扱い (幼稚園～第3学年)	子どもは，公正が全てのものを本当に同じように扱うことを意味するのかどうか，あるいは，公正は特別な状況で別々に人々を扱うことを正当だと説明されるかどうかを議論する。教員は，どのように法が公正を保護しようとしているかを説明するだろう。
	マーティンの大きな言葉 (幼稚園～第3学年)	子どもは，まずはじめに，不公正な取り扱いを経験するだろう。ある者は，髪の色のように恣意的な特徴に基づいたステッカーを受け取るだろう。さらに，反応を議論することで，子どもは，平等の意味を理解するようになるだろう。子どもは，マーティン・ルーサー・キングの人生と夢の話を学び，自分の人生における平等への夢が意味するものを書くだろう。
修正第1条	合衆国憲法修正第1条の導入 (第4学年～第6学年)	子どもは，新聞を読んだり，分析することで，誘導的に合衆国憲法修正第1条を発見するだろう。子どもは，合衆国憲法修正第1条に参与する様々な状況を議論し，場合によっては，名誉毀損の文書や国家機密事項のある出版物など，合衆国憲法修正第1条における表現の自由には制限があることを理解するだろう。
法と社会	契約 (幼稚園～第4学年)	子どもは，自分の好みで，ナッツが入っているか入っていないか2つのチョコレートのうちのどちらかを選択するよう求められる。1人の代表者が，それぞれ同じ好みのグループから選ばれる。これらの代表者は，契約上の交換を動機付けて，望むよりも少ないチョコレートを与えられる。ある子どもは，その交換が終了した後の誘導的な話し合いで，気づかずに空の包みを受け取る。クラス全体で，積極的な公正な問題解決を議論することでまとめる。

American Bar Association Division for Public Education. Lesson Plans & Teaching Resources. (http://www.americanbar.org/groups/public_education/resources/lesson-plans/elementary.html) (2016年9月30日閲覧) より筆者作成。

表 8-3 法教育の授業「紛争における権利-プロのタップダンサーの事例-」の展開

段階	学習活動
1	地域人材である指導者は，子どもに以下の状況を読むことで始めるだろう。 《紛争における権利》 　ハリーとビルは，アパートに住んでいた。ハリーの部屋は，ビルの真上にあった。彼らは，とても仲の良い友達だ。時々，彼らは一緒に，ボーリングに行った。ハリーがプロのタップダンサーになることを決めた時，彼らの友情は終わった。 　「タップダンサーになることを反対している訳ではないんだ，ハリー。」と，ビルは言った。「でも，毎日夕方に，あなたは練習しなくてはならないのかい？　騒音が，僕を狂わせようとしているんだ。僕は，眠ることができないよ。」 　「ごめんなさい。」と，ハリーは言った。「僕はプロになるならば，練習しなくてはならないんだ。それに，自由な国だろう，僕が自分の家でしたいことなら何でもすることができるんだ。よく言われるように，私の家は，私の城だよ。」 　「もちろんさ。」と，ビルは言った。「でも，僕の権利はどうなるの？あなたは，平和を邪魔しているよ，僕の平和をね。」 　ハリーとビルは，問題がある。二人の権利が対立し合っているのだ。紛争は，人間関係の自然な部分だ。たまには，誰でも喧嘩をしたり，言い争ったりする。人々は紛争を解決できる時もあるが，人々は紛争を解決できない時もある。第三者が，二人の間で起こる紛争を解決させようとすることもある。第三者は，その争いの両方の立場を見ることができる者でなければならない。裁判所では，第三者とは裁判官のことだ。
2	地域人材である指導者は，子どもにその状況をきちんと考えさせるだろう。子どもに，次のことを求める。 ・問題を知ろう。 ・可能な解決案を提案しよう。 ・それぞれの解決案の結果を考えよう。 ・<u>全ての人々にとって法的で公正な決定をしよう。</u>
3	この事例で対立し合っている二つの権利は，何だろう？ (1) ハリーの自分の家で自分の仕事の練習をする権利。多くの人々がこのことをしている。 (2) ビルの自分の家で平和で穏やかに過ごす権利。人々は，自分の家でできるだけ穏やかに過ごす権利がある。 <u>この紛争を解決する方法はたくさんあり，参与している人々により公平であることで，ある解決は他の解決より良いことになる。</u>
4	これらのポイントを主張するために，ロールプレイを利用しよう。クラスの半分はビルになるように，残りの半分はハリーになるように言おう。ビルとハリーに発言を求めて，一般的な議論をさせよう。 　クラスは，ビルの床にカーペットを引くとか，二人のアパートを交換するといった面白い解決を思いつく時がある。最初に第三者の介入なく紛争を解決しようとするように，子どもを促すことが重要である。裁判は，紛争解決で一番頼りになるものと，考えられるべきではない。
5	<u>解決案を発表し，子どもにその解決案が公正かどうかを決定するよう求めるだろう。</u>

6	<u>さらに，この問題は，「ルールを施行するためには，あらかじめ公正な手続きでルールをつくるべきである」という基本的な観点を議論させるだろう。</u>このアパートには，タップダンスに対するルールがなかった。大家が，ハリーがタップダンスをはじめた後で，そのルールをつくることは公正だろうか？ ペットに対するルールがあって，ビルが，ハリーがタップダンスをするといつでも吠える大きな犬を飼っていたとしたらどうだろう？ ビルのある程度平和で穏やかな権利とは何だろう？ このことは，どのようにハリーの仕事の練習をする権利とバランスをとるだろう？
7	子どもに，前もってルールを知ることが重要である理由を議論させよう。子どもが遊ぶゲームとそのゲームのルールを，子どもに尋ねよう。ある者が，あるルールを破ったり，変えたりしたらどうなるだろうか？

American Bar Association Division for Public Education. Dispute Resolution: Right in Conflict. (http://www.americanbar.org/groups/public_education/resources/lesson-plans/elementary/dispute-resolution/rights-in-conflict.html) (2016 年 9 月 30 日閲覧) より筆者作成。
下線は筆者（公正との関連部分）。

する状況を提示する。次に，子どもは，その問題を知り，解決を提案し，解決案の結果がもたらす可能性を議論する。さらに，子どもに，最も公正である解決を考えるよう促し，あらかじめルールを明らかにすることを遵守する重要性を示すために，その状況を活用する。

本授業の展開は，表 8-3 の通りである。本授業は，段階 1，2 の「学習課題を把握する段階」，段階 3 の「概念を理解する段階」，段階 4，5 の「技能を活用し，判断する段階」，段階 6，7 の「思考を深化する段階」の 4 つの段階で構成される。

本授業における公正に対するものの見方や考え方の育成には，次の 3 つの特色があると考える。

第 1 に，全ての人々にとって法的で公正な決定が，紛争解決における最も重要な価値であることを認識させていることである。第 2 に，公正の視点から，判断した紛争解決による解決案を振り返る学習活動を設定していることである。第 3 に，全ての人々にとって公正な判断をすること，公正な資源，機会および権利を配分し，調整すること，さらに公正な手続きでルールを決定することといった多様な公正の概念を取り扱っていることである。

第 2 の事例である法教育の授業「憲法は公正な取り扱いへの権利を守っているか」[27]は，第 4 学年から第 6 学年を対象としている。本授業は，中核となる法的な概念として，「適正法手続き」を設定している。

本授業の概要は，まず，子どもは，関連する憲法の条文を議論することで，適正法手続きを実用的に理解する。次に，子どもは，ギデオン対ウェインライトの事例を提示され，自分たちの適正法手続きの議論を踏まえて，クラレンス・ギデオンは弁護人を要求する権利をもっているかどうかを決定する。さらに，適正法手続きの権利が当てはまる他の状況を議論するとともに，刑事裁判における適正法手続きの権利の重要性を議論することでまとめる。

　本授業の目標は，次の3つであるとされる。すなわち，「子どもは，一般的な言葉で，適正法手続きの意味を話すことができる」「子どもは，権利の章典と合衆国憲法修正第14条にある適正法手続きの条項の重要性を説明することができる。」「子どもは，特に，刑事手続きで弁護士を呼ぶ権利といった適正法手続きの権利が重要である状況を知ることができる。」である。

　本授業の展開は，表8-4の通りである。本授業は，段階1の「学習課題を把握する段階」，段階2～4の「概念を理解する段階」の2つの段階で構成される。

　本授業における公正に対するものの見方や考え方の育成には，次の2つの特色があると考える。

　第1に，アメリカ合衆国憲法の公正の価値を認識させていることである。第2に，公正の視点から，適正法手続きの権利の保障を，理解させていることである。

　第3の事例である法教育の授業「公正な取り扱い」[28]は，幼稚園から第3

表8-4　法教育の授業「憲法は公正な取り扱いへの権利を守っているか」の展開

段階	学習活動
1	子どもに資料を読むように求めよう。
2	子どもと一緒に，2つの適正法手続きの条項のある場所と，その文章の意味を確認しよう。
3	本授業では，<u>公正</u>に関するアメリカ合衆国憲法の言葉を見つけるだろう。これらの言葉は，アメリカ合衆国憲法の適正法手続きの条項の中にある。
4	これらの条項が，どのように私たちの生活，自由と所有を，私たちの政府による<u>不公正</u>で理不尽な行動から守っているかを理解するだろう。

Center for Civic Education. Does the Constitution Protect Your Right Fair Play?. American Bar Association Division for Public Education. (http://www.americanbar.org/groups/public_education/resources/lesson-plans/elementary/due-process/does-the-constitution-protect-fair-play-.html)（2016年9月30日閲覧）より筆者作成。下線は筆者（公正との関連部分）。

学年を対象としている。本授業は，中核となる法的な概念として，「平等の保護」を設定している。

本授業の概要は，まず，子どもは，公正とは，全てのものを本当に同じように扱うことなのか，特別な状況で別々に人々を扱うことを正当だと説明することなのかを議論する。さらに，法が公正を保護しようとしている方法を説明する。

本授業の目標は，次の2つである。すなわち，「全てのものを本当に同じように扱うことが公正なのかどうか，あるいは，特別な状況で別々に人々を扱うことが公正な時もあるかどうかを追究する。」「法が公正を保障しようとする方法を簡単にまとめる。」である。

本授業の展開は，表8-5の通りである。本授業は，段階1の「学習課題を把握する段階」，段階2の「概念を理解する段階」，段階3～6の「技能を活用し，判断する段階」，段階7,8の「思考を深化する段階」の4つの段階で構成される。

本授業における公正に対するものの見方や考え方の育成には，次の4つの特色があると考える。

第1に，子どもの身近な例から，公正の概念を認識させていることである。第2に，具体的な事例をもとに，公正か不公正かを判断し，根拠に基づき理由を表現する学習活動を設定していることである。第3に，公正の本質は，異なるものを異なるように，同じものを同じように取り扱うことにあるという思考を深めていることである。第4に，公正な裁判の手続きの保障の意味を，議論させていることである。

ここまで，3つの小学校の法教育における公正の授業の授業構成を考察してきた。これらを踏まえて，持続可能性の視点に基づき，次の2つの公正に対するものの見方や考え方の育成の可能性を提示できると考える。

すなわち，第1に，多様な公正の価値を踏まえて，多面的，多角的で相互関連的な公正の考え方を培えることである。さらに，第2に，全ての人々にとって公正であることや，あらかじめ公正なルールや法をつくることや，公正な手続きを維持することといった全体的で継続的な公正の意味を議論できることである。

第 8 章　法教育における公正に対するものの見方や考え方の育成　　147

表 8-5　法教育の授業「公正な取り扱い」の展開

段階	学習活動
1	自己紹介からはじめよう。あなたが法律家であることを説明しよう。そのことは，人々に法を理解させ，効果的に利用するようにさせるだろう。<u>ルールや法は公正であるべきで，人々を公正に扱うべきであることを説明する。</u>
2	<u>あることが不公正である時の例を，子どもに共有するよう求めよう。「公正」と「不公正」の定義の方法を合意しよう。</u>議論が続くように，あなたはいくつかの例をあげよう（「もし私たちがゲームをしていたら，私がボールを取って，あなたが決してボールを持てないことは公正だろうか？」「<u>ゲームの途中で，ルールを変えることは公正だろうか？</u>」）。
3	子どもに，資料をわけよう。それぞれの事例を子どもと確認しよう。<u>男子のクラブから女子を排除すること，あるいは年少版ガールスカウトから男子を排除することが公正とされるはじめの状況に対して，どのように考えるのか，子どもに尋ねよう。何人の子どもが，不公正だったと考えたか？　自分の考えの裏付けとなる理由を考えるよう，子どもに促そう。</u>黒板に結果を記録しよう。それぞれの事例で同じようにしよう。
4	たくさんの例で，子どもは，様々な状況によって，人々を別々に扱うことが公正であることを考えるだろう（10 歳の子どもは，お小遣いを稼ぐのにもっと家事をするかもしれない。最も優秀な選手は，もしかしたら最も重要な役割を果たすべきだ）。正当な理由がある限り，「妥当な関係」が試される人々が参与する様々な事情や状況のもとで，法がこのような違いを許可する方法を議論するよう導くだろう。
5	<u>子どもに，不公正な行動の例を与えよう。</u>クラスにいるみんなの名前の頭文字が A から M の人に，余分に休み時間があり，名前の頭文字が N から Z の人は全く時間がなく，おまけに放課後残らなくてはならなかったら，あなたはどのように感じるか？どうして，不公正（合理的ではなく，恣意的で気まぐれ）なのだろうか？
6	<u>子どもに，私たちの歴史から不公正な扱いの例を話そう。</u>あるいは，さらに例を与えよう（女性であるという理由だけで，ある仕事から排除される女性といった差別など）。
7	<u>子どもが，不公正な扱いをされていると考えるならば，人々は何をするべきかを議論しよう</u>（人々は裁判所に訴えて，証拠を取り調べてもらうよう裁判官や陪審員に求めて，公正に扱われているかどうかを決定することができる。このことは，手続的な公正さの議論であり，次のことを引き起こすだろう。両者は，公平な裁判官の前で，両者の話をする機会を与えられる／お互いの言うことに返答する／証人に質問する）。
8	<u>私たちは，公正であることを発見させるための公正な手続きをもっている。</u>

American Bar Association Division for Public Education. Fair Treatment. (http://www.americanbar.org/groups/public_education/resources/lesson-plans/elementary/equal-protection/fair-treatment.html) (2016 年 9 月 30 日閲覧) より筆者作成。下線は筆者（公正との関連部分）。

Ⅴ．むすびにかえて

　本章で注目してきたESDの方法を具体的に提示する法教育は，市民に必要な公正に対するものの見方・考え方の育成を目指す教育である。

　このような公正に対するものの見方や考え方を市民が身に付けることで，持続可能な社会の実現が可能となる。従って，公正に対するものの見方や考え方の育成は，重要なESDの目標と言える。

　現実の日常生活の中でも，子どもは，自分にとって身近な問題や事象を，「公正か，不公正か」などと考え，自分なりの言葉で「ずるいか，ずるくないか」と説明しようとする。このような際に，公正に対するものの見方や考え方に基づき，子どもが，主体的に問題を発見し，積極的に議論を行ったり，その問題の解決に向けて行動する力を育てることが，今後，ますます問われることになるだろう。

　このような力を育てる試みこそ，持続可能な社会の実現につながる重要な教育活動となると考えうる。

注
1) 五島敦子・関口知子編著（2010）:『未来をつくる教育－持続可能な多文化社会をめざして－』明石書店，pp.99-100.
2) 西井麻美・藤倉まなみ・大江ひろ子・西井寿理編著（2012）:『持続可能な開発のための教育（ESD）の理論と実践』ミネルヴァ書房，p.1.
3) 国立教育政策研究所教育課程研究センター（2012）:「学校における持続可能な発展のための教育（ESD）に関する研究（最終報告書）」（角屋重樹研究代表）.
4) 前掲3），p.3.
5) 前掲3），p.5.
6) 前掲3），p.6.
7) 前掲3），P.6.
8) 環境と開発に関する世界委員会編（1987）:『地球の未来を守るために』福武書店.
9) 淡路剛久・川本隆史・植田和弘・長谷川公一編（2006）:『持続可能な発展：リーディングス環境 第5巻』有斐閣，p. 320.
10) 前掲9），p.320.
11) 前掲9），p.320.

12）前掲 9)，p.323.
13）例えば，次の文献に代表される．
・民主主義科学者協会法律部会編（2014）：持続可能な社会への転換と法．法の科学（日本評論社），45．
・日本法社会学会編（2015）：持続可能な社会への転換期における法と法学．法社会学（有斐閣），81．
・楜沢能生（2016）：『持続可能社会への転換と法・法律学（早稲田大学比較法研究所叢書 43 号)』成文堂．
14）例えば，安田信之（2005）：『開発法学－アジア・ポスト開発国家の法システム－』名古屋大学出版会に代表される．
15）前掲 14)，p.5.
16）前掲 14)，p.5.
17）楜澤能生（2015）：持続可能な社会への転換期における法と法学．日本法社会学会編：持続可能な社会への転換期における法と法学．法社会学（有斐閣），81，p.2.
18）前掲 17)，p.3.
19）前掲 17)，p.3.
20）中央教育審議会（2008）：「幼稚園，小学校，中学校，高等学校及び特別支援学校の学習指導要領等の改善について」．
21）前掲 20)，p.9.
22）主な文献は，次の通りである．
・文部科学省（2008）：『中学校学習指導要領解説 社会科編』日本文教出版．
・文部科学省（2008）：『中学校学習指導要領解説 理科編』大日本図書．
・文部科学省（2008）『中学校学習指導要領解説 技術・家庭編』教育図書．
23）主な文献は，次の通りである．
・文部科学省（2008）：『小学校学習指導要領解説 社会編』．
・文部科学省（2008）：『中学校学習指導要領解説 社会編』．
24）Law-Related Education Act of 1978.（P. L. 95-561）
25）American Bar Association Division for Public Education. Lesson Plans & Teaching Resources. (http://www.americanbar.org/groups/public_education/resources/lesson-plans/elementary.html)（2016 年 9 月 30 日閲覧）
26）American Bar Association Division for Public Education. Dispute Resolution: Right in Conflict.(http://www.americanbar.org/groups/ public_education/resources/lesson-plans/elementary/dispute-resolution/rights-in-conflict.html)（2016 年 9 月 30 日閲覧）
27）Center for Civic Education. Does the Constitution Protect Your Right Fair Play?. American Bar Association Division for Public Education. (http://www.americanbar.org/groups/public_education/resources/lesson-plans/elementary/due-process/does-the-constitution-protect-fair-play-.html)（2016 年 9 月 30 日閲覧）

28) American Bar Association Division for Public Education. Fair Treatment. (http://www.americanbar.org/groups/public_education/resources/lesson-plans/elementary/equal-protection/fair-treatment.html)（2016 年 9 月 30 日閲覧）

第 9 章　グローバル・ガヴァナンス論の現在
── ESD および公民科教育における課題 ──

小野智一

Chapter 9: Current Global Governance Theory
－ Issues in ESD and Civics Education －

Tomokazu Ono

Abstract:
This paper considers the challenges for ESD and civics education from the perspective of global governance theory. ESD is a concept thatdoes not simply demand the formation of a limited and one-off "regime". Rather, it is a concept that requires a "global governance" structure. Furthermore, for the search for the "sustainability" that sustainable development goals (SDGs) advocate, education that cultivates citizens who participate in politics and governance is important and is something that can be expected of civics education.This paper introduces the current state of affairs of, and challenges for, global governance theory in the fields of both international relations studies and political studies. Based on an understanding of the current situation and challenges, the issues for global governance education in civics education in Japan are then investigated. Two perspectives of global governance theory, (1) as a subject for study and (2) as methodological approach, are utilized.

Keywords: Global governance, Civics education, Sustainable development goals (SDGs)

Ⅰ．はじめに

1．グローバル・ガヴァナンス論の国際政治学における位置づけ

　国際政治学の対象とする範囲は単に国際社会における各国家の行動や各国家間の関係性を探究することにとどまらない広範なものである。そのためそれを分析する理論的立場も強い合意を得ている単一のものはない。本稿で考察の対象としたグローバル・ガヴァナンス論も国際政治学がとりうる分析枠組みの1つである。

　国際政治学の基本的な分析視点として挙げられるものにリアリズムとリベラリズムという視点がある。リアリズムはホッブズの『リヴァイアサン』において「万人の万人に対する闘争」という言葉で表現された人間の自然状態を「利己的」ととらえる視点である。リアリズムの立場に立てば，国際政治とは各国家間がパワーを追求する闘争の場であるとみることができる。そして，参加するいかなる国家も自国の安全保障を最優先の国益としてとらえ，行動すると考えられる。一方，リベラリズムはホッブズのような「利己的な利益追求」を自然状態とは考えず，人間は本質として「合理的」に行動する知性をもっており社会を進歩させることが出来ると考える視点である。リベラリズムの立場に立てば，国際政治とは各国間の協調的な取り組みによって問題解決を図る場であると見ることができる。このとき各国家が追求する外交目標は「平和主義国家」「模範的国家」など国家のアイデンティティに関係したものになってくる。

　リアリズムとリベラリズムの視点は対照的であるが，この2つの視点に共通するところは，国際政治を国家と国家の相互作用や関係性に関心の中心をおいているところである。また，本稿ではリアリズムとリベラリズムという言葉で紹介しているが，そもそもこの2つの視点は政治学における視点を，個人，国家，国際システムという3つのレベルで区分して分析する枠組みを援用したもので，国際政治学の議論では「ネオリアリズム」「ネオリベラリズム」として登場している。ただの「リアリズム」「リベラリズム」にしろ「ネオリアリズム」「ネオリベラリズム」にしろ，分析の中心は「主権国家」という，企業や政党，NGO等の主体とは異なる特別な存在においている。

本稿で考察の対象としたグローバル・ガヴァナンス論は国際社会を先に述べた特別な存在としての「主権国家」だけの空間と捉えずに，企業（多国籍企業），NGO（国際 NGO）といった従来の分析の視点としてアクターとしての影響力を積極的に評価している。この点で従来の「リアリズム」「リベラリズム」とは軸が異なる視点を提示するものである。

地球的課題に対して主権国家とともに国家以外のアクターが協調して取り組む動きは冷戦終結後の国際政治の新機軸となっており，従来の「リアリズム」「リベラリズム」の枠組みでは説明できない国家の行動，国際的な規範・アイデンティティの確立が導かれている。このような状況を分析する視点として登場したのが「コンストラクティヴィズム（構成主義；Constructivism）」である。従来の「リアリズム」「リベラリズム」が国家の合理的行動の理解をめざす視点だとするならば，「コンストラクティヴィズム」は「何が合理的行動であるのか」「行動の背景にある要因は何か」といった，行動を促すアイデンティティや規範に注目する視点である。国際関係でも国家は他国からの期待に応え肯定的な評価を得ようとしたり，また，他国からの非難によって自国の行動を修正したりする外交行動はよく見受けられる。つまり無政府的な国際関係であったとしても国家の相互作用を通じてアイデンティティや規範は確立する，そして国際「社会」となる可能性を見いだしているのである。グローバル・ガヴァナンス論の登場は「リアリズム」「リベラリズム」に加え「コンストラクティヴィズム」を国際政治学の分析視点として浮上させた，冷戦後の新たな「社会」であったといえよう。

2．グローバル・ガヴァナンス論と ESD

ESD の取り組みは 2005 年の DESD 国際実施計画，我が国については翌年 2006 年の『わが国における「国連持続可能な開発のための教育の 10 年」実施計画』（国連持続可能な開発のための教育の 10 年関係省庁連絡会議）を策定し 2014 年の最終年を迎えるに至った。最終年を迎えるに当たり，2 年前の 2012 年の国連持続可能な開発会議では宣言文で 2014 年以降も ESD を推進する趣旨が盛り込まれ，また前年となる 2013 年の第 37 回ユネスコ総会では『持続可能な開発のための教育に関するグローバル・アクション・プログラム』が採択

されている。これは，DESDのフォローアップであると同時に具体的かつ明確なポスト2015年アジェンダへの貢献となるものとして位置づけられている。ESDミッションは限定的単発的な「レジーム」形成にとどまらないいわば「グローバル・ガヴァナンス」体制を要求する段階に至っている。

また，「持続可能な開発」を提唱したブルントラント委員会でも「意思決定における効果的な市民参加を保障する政治体制」が必須と位置づけている。このことから，「持続可能な開発」「持続可能な開発のための教育」を追求する中で政治やガヴァナンス（統治，枠組み形成）にかかわる市民性を養う教育は重要な視点であるとみられている。

また，2015年9月25日の「持続可能な開発サミット」では，「持続可能な開発のための2030アジェンダ」が採択され，一連の持続可能な開発目標（SDGs）が提示された。SDGsの目標17項目はミレニアム開発目標（MDGs）で示された，8つの貧困対策目標を土台としたものである。とりわけ，貧困に関する目標1，不平等に関する目標10，ガヴァナンスに関する目標16は，国連開発計画（UNDP）の長期的な計画にとって中心目標と考えられている。「政府（国家，ガヴァメント）」だけでは対処しきれない目標の達成に向けて「政府」だけでなく「市場」と「ネットワーク」を駆使して解決しようとする「ガヴァナンス」の思考は一層重視されている。

II．グローバル・ガヴァナンス論の現状

1．国際政治についての考察はどう変わってきたか
　　－グローバル・ガヴァナンス論の登場以前－

冷戦終結後の国際政治の変化はイデオロギー闘争の終焉や新世界秩序といった議論を活性化した。東西ドイツの統一や，欧州連合（EU）の成立はヨーロッパを中心に新世界秩序への楽観的な展望を生起させてきた。また，そうした楽観視の傾向に拍車をかけたのは，冷戦終結を契機に世界の各地で紛争解決へ向かったことがあげられる。1990年代の前半には南アフリカにおけるアパルトヘイト政策の廃止とネルソン・マンデラ大統領の就任，イスラエルとパレスチナ解放機構（PLO）との間のオスロ合意，1991年の韓国と北朝鮮との間の南

北基本合意書締結などは重要なステップとなった。しかし，一方ではソ連崩壊や東欧社会主義国家における内戦勃発など新世界秩序形成の困難な部分も明らかになってきた。ユーゴスラヴィアにおける連邦解体と 1991 年の内戦勃発は新世界秩序の形成について油断できない側面を露呈した。ヨーロッパにおける民族主義的な紛争の再開は，同時にアジア・アフリカにおける民族紛争の激化という見通しを形作った。サミュエル・ハンチントンによる「文明の衝突」論はこのような情勢から大きな論争を呼んだ。

　新世界秩序への楽観視を生み出していたそのほかの要因としては，アメリカの特に軍事力における圧倒性も挙げられる。1991 年湾岸戦争では短期間でのクウェート解放を達成し，この点を印象付けている。しかし，この時期もアメリカの圧力や威信への抵抗はあった。例えば，1995 年にはイスラエルのラビン首相暗殺事件が起こり，前出のオスロ合意で示された「5 年を超えない移行期間のあいだに，ヨルダン川西岸地区とガザに暫定自治政府をつくり，国連安保理決議 242 および 338（イスラエルの占領地からの全面撤退を要求）に基づく恒久解決に至る」という中東和平プロセス実施は難しくなった。ほかにも 1993 年の米朝会談は北朝鮮がアメリカと対峙し，かつ国際的孤立状況におかれても頑強に抵抗する姿勢を示し，翌年にはアメリカは軍事力行使を検討するまでに至ったことがある。以上のことからもアメリカの軍事力による圧倒性も新世界秩序形成を絶対視するほどの材料にはなりえていなかった。

　冷戦終結後は国連を中核とする国際秩序構想も展望された。1990 年のイラクによるクウェート侵攻時に国連安保理は武力行使容認決議を行い，地域紛争に対する干渉の姿勢を打ち出し，1992 年に国連事務総長に就任したブトロス・ガリにいたっては国連改革による平和執行部隊の創設を提唱している。しかし，1995 年までのソマリアにおける国連活動（UNOSOM II など）は人道支援面での成果を示したものの，平和強制を目指した試みでは課題を残すこととなった。国連主導による新世界秩序の構想は強制力をもった形では実現できていなかった。

　このような新世界秩序形成の挫折が見られる中，国際政治の現実は軍事面のみならず，経済面においても唯一の超大国として優位性を持つアメリカの存在感は相対的に高まるようになる。1990 年代後半から 21 世紀初頭にかけては IT

革命の中核を担い，世界経済をけん引することになる。この傾向は，グローバルスタンダードの形成におけるアメリカの影響力の拡大を後押しするものとなった。国際関係においても冷戦期に形成された同盟機構は，冷戦終結後も維持され，旧ソ連陣営の加入を受け入れ拡大している。

　こうしたアメリカの国力の増大は，アメリカが国際機関の枠組みから離れても単独で利益を追求しうるという自信へと転化していく。2001年の9.11同時多発テロ事件を受けて，その主犯テロ組織アルカイダとタリバンに対する軍事攻撃に踏み切った時も，「テロとの戦い」をスローガンに国連集団安全保障，自衛権に基づいて行動している。2003年のイラク戦争では，アメリカの軍事行動について反対する同盟国があったにもかかわらず，イギリスなどのアメリカ支持を打ち出した有志連合によって開戦にいたっている。しかし，2010年ごろまでには，このようなアメリカの単独主義的行動，特に軍事行動についての負担の大きさについて懸念する声が高まってきた。さらに2008年のアメリカ発のリーマンショックを契機に，アメリカ中心・依存の世界を単極構造でとらえる視点に限界を唱える見方が出てきた。たとえば西側先進国の首脳会談（G7またはG8）に対して，中国，インドなど新興国（BRICs，NEXT11など）を加えたG20が形成されるなど，国際協調の枠組みの中では，アメリカ以外の極を想定する時代に突入したといえよう。

2．グローバル・ガヴァナンス論の登場

　グローバル・ガヴァナンスは1990年代以降に国際政治経済分野の新世界秩序探究を中心に議論されてきたテーマである。グローバル・ガヴァナンスの意義を積極的に打ち出してきた地球的課題の1つに地球環境問題を挙げることができる。中でも1980年代以降は二酸化炭素などの温室効果ガスの排出拡大によって地球温暖化傾向が進行しているという見解が強まり，1992年の国連環境開発会議（リオ・サミット）では気候変動枠組み条約が採択され，世界各国が温室効果ガスの排出削減に協力する方向性が導かれた。この間，各国政府以外にも環境NGOがアクターとして登場し，政府間交渉においても強い影響力を行使するようになっている。これらと並行して気候変動の実態についての科学的な知見を取りまとめるための気候変動に関する政府間パネル（IPCC）が

設置されており，各国のコンセンサス形成に寄与している。

3. グローバル・ガヴァナンスの定義について－分析的用法と規範的用法－

次に本稿で必要な限りにおいてグローバル・ガヴァナンスの定義についてまとめておきたい。まず，学術用語として用いられる定義を分析的用法としている。その場合，多くの定義は，ローズノーの定義に依拠しており，それは，グローバル・ガヴァナンスを「家族から国際組織まであらゆるレベルの人間活動におけるルールの諸体系を含んで，制御の実施による目標追求が越境的効果をもつもの（Rosenau 1993: p.13. 訳は中西 2007: p.4）」というものである。

一方，規範的用法での定義は「ガヴァナンスを個人と機関，私と公とが，共通の問題に取り組む方法の集まりと定義したうえで，グローバル・ガヴァナンスは世界政府ないし世界連邦主義ではなく，ひとつの決まったモデルや形式があるわけではなく，また特定の制度あるいは一連の決まった制度があるわけでもない。変化を続ける状況に対して，常に発展し反応する，広範でダイナミックで複雑な相互作用による意思決定のプロセス」となっている。

以上の点を踏まえて次にグローバル・ガヴァナンス論の主要な課題について検討したい。

III. グローバル・ガヴァナンス論の課題

1.「持続可能な開発」のためのガヴァナンスに伴う困難点について

ここで,「持続可能な開発」のためのガヴァナンスの課題について整理したい。

現在，数多くの国々が，国家のガヴァナンスの改善を図るとともに，「持続可能な開発」に向けた政策に取り組んでいる。「望ましいガヴァナンスの実現」や「持続可能な開発」はこれらの国々で国民の支持を受け政治的にも合意された価値であるが，いくつかの緊張や対立を伴っている。例えば，「持続可能な開発」を目標とする政策決定に際しては，NGOに代表される市民参加の促進，企業の社会的責任と営利活動の調整，世代内・世代間正義の実現，経済社会的グループ間での分配の調整（富裕層と貧困層）という，ガヴァナンスに伴う国内的影響から国際的影響を重視することとなる。このように「持続可能な開発」

は多岐にわたるステークホルダーの存在を前提としているが，肝心の政策の実行（「望ましいガヴァナンスの実現」）となると，どのような課題があるか．

まず，直面するであろう課題の1つに「部門化」（タコツボ化）が挙げられる．「持続可能な開発」自体（ESD自体にも言えることだが），グローバル・ガヴァナンスとして「グッドガヴァナンス」を求めるものである．「持続可能な開発」という目標実現の過程で成果の担保を図る枠組みは必要不可欠である．政府の政策レベルによる実行は「強制力」という点で成果の担保を図る手段である．しかし中央集権のトップダウン的対応では政策課題によっては後手に回ってしまい結果的に目標実現を大いに後退させる局面もあるだろう．柔軟な政策課題への対応をめざすならば，現場レベルにオペレーションの権限をもたせるような分権（または，ボトムアップ）的対応も組み合わせていくことは解決策の1つであろう．しかし，ただでさえ多岐にわたるステークホルダーが存在する「持続可能な開発」というミッションでは，分権的対応を許容しすぎれば各ステークホルダー単位での利益や効率性を追求させることになり，結果として全体的な視点での目標に対する軌道修正や調整を求めることになる．グローバル・ガヴァナンス論自体はこのような，各ステークホルダーの意識の相互作用結果として形成される間主観的な規範形成の作用を分析する枠組みとして登場した理論である．一方で，目標達成に向けた歩みに不確実性から来る疑念を抱かせ，歩み自体を停滞させてしまうことは避けなければならない．このときに必要になってくるのが規範的用法で捉えられるグローバル・ガヴァナンスの意味である．

先に述べたように，グローバル・ガヴァナンスは「変化を続ける状況に対して，常に発展し反応する，広範で，ダイナミックで複雑な相互作用による意思決定のプロセス」ととらえられる．そして，現実の国際政治，社会の中でいかに「グッド・グローバル・ガヴァナンス」を実践，達成していくかという規範性を追求しようとするのがこの立場である．OECD報告書で散見されるグローバル・ガヴァナンスの意味用法は規範的用法として見ることが出来る．一例を挙げれば，次のような用法である．「持続可能なガヴァナンスとは，1つの側面を奨励して他をないがしろにすることではない．さまざまな要求の間に最も一貫性のあるバランスを見つけ，最も効率的な行政手段やその他の手段を考案

して戦略を実施することである（トレイシー　2011: p.133)」「不確実性があるがゆえに，ガヴァナンスそのものが持続可能でなければならないのである（トレイシー　2011: p.138)」といった言及である。

やや議論の中心線からずれた言及を挟んだが，「部門化」の問題については，「持続可能な開発」という目標追求の歩みの中で，並行してガヴァナンスのあり方そのものを「グッドガヴァナンス」をめざして追求することになる。先に引用した後者の部分にあるように，ガヴァナンスそのものが持続可能でなければならないという課題として存在しているのである。

政策実行という文脈で見ればほかにも，「持続可能な開発」の目標の本体に関わるであろう課題，例えば「短期的な目標と中期的な目標と長期的な目標達成のためのアプローチはどうするのか」，または，「政治，行政，投資といったサイクルにズレがあることから生じる不利益をどのように解消するか」といった課題もあるだろう。

2．グローバル・ガヴァナンスにおけるデモクラシーの欠損

次に指摘したいグローバル・ガヴァナンス論の課題は「デモクラシーの欠損」である。

グローバリゼーションの進展が進む中で社会の相互依存の度合いは高まり，情報・ヒト・モノ・カネといったリソースの流通・交流・移動も活発化している。地球上のある地域で起こった出来事がその地域だけの話題で収束せず，他の地域・コミュニティの人々にとっても影響を及ぼすとも考えられるようになってきた。情報自体も通信技術の発達で，地球上のあらゆる地域，そしていくらでも量を手に入れられるようになったと言っても，自らの身に起こる変化を予見して，予防的に世界のどこかでなされるであろう行動をコントロールすることは難しい。つまり，グローバリゼーションにより，自分ではコントロールが出来ないような出来事によって，自身の行動や運命が左右されるようになったのである。

グローバル・ガヴァナンス論が議論されるようになった背景には，このような国家という壁を乗り越えて降りかかってくる問題に対して既存の分析枠組み（前述のリアリズム，リベラリズム）は成り立たないとの認識がある。ここで

問題となるのはガヴァナンス（統治）を執行する者と受ける者（統治者・非統治者）の不一致の可能性である。この点についてヘルドは次のように指摘している。

> 「伝統的に，国境線は，個人が当人の生活に影響を受ける決定に包摂されるのか，それとも排除されるのかに基づいて区切られてきた。しかしながら，社会経済的な過程やその決定の多くが国境線を越え出ている。だとすれば，そのことは，同意や正当性の範囲という点のみならず，デモクラシーに関する主たる理念全般にとって，重大な含意がある。」（Held 1999: p.105. 訳は白川　2013: p.2）

つまり，ガヴァナンスがグローバル化することによって，これまで国家によるガヴァナンスを支えてきたデモクラシーは難しい局面を迎えているのである（白川　2013: p.3）。国内におけるガヴァナンス（統治）には権力の行使を伴うが，この権力による統治を被統治者が受け入れるためには，デモクラシーは，今日，欠くことが出来ない要素だと考えられる。グローバル・ガヴァナンスによる価値の追求を進めるのであれば，グローバルなレベルにおいてデモクラシーについても検討が必要になると見るのがこの論点である。前出のヘルドはグローバル・ガヴァナンスにおいてデモクラシーを実現する枠組みとしての「コスモポリタン・ガヴァナンス」を構想している。ただし，この構想についての評価は理念的に賛同をえられているものの，実効性の点で批判を受けている。以下，ヘルドの「コスモポリタン・ガヴァナンス」構想の要点と，この構想への代表的な批判について紹介したい。

ヘルドの「コスモポリタン・ガヴァナンス」構想がめざすところは，地球上の全ての個人がその自律性をいかんなく発揮できるための共通構造としての「コスモポリタン・デモクラシー」であるという。ここで言う自律性とは，ヘルドによれば「市民が一群の権利を享受することができ，これによって，自ら思うがままにデモクラシーに参加でき，参加する資格があると自認している」（Held　1995: p.190. 訳は白川　2013: pp.7-8）ことであるという。そしてこの自律性の担保は，公正な権力配分の保障によってなされている[1]。整理すると，

第 9 章　グローバル・ガヴァナンス論の現在　161

　ヘルドの「コスモポリタン・ガヴァナンス」構想とは，①自律性を担保された個人が，②「コスモポリタン・デモクラシー」という多層的な（意思決定への参加がナショナルなレベルに限定されていない）アリーナに参加して，③自律性をいかんなく発揮し自己決定をする，というデモクラシーの実現を目指すものである。

　次にこの構想への代表的な批判について紹介したい。まず，ヘルドの構想する「コスモポリタン・ガヴァナンス」のアリーナに人々は自由に参加できないため実現の条件を満たせないという批判である。これはキムリッカ，ミラーらが指摘する論点で，その根拠としては「伝統や習慣という共有された語彙」なしに，相互理解や相互信頼を形作ることはできず，公的問題の議論も成立しない，というものである（Kymlicka　2001: p.209. 訳は岡崎ら　2012: p.294）。端的に述べれば，2 つ以上の言語を用いて多言語状況で母語以外の言語で政治的争点をめぐって十分に議論できるエリートだけがアリーナに参画できるということである。

　もう 1 つの論点としては「コスモポリタン・ガヴァナンス」のアリーナには「個人」としての参加が必要なのか，「あらゆる当事者の見方を集積できるメカニズム」（ヘルドの主張）があれば全員が参加する必要がないのかという点である。構想への批判という意味では，後者の論点は，主権国家による意見集約プロセスにより「コスモポリタン・ガヴァナンス」のアリーナは集権的なアプローチに傾倒してしまう恐れがあるということになろう。前項で述べた「グッドガヴァナンス」の追求をするならば「個人」や NGO といったボトムアップのアプローチをとりうる主体をアリーナに迎え入れることは欠かせないだろう。

　以上，代表的な批判の論点を紹介した。本節では，グローバル・ガヴァナンスの制度的枠組みを構想するにあたり，「デモクラシー」の前提条件（たとえば「伝統や習慣という共有された語彙」や連帯意識）を調達できなければ「デモクラシーの欠損」という状況は避けられないということを確認した。ESDがグローバル・ガヴァナンスを要求する段階に至っている現状においては避けて通ることができない課題といえよう。

Ⅳ. グローバル・ガヴァナンス時代の教育
　　－ ESD および公民科教育を見据えて－

　以上の議論を踏まえて，公民科教育におけるグローバル・ガヴァナンス論について考察をすすめたい。本節では，①学習対象としての「グローバル・ガヴァナンス論」と②方法的アプローチとしての「グローバル・ガヴァナンス論」を検討する。
　まず①学習対象として「グローバル・ガヴァナンス論」をとらえたとき，公民科教育からのアプローチとしては学習の機会は十分に確保されてきたと考えられる。公民科学習指導要領においては，次のような取り扱い内容がある。

> 「持続可能な社会の形成に参画するという観点から課題を探求する活動を通して，現代社会に対する理解を深めさせるとともに，現代に生きる人間としての在り方生き方について考察を深めさせる。(現代社会)」
> 「現代に生きる人間の倫理的課題について思索を深めさせ，自己の生き方の確立を促すとともに，よりよい国家・社会を形成し，国際社会に主体的に貢献しようとする人間としての在り方生き方について自覚を深めさせる。(倫理)」
> 「政治や経済などに関する基本的な理解を踏まえ，持続可能な社会の形成が求められる現代社会の諸課題を探究する活動を通して，望ましい解決の在り方について考察を深めさせる。(政治・経済)」

　また，平成 25 年の本格実施を待つまでもなく，それ以前の学習指導要領においても「グローバル・ガヴァナンス論」の要素は学習内容として存在していた。知識理解としてのグローバル・ガヴァナンスの内容は，「国家や国際機関，多国籍企業，非政府組織（NGO）など様々な機関が参加して地球的規模の課題の解決を目指す」ことについての認識である。上掲の指導内容にも反映されている。しかし，本稿であえて指摘したい問題点は「持続可能な開発（社会）」という概念がグローバル・ガヴァナンスの作用によって今日に至るまでに権威を獲得し，多くの国の政策に影響を及ぼしている現状について，根拠の探究な

く，当然の前提として「持続可能な開発」を受容しているのではないかという点である。

「持続可能な開発」は1987年のブルントラント委員会報告書"Our Common Future"で提唱された概念である。この報告は国連に提出され，総会採択された後，以降の環境政策に多大な影響を与えることになった。この「持続可能な開発」という概念には，国際条約のような明確な法的拘束力がないにもかかわらず，地球規模での規範として効力を発揮している。この，「持続可能な開発」が権威性を発揮し規範化した過程は，グローバル・ガヴァナンスを経た成果であり，「グッドガヴァナンス」の事例だと解釈することが出来る。「持続可能な開発」が権威を獲得するに至った要因としては次のような考察がある。

> 「インスティチューション&インキュベーションこそブルントラント委員会そのものであり，ブルントラント委員会以前に既に素朴なかたちで存在し，未完成の状態で喧伝されていたSD（例えば，MSY, MAC, 経済思想，環境活動家の主張等）を文字どおり「孵化」（incubation）させた「制度」（institution）である。（江澤　2007: pp.63-64）」

ブルントラント委員会の成功は「持続可能な開発」という概念の権威を，威嚇や暴力を伴った手段ではなく，ガヴァナンス，認識共同体，賢人会議，ソフト・ローなどの種々の「合意」を重ねていく中で発生させていった点にある。こうしたブルントラント委員会の業績は，「アナーキーな国際社会において，安寧と秩序を求めるグローバル・ガヴァナンス概念の顕現化を，SDという概念を通して行った（江澤　2007: p.66）」という点で，教材価値の高い事例と言えるのではないだろうか。範例としてのブルントラント委員会によるガヴァナンスは再評価すべきではないだろうか。

またこの論点は，②方法的アプローチとしての「グローバル・ガヴァナンス論」にも関係してくる。

ESDに関する授業実践の試みはこれまでに数多くなされてきているが，筆者の視点から見ればこれらの実践はミニマムなガヴァナンスの体験を重視し過ぎていると考えるのである。ここには日本のESDの普及推進を図ってきた

ESD リーダーの認識にも一因があるように思える。

> 「本書は ESD の理論の全体像を明らかにするだけでなく，学校や地域における ESD (環境教育を含む) の実践のあり方についても提案しています。いたずらに学校や地域レベルの教育活動で直接グローバルな問題解決に立ち向かおうとしても無理があり，また学習者における当事者性や自己効力感の欠如という結果をもたらすでしょう（生方・神田・大森　2010: p. ii）」

　達成や体験の教育的価値を否定するわけではないが，その空間が余りにミニマムであることは現実社会との乖離を深刻にするのではないだろうか。小さな政治による小集団の利益を実現する動きは，時に，大きな政治の利益を損ねることがある。方法論としての小さな政治は「少数者の優位」[2]を梃子にすれば強い政治的影響力を生み出すことが出来るので，これ自体にもガヴァナンス概念獲得のための学習意義は大いに見出せる。しかし，グローバル・ガヴァナンスの実践に必要なのは協同や，政策，手法の最適な組み合わせである。ESDが求めてきた実践は民間，国会議員，教育機関，国際機関とのネットワークを形成することへの期待も込められていた。ネットワーク化の過程は，先述のブルントラント委員会の事例にある権威を作り出していく種々の「合意」を重ねるための活動を追体験する学習機会となる。しかし，このような期待は十分に満たされていない現状が，学校教育における個々の実践をミニマムなままに放置することになっている。主体的参画を具体的作業体験のみならずネットワークの形成過程への働きかけや外部組織との協同まで拡張できるかが，今後の実践上の課題となる。

V. おわりに －今後の課題－

　本稿では「グローバル・ガヴァナンス論」を手がかりに，公民科教育のあり方，ESD のあり方について検討した。
　グローバル・ガヴァナンス論の公民科教育から見た教授上の課題は，「ミッションがうまくいっていない。成功例がない。取り組みの性質に接近するのが

限界。」という点でそのものを教材として語るには抽象度が高すぎるということだと考える。「一つの立場の確立に重点を置くか」「他のアクターの存在を把握することに努めるか」「他の利益集団を説得するための方略を磨くのか」といった見方や考え方は，間違いなくグローバル・ガヴァナンスに参加するにあたり要求される資質である。一段視点を上げて，ESD のガヴァナンスをデザインする視点もあわせてもつべきであろう。

注
1) ヘルドは権力配分について 7 つの場（身体，福祉，文化と文化的生活，市民団体，経済，強制的な関係と組織的な暴力の領域，規制や法制度の領域）において保障されていることを提示している。
2) フリーライダーを排除しうる小さな利益集団は，潜在的フリーライダーを含む大きな利益集団よりも強い政治的影響力を行使できるという考え方。このような小さな利益集団が鉄の三角同盟のような既得権益保護機構をつくってしまうことが「大きな政治」の機能を失わせる原因になる。

文献
生方秀紀・神田房行・大森 亨編（2010）:『ESD をつくる地域でひらく未来への教育』ミネルヴァ書房.
江澤 誠（2007）: Sustainable Development（SD）が獲得した「権威」の源泉 : グローバル・ガヴァナンスの視座から. 技術マネジメント研究（横浜国立大学技術マネジメント研究学会）, 6, pp.63-68.
大矢根聡（2003）: コンストラクティヴィズムの分析射程―理論的検討と規範の衝突・調整の事例分析―. 日本国際政治学会 2003 年度研究大会 部会 11 コンストラクティヴィズムをどう考えるか（部会報告予稿）.
小川哲生（2014）: グローバル社会における市民とガヴァナンス―公共政策のさらなる発展に. 公共研究, 10(1), pp.40-54.
押村 高（2012）: グローバル化と正義―主体，領域，実効性における変化―. 法哲学年報, pp.57-71.
坂口 功（2007）: 地球環境問題とグローバルガヴァナンス. 国際問題, pp.37-50.
白川俊介(2013）: グローバル時代のガヴァナンスとデモクラシー―デイヴィッド・ヘルドの議論の批判的検討を手がかりに―. 九州竜谷短期大学紀要, pp.1-21.
土佐弘之（2006）: グローバルガヴァナンスと《生かす/殺す権力》の変容. 情況 7(3), pp.87-99.
トレイシー・ストレンジ, アン・ベイリー（2011）: 第 7 章 政府と市民社会.『OECD インサイト 4 よくわかる持続可能な開発』明石書店, pp.120-138.

中西　寛（2007）：グローバル・ガヴァナンスと米欧関係 －「言力政治」から「権力政治」へ－. 国際問題, 562, pp.4-14.

Held, D.（1995）：*Democracy and the Global Order: From the Modern State to Cosmopolitan Governance*, Cambridge: Polity Press.

Held, D.（1999）："The Transformation of Political Community: Rethinking Democracy in the Context of Globalization" in *Democracy's Edges*, pp.84-111.

James N. Rosenau. (1993)："Governance in the Twenty-First Century", *Global Governance*, Vol. 1, No. 1.

Kymlicka, W. (2001)：*Politics in the Vernacular: Nationalism, Multiculturalism, and Citizenship*, New York: Oxford University Press.

第 10 章　社会科における持続可能な社会づくりに向けた社会認識の形成
——「多様性の尊重」と「多様性の調整」の価値を普遍化する教育内容論——

坪田益美

Chapter 10: Formation of Social Awareness for the Creation of Sustainable Societies within the Context of Social Studies
— Theory of Education Content Theory that Universalizes the Value of "Respect for Diversity" and "Accommodation of Diversity" —

Masumi Tsubota

Abstract:

This paper aims to investigate how various kinds of educational content can be valuable in forming social awareness for the creation of sustainable societies. Particular attention is paid to living together with diversity, and to content for developing a citizenry that will create the "social cohesion" that is essential for it. In pursuit of the formation of social awareness, aiming for "respect for diversity" and "accommodation of diversity"—the two essential elements of "social cohesion"—this paper analyzes educational content that promotes such values and the sequencing of such content, taking the case of the social studies curriculum in Alberta, Canada, as an example. Alberta's 2005 curriculum is noteworthy for its conception and proposal of social studies that aims for "social cohesion" founded on diversity. This paper especially focuses on the Grade 9 (equivalent to Grade 3 in Japanese junior high school) content, with its educational meaning and value being discussed through an analysis of mainly the textbook descriptions and the sequencing of the educational content.

Keywords: Social Studies, Living Together with Diversity, Social Cohesion, Alberta, Canada

Ⅰ．はじめに －社会科とESD－

　文部科学省国際統括官付は 2016 年 3 月，2015 年 8 月にとりまとめられた日本ユネスコ国内委員会教育小委員会 ESD 特別分科会報告書『持続可能な開発のための教育（ESD）の更なる推進に向けて』による提言を受けて，学校現場において ESD を浸透させて行くことを目標に，『ESD（持続可能な開発のための教育）推進の手引き（初版）』を出版した[1]。その背景には，日本が「国連持続可能な開発のための教育のための 10 年」を世界に提唱してから 10 年以上が経つにもかかわらず，いまだ学校現場には浸透していないという問題提起がなされたことがあった[2]。ゆえに本手引書では，教科横断的なアプローチやホールスクールアプローチ，さらには企業や大学，地域などと連携する実践のポイントなどが，実際の実践事例の紹介とともに提案されており，大変興味深い。アクティブ・ラーニングを基本として，総合的な学習の時間や社会科見学，運動会や文化祭といった学校行事なども利用したさまざまな実践事例を紹介しており，示唆に富む。しかしながら筆者は，ESD とは，このような「特別な」取り組みを行わなければならない教育ではない，と考えている。むしろ，そのような印象が，学校現場に浸透させることを難しくしている一因なのではないだろうか。ESD は特別な教育ではない。それはむしろ，そもそも社会科という教科が目指してきた目標そのものなのではないか。社会科はそもそも，ESD（持続可能な発展のための教育）の特に重要な部分を担う教科の 1 つである，と筆者は考えている。なぜなら社会科は，国家・社会の担い手，よりよい民主主義社会の担い手を育成することを目標とする教科であるからである。国家であれ，国際社会であれ，「よりよい民主主義社会」とは，「持続可能な社会」であることが前提となるはずである。したがって，筆者は本章において，社会科という一教科の教育内容やその配列の分析を通して，「特別な活動ではない」，ESD の取り組み方について検討してみたい。

　ただし，一口に ESD といってもその方向性は多岐にわたる。文科省の HP における解説からも，環境学習から防災，エネルギー問題から生物多様性まで，あらゆる分野にその学習対象が広がっていることがわかる[3]。ゆえに，ひ

とまず焦点を絞る必要がある。筆者はこれまで，カナダを事例として，社会科における多文化共生を実現するためのシティズンシップ教育について考究してきた。多文化共生は，「平和」を実現する上で不可欠な要件の1つであるという意味で，「持続可能な社会」を実現するための基盤を築くものであると筆者は考える。なぜなら「持続可能な社会」の基盤となるのはまず，「平和」であると考えるからである。「持続可能な発展」は，そもそも「平和」の無いところでは構想すらできない。なお，ここでいう「平和」とは，武力による闘争など「直接的暴力」が無いというだけではなく，貧困やあらゆる抑圧，差別などといったいわゆる「構造的暴力」のない状態，さらにはそうした状態を正当化したり肯定したりする価値観を内包する「文化的暴力」までをも克服した状態，すなわちヨハン・ガルトゥングの説く「積極的平和」[4]を指す。したがって，持続可能な社会を構想していくためには，物理的な目に見える暴力だけではなく，目には見えないけれど，暴力となり得る社会構造や関係性，価値観といったものまでも，批判的に吟味することが必要となる。そのためには，例えばいかなる社会構造が不当で，望ましいのか，ということについて考察できるために，いかなる社会認識を形成すべきかを検討することが極めて重要な課題となるであろう。

　そこで本章では，「持続可能な社会づくり」に向けた社会認識を形成することを目的として，社会科における教育内容の取り扱い方について提案してみたい。特に，多文化共生に焦点を当て，そのために必要と考える「社会的結束」を創出する市民を育成するための教育内容について検討する。具体的には，「社会的結束」のために不可欠である「多様性の尊重」と「多様性の調整」を志向する社会認識を形成する上での，それらの価値の普遍化を促す教育内容とその配列の教育的意義について，アルバータ州の社会科を事例として分析する。

II．「持続可能な社会づくり」と「社会的結束」

　そもそも持続可能な社会とは何だろうか。人間は，社会環境と自然環境の中でそれらに依存しながら生きている。したがって，社会を持続させて行くためには，それら，すなわち「人間」と「自然」の両者と永続的に共生して行かな

ければならない。そして筆者は特に,「人間」との平和的な共生を実現する資質・能力が, すべての基盤になると考えている。なぜなら,「自然」との共生を図る際にも,「人間」同士の対話, 合意, つまり共生の意思や資質, 能力が不可欠となるであろうからである。その前提に立って「持続可能な社会づくり」について考えると, 筆者がこれまで追究してきた「社会的結束」が, より一層重要な意味を持つ。それはまさに,「人間」同士の対話, 合意, 共生の意思と実践によって生み出されるとともに, それらを継続していく原動力となるものでもあるからである。

　1990年代終盤からカナダでシティズンシップ教育の文脈でも重視され始めた「社会的結束」は, 市民間のつながりによって社会を形成することとも言い換えられる[5]。これは, 国家などの制度的枠組みや権力ではなく, また利害関係者間の利己的な契約関係でもなく, あるいは民族や文化の同質性に拠るものでもない, 市民一人ひとりの社会の構成員としての責任や役割の自覚によって協働で運営される社会を構想した1つの方法である。グローバル化や資本主義の進展に伴い, 国境を越えた人やモノの移動が激しさを増す今日, 世界的な相互依存の強まりや差異との共生の必要性は, ますます顕在化している。シティズンシップ教育において「社会的結束」が求められるのは, 社会を主体となって創り出していく市民, また他の市民と互いにとってよりよい社会を創造し続ける市民を育成するためには, 市民自身の意思と実践が必要であるとされたことによると筆者は考える。すなわち従来のように, 権威や制度, 利害の一致や民族的同質性など集団の質そのもの, あるいは外的圧力に何らかの求心力を求めて市民を束ねるのではなく, 市民一人ひとりの共生へ向けた意思と実践によって, 市民同士の間に社会が築かれていくことが必要とされているのである。何かに敵対したり異なるものを排除したりして,「我々」と「彼ら」の別を創ることで1つの連帯感を生み出すのではなく, 多様に異なる人びとが共に所属し共有する社会を前提として, 互いが公正に尊重され, 対等に包摂される社会を創り出すという目標を共有する中で結束することを目指すものである。そうした協力関係によって社会を築き上げようとする努力が, 多様に異なる人びとの間に信頼やパートナーシップとしての連帯を生むことにつながり, 多様性の中での共生社会が持続的に形成されていくこととなりうる。そのために必要な

ことは，一人ひとりが，そうした連帯に対する主体的な意思と態度を持つことである。したがって，市民の「共生を志向する意思」と「実践」をいかに促進していくか，ということが極めて重要な核となる。その点において，いかなる社会が望ましいか構想するための社会認識を育てる社会科教育が重要な役割を果たすのである。

Ⅲ．社会科のカリキュラムから考える「社会的結束」に向けた社会認識の形成

そうした意思と実践を促していくために本章では，カナダ・アルバータ州の社会科カリキュラム（2003〜2005年改訂版）[6]から見いだした構造を手がかりに，考察してみたい。

「社会的結束」を生み出し，促進するプロセスについては，これまでの拙稿において論じてきたが，まずは「①深い多様性の尊重」がなされた上で，市民一人ひとりの「②結束への積極的な意思」によって「③多様性の調整」が図られることで促進されるものと考えられる[7]。筆者は，アルバータ州の社会科カリキュラムを分析し，①〜③をいかに促進するかという点に焦点を当て，「社会的結束」を志向するシティズンシップを育む社会科カリキュラムの構造について具体的に検討した[8]。

多様性の「尊重」と「調整」を遂行し，平和的な共生社会を永続的に築いていこうとする市民を育てるためには，小中高等学校さらには大学といった長いスパンで系統的かつ継続的に教育を行っていくことが重要である。アルバータ州の社会科カリキュラムからは，①〜③への意思ならびに態度を幼稚園から第12学年（以下 K-G12 と表記）までの各学年において，事例や認識の次元を変えて繰り返し学習させることで高めていく螺旋構造が見いだせる（表10-1）[9]。繰り返し学習させて高めていく認識の内容とは，個性やアイデンティティの多様性は，個人内から地球規模の集団まで，さまざまな次元において多元的，多重的に存在すること。個々の平和的な生を実現するためには，多様な人びとと集団で生きることが不可欠であること。その集団を，より平和的に維持し，発展させていくためには，「多様性の尊重」だけでは十分ではなく，「多様性の調

表 10-1 K-G12 を通したカリキュラムの螺旋構造

段階	G	①「深い多様性」の尊重	②「結束への積極的な意思」	③「多様性の調整」	
第1段階	K	一人ひとりがユニークな存在であり、多様であること、ならびに所属形態の多様性に気づく	生徒自身がすでに「所属している」という事実、ならびに個人は否応無しに他者や集団の影響を受けざるを得ないことに気づく	カナダが差異を承認するとともに、公用語を二言語とする政策によってすでに「多様性の調整」に取り組んでいることに気づく	気づく
	1	集団への所属が個のユニークさや個性を形成すること、すべての人が複数の集団に所属していることに気づく	コミュニティが個人にとって重要な存在であること、個人は他者やコミュニティと切り離しては存在できないことに気づく	多様性こそがカナダの特徴であり、それらを承認し、調整することで現在のカナダ社会が創り上げられていることに気づく	
	2	集団固有のアイデンティティや文化、伝統の価値に気づく	人びとが生きるためには集団やコミュニティが必要不可欠であることに気づく	多様性の調整を協調や調和の下に行うことの重要性に気づく	
	3	社会的・経済的弱者が公的なサービスへ公正に平等にアクセスできることが社会の発展を促すことに気づく	いかに遠く離れていたとしても、地球に所属している限りにおいて、互いに影響を及ぼし合っていることに気づく	お互いの平和を維持するために話し合いを通して合意形成していることに気づく	
第2段階	4	アルバータ州やカナダにとって多様性は必然であり、必要不可欠な要素である事実を知る	個や集団への他集団や社会状況の影響の大きさや不可避性、個の参加がもたらす集団への影響の重要性を知る	「連邦化」や「二言語政策」という「調整」の試みをアルバータ州やカナダが実践している理由や背景を知る＝調整の必要性	知る
	5				
	6	多様なすべての市民が公正、公平に参加できること、そうした価値観を共有すること、意思決定において合意形成、すなわち「多様性の調整」を行うことの「正当性」に気づくとともに、それらのことが平和的な共生、安定や発展につながる事例を知る		カナダ社会の原理（民主主義）＝調整の方法を知る	
第3段階	7	多様性を承認し、マイノリティを包摂すること、すなわち多様性と共生することが、平和的な社会、互いの安定的な生活に不可欠であるという認識→「多様性の尊重」「共生の必要性」「多様性の調整」の価値の普遍性を認識する			普遍化
	8	異文化の接触が社会の発展や豊穣化をもたらすことの普遍性を認識する	「多様性との共生」が、共利共生の可能性を高めること、その必要性の普遍性を認識する	異なる世界観を持つ集団をよりよく理解し、それを承認し、包摂することが、共利共生をもたらすという認識＝調整の価値の普遍性	
	9	カナダの政治システムや司法プロセスにおける「深い多様性の尊重」の正当性を普遍的価値として評価する	カナダの集団的意思決定のプロセス、結果が人々の生活の質に影響を与えているという事実の普遍性を認識する	意思決定の仕方、それへの参加の重要性（すべての市民が参加し合意の下に決定されることの正当性）を普遍的価値として評価する	
第4段階	10	文化や民族だけでなく、思想や立場を含むさまざまな差異の、何をどこまで、尊重すべきか思考判断する	個、集団、コミュニティと、より大きな社会の影響力の大きさ・双方向性、それらが個々の生活を左右する可能性を吟味する	グローバル化、ナショナリズム（国家利益と地球利益の相克）、イデオロギー（思想的立場の相克）等は、何をどこまで尊重し、調整していくべきか思考、判断する。	思考判断
	11				
	12				

坪田（2012b）による。

整」が不可欠であることとその重要性。これらを繰り返し学習させていくことで、「多様性との共生の必要性（価値）」がより切実さを増して共有され、その結果、「結束への積極的な意思」が醸成されるとともに、理性的・合理的な判断として「深い多様性の尊重」と「多様性の調整」を選択する認識形成へとつながると考える。

IV. 教科書から考える「多様性の尊重」と「多様性の調整」の価値を普遍化する教育内容とその配列

では、具体的にどのような内容をどのような順番で教えていくことで、「深い多様性の尊重」と「多様性の調整」を選択する認識形成へとつながるのだろうか。本章では、具体事例としてG8を取り上げる。筆者の見いだした螺旋構

造において G8 は，価値を普遍化させる段階にあり，社会認識を形成するためには，特定の価値を普遍化させることが，核となると考えるからである。そして G8 は特に，空間的にも，時間的にも異なるさまざまな事例を通して，特定の価値を普遍化させる教育内容となっている点で，示唆に富むと考える。

1．G8 教科書『私たちの世界観』の構成と特徴

　カリキュラム上は，鎖国下の日本，ルネッサンス期ヨーロッパ，アステカとスペインの順で配列されているが，本教科書『私たちの世界観』では，最初にルネッサンス期ヨーロッパ，次に日本，最後にアステカとスペインを配置している [10]（表 10-2 参照）。この配列に関しては，教科書会社ならびに執筆者に一任されているようで，他 1 社の教科書『世界観：接触と変化』では，ルネッサンス期ヨーロッパ，アステカとスペイン，最後に日本の順番で配列されている [11]。後者は 3 つの事例をすべて，［孤立］→［接触］→［変化］という過程を辿った共通の事例として位置づけ，3 つの事例すべてを肯定的にまとめている。

　それに対して，本教科書は，それぞれを「差異の交流による発展（ルネッサンス期ヨーロッパ）」，「世界観の変容の価値と困難性（日本）」，「対立と破壊（アステカとスペイン）」の事例として意味づけている点が異なる。本章では，3 つの事例の中でもアステカとスペインの事例を最後に配列し，その事例を通して，差異に対してどのように接するべきか，ということを考えさせようとしている本教科書を分析対象として取り上げることとする。それは，多様性との共生を考える上で，多様性がもたらすポジティブな側面を学習させるだけでなく，アステカとスペインが対立した，そのプロセスと結果から，多様性のネガティブな側面をも学習させようとしていることこそが重要であると考えるからである。

　本教科書は，ケースごとにその事例から学ぶ視点・立場を焦点化している点に特徴がある。ルネッサンス期ヨーロッパの事例では，カナダ人として，日本の事例では，リーダーとして，そして，スペインとアステカの事例では，一個人として，これらの事例から学んだこと，考えたことは何か，ということを各ケースのまとめとして考察させる。このことは，生徒自らの「世界観」にも，立場や視点によって，さまざまな異なりがあることを自覚させる上で，極めて

重要な学習活動であり，本教科書の特筆すべき点である。カナダは，ヨーロッパからの移民をルーツとする人びとが極めて多く，文化や政治制度といった社会の基盤となる世界観は，このルネッサンス期ヨーロッパにおいて確立されたものにルーツを持つものも多い。そのことを念頭において，カナダ人としての自身の世界観や，他者の世界観を見つめるのが，ケーススタディ１の役割と言える。次に，日本の事例からは，リーダーのあり方を考えさせようとしている。絶対的な権力を持つ「将軍」というリーダーが徹底した階層制度を敷いて統治した江戸時代と，欧米に触発された民衆（武士）による社会変動と新たな統治，開国がもたらした変化に鑑みることで，「リーダー」とは何か，求められることは何か，ということを考察させる。そしてケーススタディ３では，一人ひとりの世界観が人の意思決定や行動を左右し，他者や社会へ影響を及ぼすということを考察させる。その上で，カナダのような民主主義社会における良き品性（good character）とは何か，ということを追究させようとしている。

　このようにさまざまな世界観の存在と，それらの接触の帰結をさまざまな観点から学習させた上で，本教科書は最後に，「世界観を理解することはどのように我々の生活を発展させることができるか？」という問いをまとめとして提示する。「互いの世界観を理解することが，社会を進展させる鍵である」ということを明示した上で，世界観がどういうもので，その世界観を理解するということがどういうことを意味し，人びとの社会をどのように変えていくかということについて３つの事例を振り返らせる。そうすることによって，異なる世界観をどのように受容することが重要か，ということを考察させるのである。

　加えて，本教科書では，こうした思考活動において，各個人で考察させる機会と，ペアやグループにおいて一人ひとりの考えを話し合わせ，合意（consensus）や譲歩（compromise）をする機会の，両者を積極的に設けている。こうした学習活動をより多く設定することで，生徒たちは自分自身を見つめる機会と同時に，身近な他者との相違と出会い，その相違を合意に向けて折り合わせていく機会を得ることになる。そうした機会をより多く経験させることで，差異をいかに折り合わせていくのかということ，そしてその困難性と重要性を，より実感的に理解させていくことができるのである。

　本学年は，「歴史上の出来事」を学習材として，人びとのパースペクティブ

が多様であり，その多様性が，社会を発展させ，あるいは変化させること，そして紛争を招くことを理解させることをねらいとしている。それは，集団ごとに異なるものでもあり，一人ひとりの内でも立場や視点によって，それら集団や一人ひとりが持つ世界観によって，さまざま異なる。そのパースペクティブが，一人ひとりの人格，判断，意思決定を左右するとともに，より大きな社会の有り様，判断，意思決定をも左右するということを理解させることが，「多様性」への繊細な感覚を涵養するのである。

2.「多様性の尊重」と「多様性の調整」の重要性を認識させる学習展開

　G8の学習内容は，「多様性の尊重」と「多様性の調整」が社会にもたらす影響から，表10-2の右端に示したように，「①多様性の価値（深い多様性の尊重への動機づけ）」→「②多様性の尊重と調整の必要性（社会的結束への積極的な意思ならびに調整への動機づけ）」→「③多様性の尊重の重要性と調整の価値（多様性の尊重と調整への動機づけ）」の順番で理解させる構造が見いだせる。

　「①多様性の価値」の理解は，「多様性」が持つ，社会を発展させていく「力」を理解させることによって，生徒たちに，「多様性」に対する肯定的な認識を持たせる役割を担う。G7では，多様性が前提の社会であるというカナダ認識を形成することで，多様性の尊重を必然として受容するよう学習させる。G8では，世界の歴史や世界各地に大きな影響を与えた西洋の事例を学習することで，多様性が人びとの社会にとって価値あるモノであるということを，普遍的な事実として認識させるのである。このことによって，「多様性の尊重」という行為は普遍的に価値のある行為であることを理解するとともに，多様性の尊重に対して，より積極的な態度が促進されうる。

　「②多様性の尊重と調整の必要性」の理解は，異文化を受容することによって生じる社会の発展と同時に，人びとの多様性を生み出す背景にある，世界観を変容させることの難しさを理解することによって，生徒に，人びとが自ら異文化の受容や適応，自文化の変容や保持を決定していく必要があることを理解させる役割を担う。このような理解が，「多様性の尊重」を通して，一人ひとりの内で「多様性の調整」が行われてはじめて，多様性や異文化の接触が社会の発展につながるのだという認識を育てる。例えば，江戸時代から明治時代へ

表 10-2 『私たちの世界観』の章構成および教育内容

	主要テーマ		章	尊重	調整
序章	私たちの世界観			に関する学習	
ケーススタディ1	ルネッサンス期におけるアイデアや知識の交換はどのように西洋世界の世界観を形作ったか？	第1章 ルネッサンスの世界観を形作った要因は何だったか？	・他の文明は、どのようにヨーロッパにおけるルネッサンスのステージを用意したか？ ・ルネッサンスはどのように始まったか？ ・中世の社会構造はどのように、当時の世界観を反映していたか？ ・都市の成長は、どのように世界観を変化させることに寄与したか？ ・フローレンスの都市国家は、どのようにルネッサンスの世界観を反映していたか？ ・ヴェニスはどのように、イタリアのルネッサンスに寄与したか？ ・ジェノバなどのように、ルネッサンスの世界観を形作るのを助けたか？ ・章のまとめ	異文化間交流と多様性の受容が導く社会の豊穣化の理解・多様性の価値の理解	
		第2章 イタリアのルネッサンスのアイデアはどのように、ヨーロッパ全土に広がったか？	・ルネッサンスは、どこに、そしてどのように、広がったか？ ・人間主義はどのようにルネッサンスの世界観に影響を与えたか？ ・学者や哲学者たちは、どのように、人間主義のアイデアを広めたか？ ・芸術家たちは、どのように、ルネッサンスのアイデアを広めるのを助けたか？ ・アイデアはどのように、科学者や数学者たちの間に広まったか？ ・作家たちは、どのように、ルネッサンスの世界観に影響を与えたか？ ・ルネッサンスのアイデアは、どのように、社会的・経済的システムを変えたか？ ・章のまとめ		
		第3章 西洋の世界観はどのように、ルネッサンスの外で成長したか？	・新たな宗教の見方は、どのように、西洋の世界観の一部となったか？ ・ナショナル・アイデンティティやシティズンシップのアイデアは、どのように、ルネッサンス期の間に発達し始めたか？ ・開拓の精神は、どのように、西洋の世界観の一部となったか？ ・大航海時代はどのように始まったか？ ・大航海時代は、どのように、帝国主義を導いたか？ ・物資や製品の交換は、どのように、世界を変えたか？ ・帝国主義は、どのように、ヨーロッパの世界観に影響したか？ ・章のまとめ		
		ケーススタディ1の結論 あなたは誰？一人のカナディアンとして			
ケーススタディ2	信条、価値観および知識は、どのように、1600-1900年の間の日本における世界観を形作ったか？	第4章 江戸時代の間の孤立の日本の政策の影響は何だったか？	・日本の地理は、どのようにその世界観に影響を与えたか？ ・卓越した平和な江戸時代は、どのように始まったのか？ ・日本はなぜ、世界の多くの国から彼らを孤立させたのか？ ・江戸時代の間の政治システムは、どのように、世界観を反映していたか？ ・社会システムは、孤立の間に、どのように変化したか？ ・孤立の間に、コミュニティはどのように変化したか？ ・日本の大衆文化は、孤立の間に、どのように変化したか？ ・外国の影響は、孤立政策にも関わらず、どのように、日本を変えたか？ ・章のまとめ	異文化受容の意義と世界観の変容の困難性理解→「尊重」と「調整」の必要性の理解	
		第5章 明治時代における変化に影響したのはどのような要因か？	・外の影響は、どのように、難局を作り上げたか？ ・日本は、どのように、難局に対応したか？ ・政治システムはどのように変化したか？ ・日本は、その世界観を作り変え、近代化を始めたか？ ・章のまとめ		
		第6章 明治時代の間の急激な変化は、日本の世界観にどのように影響を与えたか？	・日本は、どのように、明治時代の間の変化を実行することを決めたか？ ・近代化する日本の政治システムは、どのように、あらたな世界観を反映したか？ ・日本は、どのように、その経済システムを変えたか？ ・日本は、政治的需要を満たすために、どのように、その軍事システムを変えたか？ ・日本の新たな世界観は、どのように、その社会システムを変えたか？ ・日本の文化は、どのように変わったか？ ・江戸時代における変化と、明治時代における変化は、どのように比較できるか？ ・章のまとめ		
		ケーススタディ2の結論 あなたは誰？ 一人のリーダーとして			

第10章　社会科における持続可能な社会づくりに向けた社会認識の形成　177

ケーススタディ3	文化間の接触は、どのように、社会の世界観に衝撃を与えるか？	第7章 地理や歴史は、どのようにアステカおよびスペイン人の世界観に影響を与えたか？	・地理は、どのように、アステカとスペインの社会に影響を与えたか？ ・アステカの歴史は、どのように、彼らの世界観に影響したか？ ・スペインの歴史は、どのように、その世界観に影響したか？ ・ムーア人との接触は、スペインにどのような影響を与えたか？ ・他のメソアメリカ社会との接触は、アステカにどのような影響を与えたか？ ・アステカ帝国は、どのように、メキシコ盆地における最も強大な支配者となったか？ ・スペイン王国は、どのように、極めて強大となったか？ ・世界観のどの側面が、物語の創造において反映されるか？ ・章のまとめ	異文化間交流が導く葛藤と破壊の理解↓「尊重」の重要性の理解	「他者」の理解と相互の受容がもたらす平和的な発展の可能性の理解↓「調整」の価値の理解
		第8章 アステカおよびスペインの生活様式は、どのように彼らの世界観を反映したか？	・アステカの社会システムは、どのように、彼らの世界観を反映していたか？ ・スペインの社会システムは、どのように、スペインの世界観を反映していたか？ ・政治・経済システムは、どのように、アステカの世界観を反映していたか？ ・スペインの政治・経済システムは、どのように、彼らの世界観を反映していたか？ ・アステカの文化は、どのように、彼らの世界観を反映していたか？ ・スペインの文化は、どのように、彼らの世界観を反映していたか？ ・章のまとめ		
		第9章 葛藤する世界観は、どのようにスペインのアステカ文明征服を導いたか？	・アステカとスペインの野望は、どのように、対立を招いたか？ ・スペイン人が到着する以前の、アステカのスペイン理解はどのようなものだったか？ ・スペイン人は、どのように、アステカを征服したか？ ・モクテズマとコルテスは、なぜ、彼らの行ったような意思決定をしたか？ ・彼らの征服は、アステカ社会に対して、どのような衝撃を持っていたか？ ・章のまとめ		
	ケーススタディ3の結論　あなたは誰？　一個人として					
第10章 世界観の理解はどのように我々の生活を発展させるか？		・世界観について何を学んだか？ ・世界観は、我々自身や他者を理解するために、どのように、我々を助けるか？			
スキル・センター					

Levin, P., Moline, T., Redhead, P.（2007）より筆者作成。

と社会が急速に変化する時、何を受け入れて、何を受け入れられなかったか、何を変容させて、何を保持し続けたか、それは当時の日本人の選択である。技術や政治システムなど飛躍的に近代化へと発展した事象があり、他方で長らく変容しない慣習があった。それは、武力や人の力では急には変容させ得ないものである。それが、主体的な「多様性の尊重」と「多様性の調整」が必要である理由の1つである。「多様性の調整」は、他者や異なる社会との間だけに求められるものではない。異文化と出会った際の、一人ひとりの内でも行われるものである。ただしそれは、人びとの間で行われるもの同様、強制されたり、押し付けられたりしてなされ得るものではない。あくまで自発的に選択されるべきものであり、そうでなければ、結果として異なる慣習や世界観を一方的に受け入れ、定着させるなどということは、極めて困難、というだけでなく争いの種ともなるものなのである。

「③多様性の尊重の重要性と調整の価値」の理解は，「尊重」と「調整」がなされず，戦争という形で，多くのものを失う経験（歴史）の学習を通して，それらがいかに，そしてどのように重要か，価値があるか，ということを理解させる役割を担う。スペインは，アステカの無知と信仰を利用して，アステカを一方的に支配する道を選択した。しかし結果としてスペインは，②でも学習したように，アステカの人びとの世界観や文化，慣習までを支配することはできず，メソアメリカは独自の折衷文化を創り上げた。結果が同じことになるならば，戦争を起こして何千もの人びとの命を無くし，何年もの間戦争に費やしたコストは無駄なものに他ならない。つまり，始めから相手を尊重し，互いの差異を調整しながら平和的に共利共生する道があったのではないか，という考察に至らせることで，生徒たちに，「多様性の尊重」と「多様性の調整」が，いかにそしてどのように重要で価値ある行為であるか，ということを認識させることができると考える。

　このような学習展開を用意することは，生徒たちに「多様性を尊重し，調整しなければならない」といった義務的な認識を植え付けるのではなく，「多様性を尊重し，調整した方が相互の利益につながり，有益である」という認識を持たせることとなる。この認識が，戦略的な判断として，「多様性の尊重」と「多様性の調整」を選択する動機を喚起する。このように，義務や人道的な倫理としてだけでなく，戦略的に有益であるという認識を形成することによって，より主体的な態度形成が促進されるものと考えられる。なぜなら，「多様性の尊重」や「多様性の調整」を，「私ではない誰か弱い立場の人たちのためにすべきである」という認識よりも，「他の誰でもない，自分自身のために必要である」という認識の方が，より多くの生徒の主体性を高めるのに有効であると考えられるからである。他人のための「多様性の尊重」や「多様性の調整」ではなく，自分自身のための「多様性の尊重」と「多様性の調整」であるという認識が，生徒たちに「多様性」をめぐる問題に対する「切実性」を与えることとなる。この「切実性」こそが，「他人事」になりがちな，社会の問題に対する人びとの姿勢を，主体的に取り組む姿勢へと変えていく上で，極めて重要な要素であると考える。

3.「葛藤する世界観は，どのように，スペインのアステカ文明征服を導いたか？」（第9章）の分析

　ここでは，特に異文化の交流における葛藤に焦点を当てた第9章を事例として取り上げる。生徒たちは，ケース1で異文化間交流の肯定的な結果を，ケース2で異文化間交流によって起こる変化への適応の困難性を学習する。その上で，ケース3では，異文化間の交流がもたらす負の側面について学習する。本ケーススタディは，スペイン帝国とアステカ帝国の世界観を形作った要因の一つである地理や歴史についての学習（第7章），世界観を反映した彼らの生活様式についての学習（第8章），そして異なる社会の接触と葛藤と征服を導いた因果関係を，世界観の異なりの分析を通して考察する学習（第9章）から構成される。多様性との共生において最も重要なことは，その多様性がもたらす正の側面を理解することにとどまらず，その危険性や困難性を十分に理解した上で，どのような対応が必要かを考察することであると筆者は考える。以上の理由より，ここでは，「世界観」の相違から他者の征服という構図を学習させることになる，第9章を事例として選定することとした。なお，第9章は，スペインのアステカ征服において中心的役割を担ったスペイン軍の将軍であるコルテス（Cortes, H.）の世界観と，アステカ帝国の君主であるモクテズマ2世（Moctezuma）の世界観が中心に描かれる。

　わずか500人の兵しか率いていなかったコルテスが，何千人もの兵を持つアステカをなぜ征服することができたのか。そこには，アステカの世界観や信仰が大きく影響している。アステカが信仰していた宗教では，テスカトリポカ神に追われた白い肌を持つケツァルコアトル神が『一の葦』の年（西暦1519年にあたる）に戻ってくるという伝説が存在した。帰還したケツァルコアトルが古い世界を破壊して新しい世界を建設すると信じられていたのである。その伝説の年が近づき，アステカ人が漠然と将来に不安を感じ始めていた頃，テノチティトランの上空に突然大きな火玉が現れ神殿の一部が焼け落ち，その後も次々と不吉な出来事が起こった。この伝説を信じるアステカ人は，『一の葦』の年の2年前（1517年）から東沿岸に現れるようになったスペイン人を，帰還したケツァルコアトル一行と見なしたため，彼らのスペイン人への対応を迷わせることになったのである。ここで筆者が着目したのは，教科書がこのよう

な「歴史的事実」を記述することで，両者の世界観の存在を明確に示すとともに，その世界観を熟知したコルテスが勝利したという点を強調していることである。

　本教科書は，「最も有効な武器－情報とコミュニケーション」と題した項を設け，コルテスが現地人を妻とし，彼女を通訳として使うことで，現地の人びとの世界観や文化，信仰など，あらゆる情報を得ていたことを記述している[12]。アステカの人びとにとって，奇しくも彼らの信仰する伝説を体現するかのように現れたスペイン人は神であった。ゆえに，メソアメリカを強大な武力で制覇したアステカ帝国であったにも関わらず，わずか500人の兵しか持たないスペイン軍に応戦することを躊躇ったものと考えられる。すなわち，スペインに対する無知と，自らの世界観のみを信じ切ってしまったことに，アステカの敗因があったのである。対して，コルテスは，現地人の妻ドナ・マリア（Dona Maria）を丁重に扱うことで，彼女の彼に対する忠誠心を獲得し，その妻を巧みに利用して，自らに都合の良い交渉を展開し，最終的に征服を実現させたのである。教科書は，「歴史家たちは，ドナ・マリアの助け無しでは，スペインのアステカ征服は実現されなかったであろうということに同意している」[13]として，「情報とコミュニケーション」の重要性を強調している。換言すれば，「他者との接触，交渉において『相手をよく知ること』がいかに重要か」ということを強調しているのである。

　そして，より注目すべき点は，本項の締めくくりとなる段落である。教科書の本文には，「彼女を反逆者と呼ぶ人びとがいる。他方，彼女が帝国間の交渉において合意を図ることで，何千もの人びとの死や何年も続いた戦争状態を避けられたのではないだろうかとの主張もある」[14]という記述がある。この2文から生徒たちは，情報とコミュニケーションをどのように使うことが，異なる社会間の対立を避け，平和で双方にとって有益な異文化間交流となったかを考察することとなる。すなわち，本教科書は本項の内容を通して「相手をよく知ること」だけではなく，「知った上で，互いの合意を探ること」が，結果的に双方に利益をもたらすのだという認識形成を促すことを示唆しているのである。

　本章は，最終的に生き残ったアステカ貴族たちが，新たな社会制度とスペイ

ン式の生活に適応し，スペイン語を習得し，スペインと先住民族との間を取り持つことで，新たなエリート層を創り上げていったことを伝えている。戦略的に異文化を受容することで這い上がった新たなエリートたちは，スペイン語でアステカの歴史や伝統，スペインの支配下における彼らの暮らしなどを文書に残すことを実現した。そうして，彼ら自身の文化を後世に残すとともに，スペイン人男性とアステカの女性との間に生まれた多くの混血児（メスティーソ）たちが，スペインとアステカのどちらでもない，新たな社会を創り上げていったことを伝える。このことは，自文化やその歴史に対する人びとの強い思いを生徒たちに伝えるとともに，社会や文化や世界観は，その社会を構成する人びとによって受け継がれ，また，変容していくことを伝えている。

以上のように，G8における教育内容は，「多様性の尊重」と「多様性の調整」がいかなる時代，場所においても必要であり，それゆえ普遍的な価値があるということを理解させるよう，授業展開することができる内容となっている。そうすることで，多様性との平和的な共生に向けて，戦略的な判断として「多様性の尊重」と「多様性の調整」を選択すべきである，という認識を形成し，生徒自らが主体的にそれらの行為を選択できるよう促進するのである。

V．おわりに

冒頭でも述べたように，ESDというと，一般的には何らかの地球的課題や社会問題にアプローチする特別の教材や教育プログラム，特設のカリキュラムを想定しがちである。また，アクティブ・ラーニングでなければ，といった固定観念もあるかもしれない。しかしながら，持続可能な社会を目指すという目的を持って既存の教育内容を分析することで，いかなる教科も教材も，ESDとなる可能性を秘めていると筆者は考える。既存の教育内容にどのような意味づけをするか，その教育内容からどのような教育的意義や価値，メッセージを見出すかということにかかっているのではないだろうか。本章が取り上げたスペインによるアステカ征服という歴史的事象も，事実を事実として単に伝えるのではなく，その事実から何を学ぶことができるか，どんなメッセージを見出すことができるか，という観点で分析することで，教育的意義が創出される。

さらに，例えば多文化共生のための「多様性の尊重」と「多様性の調整」の価値を見出すという目的意識の下で分析すると，教えるべき内容がより具体的に焦点化される。目的意識を持った教科書分析を通して，既存の社会科をESDにしていく。つまり，従来の教育内容・方法をESDという観点から問い直し，組み直すことで，ESDとして社会科を機能させることができる。それこそが，学校現場にESDを浸透させて行く上で，より現実的な一助となるのではないだろうか。

注
1) 文部科学省国際統括官付，日本ユネスコ国内委員会（2016）：ESD（持続可能な開発のための教育）推進の手引き（初版）．2頁．http://www.mext.go.jp/component/a_menu/other/micro_detail/__icsFiles/afieldfile/2016/09/14/1369326_01.pdf（2016/09/13）
2) 同上，1-2頁．
3) 文部科学省国際統括官付（2013）：日本国内ユネスコ委員会 http://www.mext.go.jp/unesco/004/1339970.htm（2016/9/13）．
4) Galtung, J.（2007）*Introduction: Peace by Peaceful Conflict Transformation - the TRANSCEND Approach*, Webel, C. P; Galtung, J. eds. Handbook of Peace and Conflict Studies. Routledge, p.31.
5) 坪田益美（2016）：多文化共生社会に向けた社会科の単元構成の枠組み－"Issues-Focused Approach"の可能性－．社会科教育研究, 125, pp.84-95. など，その他の拙稿でも論じている。
6) Alberta Education（2005）：Social Studies Kindergarten to Grade 12 Program of Studies. http://education.alberta.ca/media/456082/sockto3.pdf（2016/9/13）．G4以降のカリキュラムは，すでに改訂されているため現在はweb上では入手不可．
7) 詳しくは，拙稿を参照願いたい。
・坪田益美（2012a）：多文化共生に向けて社会科が育成すべきシティズンシップの検討－「社会的結束」の概念を手がかりに－．東北学院大学教養学部論集, 162, pp.31-49.
8) 詳しくは，拙稿を参照願いたい。
・坪田益美（2012b）：「社会的結束」に取り組むカナダ・アルバータ州の社会科カリキュラムの構造－「深い多様性」の尊重と「多様性の調整」に着目して－．社会科研究, 77, pp.13-24.
9) 同上を参照．
10) Levin, P., Moline, T., Redhead, P.（2007）：*Our Worldviews: Explore・Understand・Connect*. Nelson, a division of Thomson Canada Limited. p.398.
11) Fitton, A., Goodman, D. M., O Conner, E.（2007）：*World Views: Contact and Change*.

Pearson Education Canada, p.392.
12) 前掲10), pp.320-321.
13) 前掲10), p.321.
14) 前掲10), p.321.

第 11 章 公民教育と ESD

唐木清志

Chapter 11: Civic Education and ESD

Kiyoshi Karaki

Abstract:
This study examines the similarities between ESD and civic education, analyzes civic education practice from the perspective of ESD, and proposes a new direction for civic education for fostering leaders for the twenty-first century. In order to achieve this, first, the ESD philosophy is utilized to develop a perspective for analyzing civic education in terms of the three dimensions of objective, content, and method. Specifically, objective refers to "social participation", content refers to "interdisciplinary content" and "issues in contemporary society", and method refers to "independent, interactive and deep learning" and "experiential activity in society". Second, an analysis of *Watashitachi ga hiraku nihon no mirai* (*The future of Japan for which we have cleared the way*) (Ministry of Internal Affairs and Communications/Ministry of Education, Culture, Sports, Science and Technology, 2015), a supplementary teaching resource for voter education, shows that the ESD philosophy is being broadly utilized in current civic education practice. Finally, the third section examines how the ESD philosophy is reflected in various other civic education settings other than that of voter education, and proposes an effective method for linking civic education and ESD.

Keywords: Civic Education, Social Participation, Issues in Contemporary Society, "Independent, Interactive and Deep Learning", Voter Education

Ⅰ．ESDに学ぶ公民教育の新たなる可能性

　ESDを主権者教育や法教育と同じレベルで捉え，公民教育に内包される1つの教育領域と位置付けることもできる。おそらく，「公民教育とESD」という題目から想像できるのは，そういったことであろう。つまり，公民教育でどのようにESDを実践するか，という発想である。しかし，このような発想は公民教育にも，ESDにも，そして，学校教育にも決して良い影響を及ぼさない。今日の教育界には「○○教育」が多数出現し，それらによって教員は大きな負担感を感じてしまっている。このような時に求められるのは，次々と新しい教育を学校教場に導入することではなく，今ある教育の連携を図り，児童生徒の成長にとって意義ある教育実践を効果的に生み出すことである。

　公民教育の意義や在り方を考えるのに，ESDの考え方は大いに参考になる。ESDと公民教育の間には多くの一致点を見出すことができるため，公民教育の授業づくりに際して，ESDは具体的な示唆を与えてくれる。ここでは，さしあたり，公民教育を「持続可能な社会づくりの担い手を育む教育」と定義しておきたい。ただし，この定義は一般的なものではない。長らく公民教育に携わってきた者であれば，この定義に対して一定程度の理解を示していただけると思う。しかし，今日多くの人が考えている公民教育とは，小中学校の社会科や高校の公民科で法律や政治，経済などを教える教育のことであり，それは上記の定義とはおよそかけ離れているのが現状である。ESDに比して公民教育は，動的というよりは静的で，児童生徒中心というよりは教師中心であるというのが，一般的な理解であろう。

　以上を踏まえ，本章では，公民教育とESDの連携を視野に入れながら，公民教育実践をESDの考え方から分析し，21世紀の担い手を育む公民教育の新たなる方向性を提案することを目的とする。また，その目的を達成するにあたり，以下のような研究手続きをとる。第1に，公民教育実践を分析する視点をESDの考え方を参考にしながら構築する。第2に，主権者教育を事例に公民教育実践を分析し，今日の公民教育実践にESDの考え方が幅広く活かされていることを明らかにする。その上で，第3に，主権者教育を除く他の公民教育

実践においても広くESDの考え方が反映されていることに触れ、公民教育とESDの効果的なつながり方についての提案を行う。

Ⅱ. 公民教育実践を分析するESDの視点

授業実践を分析する視点として、「目標・内容・方法」の3点に注目したい。この3点は、公民教育に限らずすべての授業づくりにおいて必ず注目しなければならない重要な視点である。

1. ESDの目標

まず目標だが、先に示した「持続可能な社会づくりの担い手を育む教育」という公民教育の定義は実のところ、日本ユネスコ国内委員会が提示するESDの定義である。同委員会はさらに詳しく、ESDを「現代社会の課題を自らの問題として捉え、身近なところから取り組む（think globally, act locally）ことにより、それらの課題の解決につながる新たな価値観や行動を生み出すこと、そしてそれによって持続可能な社会を創造していくことを目指す学習や活動」（日本ユネスコ国内委員会 2016）と説明する。

一方で公民教育だが、ESDの歴史が比較的浅いのに対し、その歴史は長く、したがって目標も多様に捉えられてきた。古代ギリシャ・ポリスにおける市民の教育も公民教育であるし、戦時下の日本における皇国民育成の教育も公民教育である。そして、戦後誕生した社会科もまた、「社会科はシヴィック・エデュケーションである」（勝田 1949）という言葉が示すように、公民教育の1つとみなすことができる。公民教育の目標を端的に説明すれば、それは国家・社会の形成者の育成ということになる。国家・社会の在り方は、時代や地域によって大きく異なるため、時間的・空間的広がりを考慮すれば、公民教育の目標は国家・社会の数だけ存在するということになる。

とはいえ、公民教育の目標が多様であっても、共通点はある。そして、その共通点が、日本ユネスコ国内委員会による先のESDの説明の中に含まれている。引用文中の「現代社会の課題」「課題の解決」「新たな価値観や行動」「社会を創造」という言葉に注目していただきたい。これらは、どの公民教育にお

いても共通に大切にしている観点である。公民教育もESDも、社会の課題を明らかにし、課題を解決して、持続可能な社会づくりに関与できる社会の担い手を育成するという点では一致している。いわゆる「社会参画」と呼ばれる視点こそが、公民教育実践の目標を分析するにあたってのESDの視点と言える。

2. ESDの内容

公民教育とESDの接点を内容という側面から探る際には、「学際的」と「現代社会の課題」という2点に注目する必要がある。

図11-1では、左に日本ユネスコ国内委員会が示したESDの概念図（日本ユネスコ国内委員会 2016）を、右に公民教育の概念図（筆者作成）を示した。

「学際的」に関しては、ESDが学際的な内容を取り扱うため、関連する学習内容も多岐に渡ることが広く知られている。かつてはESDと言えば環境教育と考えられていたが、今ではこのように理解する人は少数である。一方で公民教育もまた、学際的にさまざまな内容を取り扱っている。図で興味深いのは、ESDでは「学習」という言葉を使用しているのに対して、公民教育では「教育」という言葉を使用している点である。ESDが内容面と方法面を同程度に強調するのに対し、教科の授業が中心である公民教育では、強調点は内容面にこそある。そのような方向性の違いを反映しているのが、図11-1である。

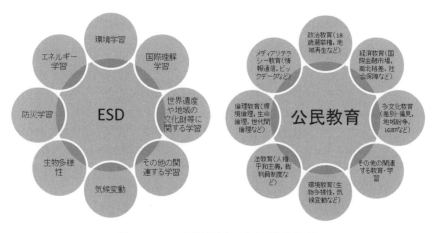

図11-1　ESDと公民教育の内容（筆者作成）

「現代社会の課題」は，図11-1の右図に記した。例えば，「政治教育（18歳選挙権，地域再生など）」「経済教育（国際金融市場，南北格差，社会保障など）」の（括弧内）が，該当箇所である。これまでの公民教育の主流は，政治や経済の仕組みを教えることにあった。しかし，社会参画に対する関心が高まり，公民教育のあり方が改めて問われるようになった近年以降，公民教育実践では現代社会の課題を積極的に取り上げるようになっている。そして，その傾向は，今日まで継続されている。一方のESDでは，その出発点を地球環境問題としているため，現代社会の課題を取り上げることが必然となっている。公民教育とESDの接点，公民教育がESDから学べる点が，ここにある。

3. ESDの方法

表11-1は，ESDで重視する「価値観」「能力」「学びの方法」を表にまとめたものである。「価値観」「能力」はESDの目標と関わる事柄であるが，それらを示すことで「学びの方法」に関する理解も深まると考え，あわせてここに掲載することにした（ESD-J 2007, p.4）。

「学びの方法」に示された一つ一つの項目の説明は省略するが，ESDの方法を一言でまとめると「主体的・対話的で深い学び」（アクティブ・ラーニング）

表11-1　ESDの「価値観」「能力」「学びの方法」（筆者作成）

ESDでつちかいたい「価値観」	ESDを通じて育みたい「能力」	ESDが大切にしている「学びの方法」
・人間の尊厳はかけがえがない ・私たちには社会的・経済的に公正な社会をつくる責任がある ・現世代は将来世代に対する責任を持っている ・人は自然の一部である ・文化的な多様性を尊重する	・自分で感じ，考える力 ・問題の本質を見抜く力／批判する思考力 ・気持ちや考えを表現する力 ・多様な価値観をみとめ，尊重する力 ・他者と協力してものごとを進める力 ・具体的な解決方法を生み出す力 ・自分が望む社会を思い描く力 ・地域や国，地球の環境容量を理解する力 ・みずから実践する力	・参加体験型の手法が活かされている ・現実的課題に実践的に取組んでいる ・継続的な学びのプロセスがある ・多様な立場・世代の人びとと学べる ・学習者の主体性を尊重する ・人や地域の可能性を最大限に活かしている ・関わる人が互いに学び合える ・ただ一つの正解をあらかじめ用意しない

ということになる。その一方で，今日広く理解されている主体的・対話的で深い学びとは異なる点もある。「現実的課題に実践的に取組んでいる」と「人や地域の可能性を最大限に活かしている」という2点に注目していただきたい。どちらも教室の内と外，つまり学校と地域・国際社会とのつながりを確立できなければ成立し得ない方法である。この「社会における体験的活動」という視点が，ESD の中で幅広く活かされている特徴である。一方の公民教育だが，表 11-1 に記された「学びの方法」は今日，公民教育実践で必ずしも十分に取り扱われているものではない。しかし，目標や内容にも数多くの接点を見出せるのであるから，その導入は必ずしも不可能というわけではないだろう。公民教育実践の新たなる方向性を探るにあたり，ESD から最も学べるのは，目標・内容・方法の3観点の中では，この「学びの方法」であると考える。

　ここまでの考察をまとめておきたい。公民教育と ESD の接点から見出され，公民教育実践の発展のために ESD から学べるのは，目標としては「社会参画」，内容としては「学際的」と「現代社会の課題」，そして，方法としては「主体的・対話的で深い学び」と「社会における体験的活動」である。

Ⅲ．主権者教育に生かされる ESD の目標・内容・方法

　公民教育は ESD と同様に，さまざまな教育内容を内包している。ここではそのうちの1つ，主権者教育に注目する。そして，具体的な取り組みの中に，ESD の目標・内容・方法がどのように反映されているのかを考察する。

1．主権者教育と副教材『私たちが拓く日本の未来』

　社会科（地理歴史科・公民科）教育との関連で，昨今，主権者教育に多くの関心が集まっている。その背景にあるのが，「18歳選挙権」である。

　2015年6月17日に改正された公職選挙法において，国政及び地方選挙時における投票年齢規定が，これまでの「20歳以上」から「18歳以上」に引き下げられた。これによって，法律の成立1年後の2016年6月19日以降に公示・告示される選挙より，18歳以上の国民による投票が可能となった。一方で，公職選挙法改正から参議院選挙実施までの1年間，高校教育現場は大いに混乱

した。これまでも小中学校の社会科や高等学校の公民科を中心に，政治参加として選挙の意義が取り上げられてきた。しかし，いざ高校生が投票するとなると，高校教員はさまざまな不安を抱えることになった。目の前の子どもたちが選挙違反に関与することはないのか，自分たちの教えていることは政治的中立性の観点から見て問題はないのか，こういった不安が尽きることはなかった。

しかし，主権者教育は選挙に関する教育とイコールではない。現在の主権者教育は選挙に関する教育に大きく偏っているところがあり，それが現場を混乱させる要因の1つになっている。そこで注目したいのが，ESDである。ESDの目標・内容・方法を活かし，両者（主権者教育とESD）の接点を探ることで，主権者教育は大きく一歩前進することができる。

ここでは，総務省と文部科学省が協力して開発し，全国すべての高校に無料配布した，主権者教育のための副教材『私たちが拓く日本の未来—有権者として求められる力を身に付けるために』を分析対象とする。なお，同書は表11-2のような構成になっている。

表11-2 『私たちが拓く日本の未来』の構成（筆者作成）

はじめに		未来を担う私たち―責任ある一票を―
解説編	第1章	有権者になるということ
	第2章	選挙の実際
	第3章	政治の仕組み
	第4章	年代別投票率と政策
	第5章	憲法改正国民投票
実践編	第1章	学習活動を通じて考えたいこと
	第2章	話合い，討論の手法
		手法の実践①ディベートで政策論争をしてみよう
		手法の実践②地域課題の見つけ方
	第3章	模擬選挙
		模擬選挙（1）未来の知事を選ぼう
		模擬選挙（2）実際の選挙に合わせて模擬選挙をやってみよう
	第4章	模擬請願
	第5章	模擬議会
参考編	第1章	投票と選挙運動等についてのQ&A
	第2章	学校に置ける政治的中立の確保
	第3章	調べてみよう

2. 主権者教育の目標

　まず，両者の目標を比較してみたい。表11-3 は，主権者教育とESDの目標，育むことが目指されている資質・能力を表にまとめたものである。

　今日の主権者教育は，文部科学省と選挙事務を担当する総務省が協力・推進しているのが現状である。各地方・地域に目を転ずれば，教育委員会や選挙管理委員会，さらには，民間の各種団体等が主権者教育をさまざまな形で支援するケースが見られる。しかし，中心となっているのは一般的には，政府である。そこで，可能な限り両者の目標と資質・能力を客観的に比較できるよう，文部科学省通知や国立教育政策研究所発行の文献を中心的に取り上げながら，表11-3 をまとめた。

　両者の比較から，公民教育とESDの時と同様に，主権者教育とESDの間にも「社会参画」の視点から一致する点の多いことがわかる。一見すると，主権者教育は政治に偏った目標と解釈されてしまいそうだが，社会の課題を取り上げ，その解決を考えることを通して，社会の形成者を育成しようとした目標と解釈すれば，両者の違いはほとんどないと言ってよい。また，資質・能力に注目してみると，主権者教育が理解目標（①）・能力目標（②）・技能目標（③）で表現しているのに対して，ESDは能力目標（①②③）・技能目標（④）・態

表11-3　主権者教育とESDの目標（筆者作成）

	主権者教育	ESD
目標	単に政治の仕組みについて必要な知識を習得させるにとどまらず，主権者として社会の中で自立し，他者と連携・協働しながら，社会を生き抜く力や地域の課題解決を社会の構成員の一人として主体的に担うことができる力を身に付けさせること（文部科学省　2016）	教科等の学習活動を進める中で，「持続可能な社会づくりに関わる課題を見いだし，それらを解決するために必要な資質や能力を身に付ける」ことを通して，持続可能な社会の形成者としてふさわしい資質や価値観を養うこと （国立教育政策研究所 2012, p.3）
資質・能力	①政治の仕組みや原理，日本の現状や課題の理解 ②課題を多面的・多角的に考え，自分なりの考えを作っていく力 ③根拠をもって自分の考えを主張し説得する力 （総務省・文部科学省　2015, p.7）	①批判的に考える力 ②未来像を予測して計画を立てる力 ③多面的，総合的に考える力 ④コミュニケーションを行う力 ⑤他者と協力する態度 ⑥つながりを尊重する態度 ⑦進んで参加する態度 （国立教育政策研究所　2012, p.9）

度目標（⑤⑥⑦）から表現している。主権者教育では理解目標，ESD では態度目標がそれぞれ特徴となろう。いずれにせよここにも，「社会参画」の視点が浸透していることがわかる。

3．主権者教育の内容

表 11-2 からもわかる通り，副教材の主たる内容は「選挙」或いは「政治」である。そもそも，この副教材は 18 歳選挙権にともなう高校現場の混乱を治めるために発刊されたものであるから，それも当然のことである。実際に副教材の中身を見てみると，解説編において「有権者になるということ」「選挙の実際」「政治の仕組み」などの選挙や政治に関する具体的な事柄が丁寧に説明されていることがわかる。また，実践編でも「選挙」「請願」「議会」が取り上げられ，参考編でも「政治的中立」などに触れている。目次を見る限りでは，「学際的」と「現代社会の課題」という ESD の特徴は十分に見えてこない。

ESD の考え方が反映されていることを明らかにするには，副教材の中身をより詳細に検討する必要がある。例えば，実践編の「手法の実践①ディベートで政策論争をしてみよう」で事例として取り上げているのは，「サマータイムを導入すべきである」という論題である。また，「手法の実践②地域課題の見つけ方」では，地域課題に関する着目点として「教育・子育て・環境・交通・スポーツ・国際交流など」の事例が掲げられている。さらに，副教材の中心となる「模擬選挙」でも，その主たるところは選挙の仕組みを学ぶことであるが，模擬選挙の過程で「政党や政策を比べてみよう」という活動が用意され，そこでは「法律／経済／社会保障／安全保障・外交／資源・エネルギー／教育文化・スポーツ／農水食」の政策に注目することが提案されている。

仮に主権者教育を単純に選挙に結び付けて考えたとしても，選挙で一票を投じるには，マニフェストを始めとする政党なり個人なりの政策分析が必須である。そのためにも，学際的な内容についての深い理解が必要になる。さらに，現代社会の課題解決を目指した政策について自分なりの判断が求められる。

4．主権者教育の方法

主権者教育においても，ESD 同様，参加体験型の手法が数多く導入されて

第 11 章　公民教育と ESD　　193

いる。最も代表的なのが，模擬選挙である。主権者教育の実施に関して，政治的中立性等の問題があって，教育現場が混乱していることを先に述べた。しかし，そのような中にあって主権者教育を積極的に展開している学校や教員の多くは，模擬選挙を導入している。模擬選挙を通して，生徒は投票と開票という選挙に関する基本的な行動を，本番さながらに体験することになる。ただし，大切なことは行動そのものにあるのではない。投票に先立ち，地域の現状・課題をまとめ，自分の意見と候補者の政策を比較するといった，社会のあり方を構想することが何よりも重要である。

より具体的なイメージを持ってもらうために，ここでは「模擬請願」の流れを紹介したい。図 11-2 は，その流れをまとめたものである（総務省・文部科学省　2015, pp.72-76）。

請願書とは，住民が議会などに希望条件を述べることであり，国民の基本的

1．模擬請願の作成		
(ア)地域の願いを集めよう （地域の願いを集める）	(イ)優先順位を考えよう （優先順位を付ける）	(ウ)請願書をまとめよう 請願書をまとめる
・自分の保護者や知り合いにインタビューして，地域の願いを集める。 ・集められた地域の願いを，「教育」「福祉」「ごみ・環境」「交通」「街づくり」などにまとめる。 ・まとめる際には，願いを付箋紙に書き出し，分類するといった工夫をする。 ・グループで共有する。	・願いの共通性を考え，公益（みんなの願い）であるかどうか判断する。 ・地方財政に限りがあることを念頭において，出された項目（地域の願い）の順位付けをする。	・一番大切だと考える願いを一つ選び，請願書をまとめる。 ・請願書には，一般に，「請願趣旨」「請願理由」「請願項目」が書かれる。 ・自分の願いだけでなく，グループの願いや地域の願いになっているか注意する。

（必要に応じ実施）　

2．議会事務局の訪問	3．振り返り
（模擬請願を地元議員に見てもらう）	（模擬請願について振り返る）
・模擬請願を地元議員に見てもらい，改善点や実現の方法ついて伺う。 ・請願が議論されている委員会を傍聴し，より良い請願を作るのに役立てる。	・模擬請願に対する感想を書く。 ・模擬請願の内容について，今後どのように取り組んでいけるか見通しを立てる。

図 11-2　模擬請願の流れ（筆者作成）

権利として認められているものである。学習活動の一環としてまとめられた請願書であるため，作成された請願書を実際に議会に提出することは想定されていない。しかし，生徒にとってみれば貴重な体験である。また，請願書を書くというスキルを身に付けることだけが，ここで求められているわけではない。肝心なのは，請願書を書くために情報を集め，請願内容を絞り込んでいくことである。このような参加体験型の手法が，今日の主権者教育ではさまざまな場面において導入されている。

IV．公民教育実践の広がりとESDとの関係性

　現代社会が激しく変化する中で，公民教育の役割はますます重要になってきている。なぜならば，ESD同様に「持続可能な社会づくりの担い手を育む教育」として成立する公民教育は，国内であれば自然災害や貧困，国外であれば領土や地域紛争といった解決困難な問題を取り上げ，その解決策について考えることを主たる教育活動とできるからである。

　また，ここまでのところで，公民教育とESDの間には，教育目標・内容・方法の各観点において数多くの一致点を見出せるために，連携を図ることは十分に可能であると述べてきた。次々と誕生する「○○教育」をただやみくもに導入して教育課程を満杯にする発想は，多忙化を極める学校教育現場にダメージを与えるだけである。個人的には，公民教育やESDは他の教育活動に比して，幅広い教育内容を取り扱い，児童生徒の多様な見方・考え方を育み，社会問題の解決に向けて積極的に参画できる人材の育成を目指しているなど，多くの教育効果を望める多様な特徴を有しているために，何よりもまず優先的に教育課程に導入すべき教育活動であると考えている。しかし，そのような発想は他の教育活動の推進に関わる人であれば当然，一様に有しているものであろう。互いの連携を意識せず，ただ自らの教育活動の優位性をいたずらに主張し続けることは，児童生徒にとっても教員にとっても何ら良いことはない。今求められているのは，各教育活動の連携である。

　では，公民教育とESDはどのような連携を図ることができるのだろうか。筆者の提案は，既存の公民教育の中にESDの発想を積極的に導入し，公民教

育の新たなる可能性を発見してみるということである。この発想は，公民教育に限らず，シティズンシップ教育やキャリア教育など，多くの教育活動にも言えることである。それほどまでに，ESD のポテンシャルは高いのである。

　公民教育から見た ESD の最大の魅力は，「持続可能性」という考え方そのものにある。公民教育はどちらかと言うと，現代社会に存在する現在進行中である課題を取り上げ，その解決策を構想・提案することに主眼を置いた教育活動である。仮にそこで未来志向型の授業が展開されたとしても，短期或いは中期程度な視野に留まっており，ESD ほどに長期的な視野に立って社会的事象を考えているわけではない。また，公民教育ではグローバルな視点が相対的に弱いという点も特徴であろう。この点に関しては，地球環境問題に端を発するESD がその成立当初よりグローバルな視点を有していたことと比べると，大きく異なる点と言える。

　例えば，公民教育で取り上げる代表的な素材に「領土」がある。日本周辺には，竹島，尖閣諸島，北方領土といった隣国との間で懸案事項となっている領土があり，公民教育では，どうして論争が起こっているかの背景を探り，望ましい解決策を検討するという授業がよく実施される。また，「地域紛争」も，公民教育でよく取り上げられる。こちらも領土同様に，国家間や民族間の価値葛藤状況を捉え，地域紛争をさまざまな角度から分析して，望ましい解決策を検討するという授業が一般的である。しかし，これらの授業では，特定の一つの社会的課題を取り上げるだけで，その他の同様の課題に触れることは稀となっている。時間数の制限の問題が確かにある。しかし，根本的な問題は時間ではなく，公民教育実践でどれだけグローバルに視野に立って，社会全体の持続可能性という観点から，領土や地域紛争という（グローバルな）社会的事象を取り扱ってきたかということである。現場教員の中には，こういった公民教育が抱える限界性に気づき，挑戦的な実践を展開し続けている方もいる。しかし，それは極めて少数である。

　また，この「未来志向」「グローバルな視野」の他に，すでに「Ⅱ　公民教育実践を分析する ESD の視点」で触れた，教育目標としての「社会参画」，教育内容としての「学際的」と「現代社会の課題」，そして，教育方法としての「主体的・対話的で深い学び」と「社会における体験的活動」もまた，公民教

育がESDから学べる重要な視点となる。現状の公民教育が万全なわけではない。課題は決して少なくないが，その一方で，その社会的役割には大きな期待が寄せられているのも事実である。ESDには課題を克服する多くのヒントが隠されている，と考えるのが生産的であろう。公民教育の課題を映し出す鏡として，そして，課題解決のヒントを得るためにも，公民教育がESDから学ぶべきことはまだまだありそうである。

V．ESDに学ぶこれからの公民教育

　現在，「カリキュラムマネジメント」という言葉が教育界で流行している。その内容は，教科横断的な視点で各教科等の教育内容を組織的に配列し，教育内容の質的向上に向けてPDCAサイクルを確立し，教育内容と教育活動に必要な人的・物的資源等を地域の教育力を念頭に置きながら効果的に組み合わせることである。これまで以上に，学校の自律性が求められることになる。これを受けて現在，全国各地の学校でカリキュラムマネジメントがさまざまに模索されている。しかし，ESDは以前よりこの発想に立ち，教育課程の開発に努めてきたという歴史がある。ユネスコスクールを始めとするESDの導入に積極的な学校には，これからカリキュラムマネジメントを開始しようとする学校にとって参考となる教育課程が，数多く存在しているはずである。

　この背景にあるのが，ESDの推進を支える理論的・制度的な強靱さである。国連環境開発会議の『アジェンダ21』を代表とする国際会議による各種報告書の提案力，ユネスコを始めとする国際組織によるグローバルな活動力，そして，民間の各種団体によるESDのネットワーク力，こういった力が結集されることで今日のESDの発展がある。カリキュラムマネジメントに基づく学校独自の教育課程の開発は，ESDの特筆すべき特徴のたった一つにすぎない。

　ESD以外の教育活動で，ここまで組織的な取組みを行っているものを筆者は知らない。公民教育も長い歴史があるが，ESDのような体系的な教育課程の開発には未だ至っていないのが現状である。これからの公民教育は狭く，社会系教科目の領域内でのみ実施するのではなく，教科横断的にすべての教科・領域等で実施することこそを念頭に置くべきである。21世紀の市民を育てる

公民教育において，カリキュラムマネジメントの側面からも，ESD から学べる点は極めて多いと言える。

文献

泉　貴久・福島義和・池下　誠・梅村松秀編著（2012）:『社会参画の授業づくり－持続可能な社会に向けて－』古今書院，134p.
生方秀紀・神田房行・大森亨（2010）:『ESD（持続可能な開発のための教育）をつくる－地域でひらく未来への教育－』ミネルヴァ書房，248p.
勝田守一（1972）: 社会科における科学性の問題.『勝田守一著者集　第 1 巻　戦後教育と社会科』国土社，pp.145-169.（初出:『思想』1949 年 2 月号，岩波書店）
唐木清志・藤原孝章・西村公孝（2010）:『社会参画と社会科教育の創造』学文社，168p.
国立教育政策研究所（2012）:「学校における持続可能な発展のための教育（ESD）に関する研究〔最終報告〕」，368p.
国立教育政策研究所（2016）:『資質・能力〔理論編〕（国研ライブラリー）』東洋館出版社，256p.
五島敦子・関口知子編著（2010）:『未来をつくる教育 ESD－持続可能な多文化社会をめざして－』明石書店，227p.
新藤宗幸（2016）:『「主権者教育」を問う』岩波ブックレット，72p.
全国民主主義教育研究会（2014）:『主権者教育のすすめ－未来をひらく社会科の授業－』同時代社，139p.
総務省・文部科学省（2015）:「私たちが拓く日本の未来－有権者として求められる力を身に付けるために－」，106p.
日本ユネスコ国内委員会（2016）: ESD（Education for Sustainable Development）. http://www.mext.go.jp/unesco/004/1339970.htm（2016 年 8 月 16 日閲覧）
文部科学省（2016）:「主権者教育の推進に関する検討チーム」最終まとめ－主権者として求められる力を育むために. http://www.mext.go.jp/a_menu/sports/ikusei/1372381.htm（2016 年 8 月 16 日閲覧）
林　大介（2016）:『「18 歳選挙権」で社会はどう変わるか』集英社新書，207p.
ESD-J（2007）:「持続可能な社会のための人づくり」ESD-J パンフレット，12p.

第12章　ESDの態度目標と授業づくりの視点
―― 防災学習（小学校5年）の授業分析を通して ――

竹内裕一

Chapter 12: ESD from the Perspective of Behavioral Goals and Class Development
― An Analysis of Classes in Disaster Prevention Training (Fifth Grade, Elementary School) ―

Hirokazu Takeuchi

Abstract:

ESD has set the following as behavioral goals for students: the ability to grasp the social challenges facing humanity as one's own problems and the cultivation of an attitude for independent participation in planning towards solutions. Through an analysis of ESD classes, this paper elucidates a perspective for the development of classes to achieve the behavioral objectives of ESD. The analysis focuses on the discussions on cooperation carried out by students in a disaster prevention training class (fifth grade, elementary school). The results point to three aspects of class development for ESD: (1) cultivation of a sense of ownership based on deep introspection with regard to the self and society within each and every students; (2) the setting of a space for deep and persistent dialogue with other individuals who are seeking solutions; and (3) transformation of community problems into learning materials.

Keywords: ESD class implementation, Behavioral goals, Behavior change, Class analysis, Perspective of ESD class development

第 12 章　ESD の態度目標と授業づくりの視点　199

I．はじめに

　周知のように，ESD はヨハネスブルク環境サミット（2002 年）における日本の NGO と政府による「国連持続可能な開発のための教育の 10 年」（2005 〜 2014 年）の提案によって世界的に広く認知されるところとなった。ESD は，われわれ人類が抱える資源・エネルギー問題，環境問題，開発問題，貧困問題などの困難な社会問題を克服し，持続可能な社会を実現するための教育活動である。中山（2011）は，国連 ESD の 10 年実施計画に示された ESD の理念に基づいた授業開発の目標を，教科横断的な技能目標，持続可能な開発に関する価値目標，市民としての社会への参画の態度・技能目標にまとめ，さらに「ルツェルン宣言」（2007）の ESD 地理学習の目標を知識・理解目標，技能目標に加え「世界人権宣言を踏まえ，地域の規模，特性に応じた問題解決に貢献する態度の育成を目指す」（p.12）態度目標があることを指摘した。
　ESD 授業実践では，知識・理解目標，技能目標，態度目標がバランスよく組み込まれることが求められるが，とりわけその中核に位置づいているのが態度目標である。「国連持続可能な開発のための教育の 10 年」関係省庁連絡会議（2006）は，「ESD の目標は，すべての人が質の高い教育の恩恵を享受し，また，持続可能な開発のために求められる原則，価値観及び行動が，あらゆる教育や学びの場に取り込まれ，環境，経済，社会の面において持続可能な将来が実現できるような行動の変革をもたらすことです」（p.3）と規定し，学習者一人ひとりの行動変革を促すことを謳っている。
　「国連 ESD の 10 年」が始まった当初，ESD は理念レベルで論じられることが殆どであり，実践レベルではわずかに ESD の普及を担うユネスコスクールでの授業実践が散見される程度であった（多田ほか　2008，小林　2014）。しかし，ESD が環境教育や開発教育，多文化教育，平和教育，人権教育など幅広い分野でその有用性が認められるようになると，様々な授業実践が報告されるようになった（ESD 開発教育カリキュラム研究会　2010，秋田商業高等学校　2013，全国小中学校環境教育研究会　2014，宮城教育大学 ESD/RCE 推進委員会　2014）。また，地理教育の分野でも，中山ほか（2011），中山ほか（2012），

泉ほか（2012）等が小・中・高校における地理学習を想定して，具体的な授業開発や授業実践報告をおこなっている。

　こうしたESD授業は，上記のようなESDの教育目標を掲げて実践されていることは言うまでもない。しかし，果たして学習者はESD授業を通して自らの行動変革にまで至ったのであろうか？　筆者の管見の限りでは，授業実践レベルにおける態度目標の検証は殆どおこなわれていない。

　ESDが設定する態度目標は，価値観や行動規範の変革という個人の内面にかかわる問題だけに，その変容を測定することは容易ではない。さらに，そもそも教育という営みにおいて，もっとも尊重されるべき個人の内面のありようを態度目標として設定することが許されるのかという根源的な問いもある。しかし，そうした問題点を内包しているとしても，ESDという教育活動が，学習者に対して深刻な社会問題を自らの問題として捉え，その解決に向けて主体的に参画するという態度を求めているのであるならば，授業実践においてどのような手立てを講じれば個人の態度変革につながるのかを明らかにする必要があるだろう。

　本章では，ESD授業実践における子どもたちの社会問題に関する議論の分析を通して，ESDが掲げる態度目標を達成するためのESD授業づくりの視点を析出することを目的としている。

　分析対象として取り上げたのは，2015年に実践された千葉大学教育学部附属小学校の佐伯和博「減災のために必要なことは？　地域での自助・共助・公助を考える」（5年）（以下，佐伯実践と略）である。佐伯実践は，東日本大震災のような大規模災害への対応では，公助，共助，自助が密接に連携することで被害を低減させることができるが，とりわけ防災教育においては共助の大切さを理解することが重要であるという認識に立っている。本章では，子どもたちが共助についてどのような議論を展開したのかを授業観察と授業記録から明らかにした上で，それをもとにESDにおける授業づくりの視点を考察していくことにする。

Ⅱ．授業展開の概要

　佐伯実践（資料 12-1）では，まず単元の導入として，東日本大震災を想起させたのち，さまざまな資料を提示して，日本では巨大地震発生確率が高いことを踏まえた防災のあり方を考えていくことが必要であることを捉えさせた（第 1 時）。次に，東日本大震災の津波被災実態を宮城県名取市閖上地区の映像を視聴することにより，津波の威力と被害の大きさを確認した。さらに，千葉県でも旭市を中心に甚大な津波被害があったことを知るために，旭市が作成した映像資料を視聴した（第 2 時）。

　第 3 時は，前時までの東日本大震災のメカニズム，被害実態，その後の復旧・復興などの事実認識を踏まえ，自分たちの住む千葉県や千葉市でも起こる可能性の高い津波災害に焦点を当て，各自が持参した資料や教師が用意した資料を用いて調べ学習を行った。子どもたちはこの調べ学習により，いつ起きるかもしれない津波災害に対して，誰が，どのような準備をすればいいのか，各自の意見をまとめた。この段階で出てきた子どもたちの意見は，「堤防を高くする」や「建物の強度を高める」といった震災の被害を低減するためのハード面の整備や，「高いところか高い建物に逃げる」「地域で集まって顔を知っておく」など発災時の避難行動のあり方や地域社会での互助体制づくりといったソフト面の整備，さらに発災前後の様々な時点，多様な立場からの意見が混在し，思考が混乱していた。そこで，子どもたちの考えた大規模地震対策を，①震災前，②震災時，③震災後，④復興という 4 つの時点に分けて，対策項目ごとに整理し，それぞれの質の違いや関係性を確認した。その後，改めて被害を最小限に抑えるにはどのような対策を行うべきか，その優先順位の検討も含めて意見交換をおこなった（第 4 時）。こうした津波対策に対する自分たちの考えを踏まえて，第 5 時では実際に旭市ではどのような対策や取り組みをしてきたのかを，佐伯が取材してきた旭市役所の D さんのインタビュー動画を通して学んだ。その後，子どもたちは，旭市の事例を踏まえながら，再度自分たちの考えた津波被害に備える対策の妥当性をクラス全体で吟味した。

　第 6 時では，旭市の対策が東日本大震災時に実際にどのように機能したのか

資料 12-1　佐伯和博実践の概要

時	児童の活動	指導の内容	期待される児童の姿
1	日本の災害を思い出す 日本の地震発生の割合を考える 災害の多さを感じる 日本はどうしたらよいかを考える	日本で発生する災害を思い出す ・東日本大震災 ・御嶽山の噴火 ・広島市の土石流 プレートの位置から世界での日本の地震発生の割合を予想させる ・プレートが多いから割合は高いのではないか ・地震大国と聞いたことがある ・そんなに高くないのでは マグニチュード6以上が20％を超えることを提示し、日本の災害発生が多いことを認識させる 災害の多さから日本はどうしたらよいかを考える ・避難するところを増やす ・防災の意識を高める	災害が多いことを思い出させる 地理的要因から考えている 世界における災害の1/5が日本で発生することを理解する 現時点での対策を考えている
2	前時までの学習を振り返る 名取市の津波被害の映像を見る 旭市の被害を考える これからどのようにしていけばよいかを考える	地震の発生率を踏まえ、防災対策をどうしたらよいかを発表する ・液状化対策をする ・避難場所になるところを増やす 津波被害の甚大さを認識し、自然の怖さを改めて確認する ・自然の力のすごさを改めて知った ・自分たちの考えた対策では難しいのでは 同じ県内でも大きな津波被害があった旭市の状況を知る 災害の多さから日本はどうしたらよいかを考える ・津波の被害を防ぐ方法は何か ・起きてしまったら防ぐのは難しい	前時までの学習内容を確認して意見を述べている 自然の怖さを改めて考える 県内でも津波被害があることを理解する 考えと現実を照らして、どうすればよいかを模索する
3	前時までの学習を振り返る 自分の意見を考える	津波被害を踏まえ、防災対策をどうしたらよいかを考える 各自持参資料を用いて調べ学習をし、自分の意見をまとめる ・堤防を築いて被害を抑える ・逃げる体制を整える ・情報を有効に使う	前時までの学習内容を確認して意見を述べている 考えと現実を照らして、どうすればよいかを模索する

4	前時までの学習を振り返る どの意見が最善かを話し合う	災害対策の震災前・震災時・震災後・復興の4つの視点でメリット，デメリットを話し合うみんなのためにどの意見が最善な方法かを話し合う ・完全に防ぐ堤防を築くべき ・いつくるかわからない災害に対しての備えは難しい ・情報の伝達と避難が大切	前時までの学習内容を確認して意見を述べている 公共のためにどうあるべきかを踏まえて意見している
5	前時までの学習を振り返る 自分たちの意見を表に整理する 旭市の震災への備えを知る 今後どのような取り組みをしていくのがよいかを考える	自分たちの考えた震災対策の意見を確認させる考えた対策の事前・震災時・震災後・復興の観点で表に整理させる 行政の方の意見を聞き，震災対策を知る ・堤防を高くし，避難タワーの設置 ・名簿の作成や有線での情報網の整備 旭市の取り組みを踏まえ，今後どのようにしていくことがよいかを考えさせる。 ・堤防以外にも対策が必要だ ・名簿作成や観光客まで考えることが必要 ・避難には様々な情報伝達が必要だ	前時までの学習を確認している 比較し，災害に備えた後の活動に気付かせる 意見を聞き，何が必要かを考えている 内容や場に応じて適切な行動は何かを考えている
6	前時までの学習を振り返る 現地の方の意見を知る 今後の大規模災害に備えを話し合う 自分の地域で共助の実現していくためにどう取り組んでいくのかを話し合う	外房地域での防災対策をどのようにしていったらよいか確認する ・津波対策で堤防を築いた方がよい ・逃げるための高い建造物を造る 旭市の震災後の取り組みや震災時に役立った体験を知る ・地域で声をかけ合いながら避難をした ・災害を語り継ぐことが大切 ・混乱の中正しい判断が求められる 様々な意見を聞いた後，再び自分たちの意見を考える ・過去の事例を語り継ぐことが減災につながる ・情報伝達システムのみに頼るだけでなく，自らも伝えたり，呼びかけたりすることが大切 ・地域の連携などの公助や自助を生かすために地域がより協力し合う共助が大切 共助を地域へ広げていくにはどうしたらよいかを話し合う ・地域の防災訓練に参加し，活動を知らせる ・災害時だけでなくとなりや周囲に声をかける ・自ら積極的にかかわる意識が大切	前時までの学習を確認している 公助や自助だけでなく共助の視点に気付いている 自助・共助・公助がかかわり地域を中心に行い，避難することを理解している 共助を広げていくため自主的に防災活動を行うための要素に気付いていく

7	前時までの学習を振り返りながら，意見交換する	共助が地域で行えるかを具体的な体験や事例を基に話し合う ・町内会には入ってないので，難しい ・震災時に助け合わないと助からない ・マンションなどできることから始めたい	前時までの学習内容を確認して意見を述べている
8	前時までの学習を振り返る 様々な立場の方の意見を聞く 自分たちはこれからどのようにしていくのかを考える	千葉市での共助が可能かどうかの意見を確認させる 様々な立場の方の意見を聞き，何が大切かを考える ・行政：共助の支援体制をとっている ・地域の方：防災訓練や地域のつながりを大切にしている 地域への活動を踏まえ，どのようにしていくことがよいかを考えさせる。 ・地域の方々にあいさつをしていく ・地域の集まりに参加をしていきたい	前時までの学習を確認している 自分たちの現状を振り返っている 意見を聞き，何が必要かを考えている 内容や場に応じて適切な行動は何かを考えている
9	家庭や地域で取材したことを発表する 減災に向けた取り組みを考える	取材したことを発表する ・ぜひ実施すべき。しかし，当番や運営費に課題がある ・自分の地域では見つからなかったが，行うのがよい ・地域に絞らず，近所などできる所から行えばよい 自分自身の減災に向けた取り組みにはどのようなことが必要かを考える ・自助・共助・公助をバランスよく行う ・語り継ぐことが大切・判断ができるように普段から備えをしておく	根拠を説明しながら考えをまとめているこれまでの話を基に判断している

佐伯和博氏からの提供資料により筆者作成。

を，市役所職員や避難所で避難民の世話にあたった教員等へのインタビュー動画をもとに明らかにし，今後どのような対策をとるべきなのかを考えさせた。この段階で子どもたちの議論は，自分たちの生活する千葉市においても公助や自助だけでなく，地域住民同士が助け合って命を守り，生きのびるための共助についてどう考えるべきなのかに焦点化されていった。第7時は，第6時を受けて自分たちの住む地域で共助は可能かをめぐって議論が展開された。この議論では，結果として都市地域での共助の難しさが浮き彫りにされることになった。そこで，次の第8時では，千葉市の先進的な取り組みを行う町内会と一般

的な町内会での取り組みを紹介することにより，地域において共助を促す方策を考えさせた。最後の第9時では，各自の家庭での防災への備えや共助に対する大人（主に父母などの身近な大人）の考え等の調査結果を発表し合い，自分自身の防災（減災）に向けた取り組みをどうすべきかを考えさせて単元を閉じた。

III．授業分析－共助をめぐる子どもたちの議論から－

1．共助に対する子どもたちの拒否反応

　子どもたちの議論が白熱したのは，地域における共助のあり方を検討した第6時～9時にかけてであった。ここでは，授業記録に基づきながら共助に対する議論がどのように展開されたのかを分析してみたい（資料12-2）。

　附属小の子どもたちにとって，共助について議論することは辛い作業であることは当初から予想できた。なぜならば，附属小には地域（学区）がないからである[1]。子どもたちは，自分の生活する地域の公立学校に行かずに敢えて附属小を選択して入学しているため，多くの場合地域に親しい友達や顔見知りの大人は少なく，ふだんから孤立感や疎外感を感じながら生活している。佐伯実践では，こうした子どもたちの置かれている実態を踏まえた上で，そのような状況にあるからこそ，自分の住む地域での防災のあり方を考えさせることによって，地域でどう生きていくのかを考えさせようと企図した。

　共助についての議論が始まった第6時では，「面倒くさい」，「やりたくない」，「かかわりたくない」等，最初から否定的な意見が続出した。その根底には，児童TDの発言にあるように，附属小という特別な学校に通っている自分に対する冷ややかな地域の人たちの目があることは言うまでもない。子どもたちが普段から感じている孤立感や疎外感は，第7時に一気に噴出した。特に，自分と同年代の地域の小学生との関係については，通学時や公園で遊ぶ時，スーパーでの買い物時など，日常生活でのさまざまな接触場面を具体的に例示しながら，いかに自分自身が地域で冷遇されているかを切々と訴え，地域の人たちと共に行動することを強く拒絶していた。

資料 12-2　佐伯和博実践の授業記録（主要部分抜粋）

2015年1月26日（第6時）
【共助について】
ＫＤ：千葉市だけでなく，学校とか町内会とかで積極的に津波対策などについて考えたりする方がよい。自分も町内会など地域で避難経路の確認の活動に参加したことがあるので，そういったものを広げていけばよいと思います。
Ｔ：そのような活動に参加した人はいますか？
ＩＢ：町内会（弁天地区）で，消防車が来てケガをした時を想定して三角巾の使い方などをやりました。
ＳＭ：消火器を使った訓練をやりました。
Ｔ：そのような活動に参加したことがない人は何人いますか？→ほとんどの児童が挙手する
ＴＤ：マンションに消防車を呼んで訓練をするが，日程が合わず参加していません。私はふだんから地域の人たちと交流していないので，地域交流は苦手です。
ＫＫ：地域の人と会わないので交流ができません。
Ｓ：そもそも，町内会ってどんなことをやっているのですか？
ＩＤ：町内会は，町内で偉い人がただしゃべっているだけという感じがする。
ＫＹ：面倒くさい。
Ｔ：地域で活動している人はいますか？
Ｓ：子供会をやっています。ボーリング大会など。
Ｔ：町内会の活動から共助に広げていくことはできそうですか？
Ｓ：町内会のことを知らない。行きたくない。→多くの児童が否定的な発言
Ｔ：なぜ行きたくないのですか？
Ｓ：面倒くさい。時間が無い。
ＦＷ：私は近所の人と仲がいいのですが，そんなのはやりたくない。
Ｔ：近所の人をよく知っているという人は？→約１／３が挙手
　　近所の人をあまり知らないという人は？→約１／４が挙手
ＭＹ：私はマンションなのですが，隣の人とあまり話をしたこともないし，マンションには子どもがたくさんいるのですが，稲丘小に行っている子たちばかりなので知らないのです。
ＨＤ：私は近所の人は知っているが，やりたくない。
Ｔ：近所の人や町内会の人を知らなかったら共助は難しいのではないですか？
ＴＤ：近所の人からの冷たい視線があって，私も行きたくないし，相手も来て欲しくないと思っているでしょう。
Ｔ：どうすればよいか考えてみよう。
Ｓ：できない。やりたくない。かかわりたくない。→多くの児童が近所の人や町内会とはかかわりたくないことを主張する
＜ノートに自分の意見をまとめる＞
Ｔ：考えたことを発表してもらいましょう。
ＨＩ：ご褒美をあげたらいいと思います。3回連続で出たら景品をあげる等。
ＳＮ：回覧板を回す。
ＦＷ：地域の防災ミニコミ紙を出す。

第12章　ESDの態度目標と授業づくりの視点　207

2015年1月28日（第7時）
【地域の人との交流をめぐって】
T：町内会に入っている人はどのくらいいますか？
S：（3〜4人挙手するが，多くはわからない）
T：（地域の人たちがお互いに助け合うことを）自分たちが住んでいる千葉市でもできると思う人？→約半数が挙手。
　　できないと思う人？→約10人
FW：地域の人全員でやる必要はないと思います。マンションのお隣さんなど本気で助け合える人だけでやればいいと思います。自分に合った方法でやる方がいい。
KY：（地震の時など）いざその時になったら仲良くならなければならないのだから，今はやらなくてもいいと思います。
KO：町内会に入って，わざわざお金（町内会費）を払ってまでやる必要はない。
SM：東京の真ん中や富士山のように人がいないところにつくる必要はない。住宅がたくさんあるところでやった方がいい。
AD：住宅が多いところでは，（つきあいが）面倒くさい割合が増える。
T：君は，町内会のつきあいを面倒くさいと思っているの？
AD：少し面倒くさいと思っています。（町内会の人と）あまりかかわりを持つと，なんかいやだ。
T：かかわりを持ちたくないという人はどのくらいいますか？　→口々に意見を言い合う。挙手は3人程度。
WY：しばられるし，規制されるのがいやだ。話しかけられるのもいや。
TS：みんなでいると流されてしまう。
KK：（地元の小学生と仲良くなることについて）命が助かるならば，仲良くします。
KM：僕は絶対いやだ。→この後，「なんかいやな感じ」「地域の人から白い目で見られる」「学校に行くとき，冷たい目で見られる」「絶対いや」等の意見があちこちで表明される。
T：なぜ近所の人とかかわりたくないのですか？災害時には避難所で地域の人と生活を共にしなければならなくなるが，それでもいやなのですか？
FW：避難所は選べないので。
TD：千葉市の小学校では冷たい目で見られるから，隅の方で見つからないようにします。
HD：私はテント生活をする方がましです。
TS：でも，学校にいた方が大きな柱があり，（地震の時は）安全だと思います。
HD：でも，私はテント生活の方がましです。学校に避難している人たちは津波が来たとき上階にいるのですぐには逃げられない。その点，テント生活だとすぐに逃げられる。
T：食料はどうするのですか？
HD：そんなときは，学校にもらいに行きます。
T：東日本大震災の時は冬で寒かったのですが，それでもテント生活がいいのですか？
HD：私はテントがいいです。非常事態の時は無理かもしれないけれど…。
T：緊急事態になったときには避難所に逃げるという人は何人いますか？
AB：家で過ごします。
KD：避難所まで遠いので面倒くさい。また，地域の白い目がある。
YZ：おばあちゃんの家に行くからいいです。
T：①地域との関係をよくしたいと思う人は？
②緊急事態の時に避難所に行くけれども，地域の人との関係はなくてもいいと思う人は？
→3人発表
T：①緊急事態には，知らない人とでも協力できる人は？→約1／3
②緊急事態でも，知らない人とは協力できない人は？→約1／3

2015年1月29日（第8時）
【自主防災組織をめぐって】
Ｔ：これからどういった取り組みをすればいいですか？
ＭＴ：非常食などを用意する。一人で逃げることはできると思うが，避難所に行ったときには一人ではできない。
ＫＹ：避難経路を確認する。いざという時には（一人で）やるから大丈夫です。
ＴＤ：パトロールをして，地域の人と人とのコミュニケーションをとる。
Ｔ：地域の小学校の人たちと付き合うのはいやだという人が多かったですが，その人たちはどうですか？
Ｓ：いやなものはいやだ。→否定的な意見を口々に言う
ＨＩ：大人とだったらいいけれど，子ども同士はいやだ。身体の大きな子なんかは怖い。
ＨＤ：スーパーで地域の子どもを見かけるのもいやだし，公園に行ったときに地域の子が2～3人であそんでいたらいやだ。非常食を用意するのがいいと思います。
ＫＤ：食料の確保は，緑町1丁目町会がやっていたように，地域として取り組んでいった方がよいと思います。
ＭＹ：もって逃げられる程度の非常食を用意するのがいいと思います。
Ｔ：避難経路確認についてはどうですか？
ＦＷ：誘導してくれる人を多く確保する必要があると思います。
Ｔ：自主防災組織が必要だと思う人はどのくらいいますか？→約半数が挙手
ＹＭ：自主防災組織は大切だと思いますが，自分で取り組むことには自信がない。
ＴＤ：災害になったときにはパニックになるから，そういう人や組織があるとよいと思います。
ＫＹ：パニックになる人がいるかもしれないけれど，自分はパニックにならないと思います。
Ｔ：あなたはパニックになったときにどうするのですか？
ＫＹ：（パニックを）自分では治せないです。
Ｔ：自分で治せないからこそ，どうすればいいのですか？
ＨＩ：他の人にたよります。
Ｔ：でも，君たちは地域の人たちとの交流はいやなんでしょう？
ＨＩ：いいえ，いやなんて言っていません。僕は，（地域の）小学校がいやなんです。地域の大人にはたよるけれど，子ども同士のつながりはいやなんです。
Ｔ：みなさんは大人になったら地域の人と仲良くできるのかな？
ＫＹ：大人になったら大丈夫です。
Ｓ：→「大人になったら，どこの出身かなんてわからないから。」「（どこに住んでいるかなんて）そんなことは関係なくなる。」等の意見が多く寄せられる。
ＳＭ：でも，大人になったら仕事が忙しくなり，地域での活動ができなくなると思います。
Ｔ：そうすると，定年になって暇になったら地域での活動をやるのかな？自主防災組織は必要ないと思う人の意見を聞かせてください。
ＫＯ：（長洲1丁目のように）いざとなったら，まわりのみんなが助けてくれると思います。また，避難用の道具や救出活動用の道具などは，個人で持ち寄ればいいと思います。
Ｔ：みなさんの家では防災に対してどのような取り組みをやっていますか？
ＷＢ：大きな袋に持ち出し用の食料を用意しています。僕の家はマンションの13階なので津波は来ません。
Ｔ：自分の家でどのような対策をしているか知らない人はどのくらいいますか？→約半数以上が挙手。知っているのは，ＫＹ・ＴＤ・ＦＷなど数人のみ
Ｔ：それでは，自分の家の防災の取り組みについて調べてくることを宿題にしましょう。

2015年2月2日（第9時）
【自主防災組織に対するお家の人（大人）の考えを吟味する】
KK：僕のおばあちゃんは以前横浜市に住んでいました。東日本大震災の時には，心配して横浜から駆けつけてくれて，とてもうれしかったです。一人だけでは家族全員を助けることができないので，自主防災組織には賛成であると言っていました。
TS：私の住んでいる地域には自主防災組織がないので，組織ができて欲しい，つくって欲しいと言っていました。
AD：（組織が）あることはいいけれど，当番が回ってきたり，寄付金を払わなければならないので，面倒です。多くの防災組織があるので，少しまとめた方がいいと言っていました。
KK：僕の家は5人家族で，今はおばあちゃんも（横浜から千葉に）引っ越してきて同じマンションに住んでいます。自主防災組織に助けてもらうのもいいですが，（おばあちゃんの安否については）5人のうち誰か一人が見に行けばいいので，現在は考え中です。4月からマンションの自主防災組織ができるそうです。
MY：お母さんはいいと思うと言っていました。今は地域とのつながりがないので難しいけれども，遠くの親戚よりも近くの他人だと言っていました。
TS：賛成です。あると安心だし，協力しやすいから。
HD：近所の人は知っているし，親しいから賛成です。例えば，あそこには足の悪いおばあさんが住んでいるということを知っているから助けに行きやすいし，協力し合えるから賛成です。
KO：家はマンションなのですが，地震が起きたときにはその時になって考えればいいという考えの人が多くいます。自主防災組織ができたら，そんな住民の意識も高まるので賛成です。
T：家の人の自主防災組織に対する考えを聞いてきて人たちの中で，自主防災組織を作ることに対して賛成だという人はどのくらいいますか？→10人程度挙手
HG：助けてくれるとありがたいと思います。
FW：東日本大震災の時，マンションの自治会の人が水をくれたのでありがたかったです。
T：反対の人はいますか？→0人（宿題の課題を間違えて理解し，家の人から別のことを聞いてきた児童が多くいた）
T：次に，我が家の取り組みについて，調べてきたことを発表してもらいましょう。
SM：非常食セット，非常用持ち出し袋，ガスボンベなどを準備しています。
TD：ティッシュ，トイレットペーパーを蓄えておく。家族で避難場所を決めておく。
TD：避難場所と避難経路を決めておく。
HI：家族がどこにいるかを知るための位置確認。
WB：消火器などの点検と水を大量に備蓄しておく。
KY：マンションの人が消火器を1～2年に1回の割合で取り替える。避難場所は幸第3小です。
TS：緊急連絡先を家族全員に伝えてある。
FW：ペット用の避難セットを準備しています。
AD：テレビなどの家具を固定したり，ガラスが割れても飛び散らないようにしています。僕の家はマンションなので（津波には）安心です。
KD：食器棚のロックをしてあります。
T：今発表してくれたような取り組みを「自助」といいます。それでは，今まで勉強した「公助」「共助」それに「自助」について，どれに力を入れるべきだと思いますか？

> FW：公助・共助はともかく，自助ができていないとダメだと思います。小さな自主防災組織を作って，個人を把握しながら他の組織とつながっていけば，大きな組織と同じようなこともできるし，個人個人（の事情）にあった対応ができると思います。
> T：自助から共助へということかな。
> HI：共助が大切だと思います。一人よりもみんなで支え合った方がいいと思います。
> IB：共助が大切です。地域の人とのかかわりが大切です。
> S（発言者不明）：自助が大切です。
> ID：自助と公助が大切だと思います。自助だけでは補えないから，公助で市に助けてもらう必要がある。共助は少し大切です。
> AD：自助から共助へ，公助で補う。災害時には人が死んで，地域では共助が成立しないこともあるので，公助で補う必要があると思います。できるだけ共助で行くことが大切です。
> TD：自助から共助です。公助のうち，消防はいるが，堤防はいらないと思います。
> SM：自助・共助・公助です。
> YM：特に，自助が必要です。

授業観察及びビデオ撮影データにより筆者が作成。
・「T」は教師，「S」は児童（不特定）を表し，DI，KD等のイニシャルは特定の個別児童を表す。
・文中の「→」以降は，授業観察により得られた，筆者の授業場面に対するコメントを表す。

　子どもたちの生活経験に根ざした「本音」の意見は，通常の授業では余り表出することはない。しかし，共助をめぐる議論をきっかけに，子どもたちは自分が感じている地域での孤立感や疎外感を友達も感じていたのだということを共有し，増幅されることにより，地域に対する拒絶反応が一気に噴出したのである。佐伯実践がめざした共助の重要性は，子どもたちの生活現実の前にあえなく粉砕してしまったようにみえた。

　こうした事態に対して，佐伯は今一度地域の防災に対する取り組みを見直させることにより，共助の可能性を考えさせようとした。具体的には，千葉市中央区の自主防災組織で優秀団体表彰を受けた長洲1丁目第1町会と附属小近くの稲毛区緑町1丁目町会の取り組みである。都市地域は，住民同士のつながりが薄く，地域を挙げて防災組織をつくることが難しい。そのような中で，先進的な取り組みを行う長洲1丁目第1町会と多くの問題を抱えながらも地域防災のあり方を模索している緑町1丁目町会の例を取り上げることにより，都市地域でも工夫と努力次第でさまざまな取り組み（共助）が可能であることを確認した。一方，厳しい現実として，容易に乗り越えることができない課題も多くあることも学ばせた（第8時）。さらに，家庭での防災に対する取り組みと

共助に対する家族の考えを調査させ，大人たちが地域における共助をどのように考えているのかを明らかにし，それらを交流することにより地域防災のあり方を考えさせた（第9時）。授業記録をみると，子どもたちの共助に対する認識の幅が広がり，視点も増えたことにより，少しずつではあるが共助に対する見方や考え方が変わってきていることが読み取れる。

2．子どもの生活現実を踏まえた防災学習の視点

　地域における防災教育のあり方を考える場合，特殊な環境に置かれた附属小の子どもたちの事例をもって考察することは，不適切であるかもしれない。しかし，都市地域で生活する人々は，多かれ少なかれ附属小の子どもたちが抱える問題を共有している。マンション生活に代表される住民同士が干渉し合わないことを前提として成立している都市社会では，本来的に共助が成立しない。一方，我々は，阪神淡路大震災や東日本大震災の被災を通じて，共助こそが自らの命を守り，命をつなぐ要であることを学んだ（竹内　2013）。このような共助にかかわる防災教育の実践的課題をどのように克服していけばよいのであろうか。

　我々が佐伯実践における子どもたちの議論から学んだことは，第1に，たとえ共助が大切であるとしても，それを「お題目」として押しつけたならば，子どもたちは自らの生活感覚から反発するだけであるという点である。まず取り組むべきは，地域における自分自身の生活を捉え直す丁寧な学習である。自分が生活する地域にはどんな人たちが住んでいるのか，どんな特色のある地域なのか等，地域を見直してみることを通して，地域や地域住民との関係性の中で自己を相対化し，自分はこの地域でどのように生きていくべきなのかということを深く内省させる学習活動が必要なのである。前述のように，附属小の子どもたちにとってこの作業は辛い作業であるに違いない。しかし，この過程を経ることなく共助を自分のこととして捉えることは出来ないだろう。

　第2は，都市社会は価値観の異なる人間が生活している場であることを前提に，共助のあり方を模索するという視点が必要である。換言すれば，他者とは「わかり合えないこと」を前提とした共助という視点の設定である。「人間は助け合わなければ生きていけない」という視点から説き起こした共助の学習は，

子どもたちの生活現実と大きく乖離していた。この点を踏まえるならば，「自分の命を守るにはどうすればよいか」という自助から出発し，自助だけでは自らを守ることができないことを自覚させた上で，地域の人々とどうつながっていくべきなのかという共助を考えるという学習過程が必要になってくるであろう。

例えば，佐伯実践のFWはこうした視点を持っていた児童である。FWは，当初から地域の全員が助け合うことは不可能だから，「お隣さんなど，本気で助け合える人だけでやればよい」という意見を持っていた。FWの家はマンション生活ではあるが，決して孤立しているのではなく，隣家や地域に親しく付き合っている人たちがいる。そういう人たちと助け合えば，災害は乗り切れると主張していた。その後，旭市における避難所運営に携わった人の話や長洲1丁目町会の自主防災組織の取り組みを学ぶ中で，地域における共助の重要性と仕組みづくりの可能性を認識していき，最終的には「公助・共助はともかく，自助ができていないとダメだと思います。小さな自主防災組織を作って，個人を把握しながら他の組織とつながっていけば，大きな組織と同じようなこともできるし，個人個人（の事情）にあった対応ができると思います。」（第9時）と，自助を基本とした共助のあり方を提案している。FWが提起する自立した個人を基礎とした地域社会のネットワークづくりという視点は，当初の単なる個人レベルの努力による共助から，地域における個人と他者の自律的な共助のあり方を模索した結果であり，学習を通した認識と価値観の深まりを見てとることができる。

Ⅳ．ESDの態度目標を見据えた授業づくりの視点

佐伯実践の授業分析から，地域における共助のあり方を模索するには，質の高い社会認識形成とそれを踏まえた学習者一人ひとりの内面における深い内省の営みが必要であることが明らかとなった。

筆者らは，先に，現代のようなリスク社会に向き合う社会科授業づくりの視点として7つの視点を提示した（坂井ほか　2013）[2]。佐伯実践から導き出されるESD授業づくりの視点は，そこで示した「①地域や当事者のリアルな視点」

と「④合意をめざす議論の展開」及び「⑦未来を見据えた現実的妥協的な思考」の視点にかかわっている。

　第1の「①地域や当事者のリアルな視点」は，授業過程において学習者の当事者意識の醸成が不可欠であるという視点である[3]。ESDの態度目標を達成するには，学習者が学習問題をいかに自分の問題として捉え，問題解決に向けて主体的にかかわっていけるかが焦点となる。しかし，学習主体である子どもたちの問題に対する認識や反応は一様ではない。学習以前の子どもたちは，自らが直面するあまりにも深刻な問題状況に困惑して考えることを放棄したり，行政や問題当事者に解決策を丸投げするような安易な判断を下す場合が少なくない。しかし，佐伯実践がそうであったように，学習が進むにつれ，子どもたちは自らが置かれている問題状況を理解し，さらに人々の問題解決に向けたさまざまな取り組みや考え方に接することを通して，徐々に問題を自分に引き寄せて捉えられるようになった。また，子どもたちは多様な他者の存在やその視点，問題解決に向けたいくつかの選択肢を踏まえた上で，あるべき解決策を模索し，自らはどのようにかかわっていくべきかを深く内省していった。こうした学習者一人ひとりの内面における自己と社会に対する真摯な対峙こそが，当事者意識を醸成していくのである。

　第2の「④合意をめざす議論の展開」と「⑦未来を見据えた現実的妥協的な思考」は，問題解決を見据えた粘り強い対話の場を設ける必要があるという視点である。ESDの扱う社会問題は，生活の快適性を追求し続ける人間の根源的欲求に根ざしたものが多いだけに，その評価や対処方法についてはさまざまな見解がある。「どうすればよいのか」「どうあるべきなのか」に対して答えを出すことは決して簡単なことではない。そこで求められるのが，意見や考え方を異にする他者とつながり，問題を解決するために粘り強く対話を継続する営みである。すなわち，立場や意見の異なる他者同士が，問題を解決するという共通目的を達成するために対話を積み重ねていくこと，さらに違いを認め合いながらも妥協（合意）できる点を模索することが必要なのである。佐伯実践でも，子どもたちは自らの地域における厳しい生活現実と対峙しながら，地域の人々との共助のあり方をめぐってクラス集団や家族との対話を重ねることにより，自分や家族，地域の人々，行政は何をすべきなのかを模索していた。

第3は，上記の視点を実現するには，身近な地域に生起する社会問題（＝地域問題）を見いだし，教材化することが効果的である。ESDの目指す態度目標は，上記のように科学的な社会認識の獲得だけでなく，個人の内面における深い省察が伴わなければ達成することはできない。地域問題を教材化する利点は，学習者が地域調査や様々な体験を通して共感的に学ぶことができる点にある。この「人」や「もの」との直接的な出会いを通した共感こそが個人の内面における深い内省を促す原動力となる（竹内　2004）。他方，地域問題の教材化は，問題解決の過程に地域問題という個別的・具体的事象と社会問題という共通的・一般的事象を往還する学習過程を組み込むことが不可欠である。こうした学習は，内容教科である社会科にとって，カリキュラム構成の視点となり得ることを示しており，現在進められている改訂高等学校学習指導要領の新科目「地理総合」「歴史総合」「公共」における主題学習を構想する上で大いに参考になるであろう。

V．まとめにかえて

　本章では，防災学習における共助に関する子どもたちの議論を分析することにより，ESDが掲げる態度目標を達成するための授業づくりの視点を明らかにした。その結果，①学習者一人ひとりの内面における自己と社会に対する深い内省に基づいた当事者意識の醸成，②問題解決を見据えた他者との粘り強い対話の場の設定，③地域問題の教材化というESD授業づくりの視点を見いだすことができた。
　しかしながら，ESDの掲げる態度目標はこと個人の内面にかかわることであり，その態度は一朝一夕に変わるものではない。実際，佐伯実践の授業記録にあるように，子どもたち全員が共助の必要性について納得したわけではない。未だに地域の人々と行動を共にすることを拒絶している者が何人か存在することも事実である。ただ，そうした子どもたちにとっても，今回の学習をきっかけに地域における自分の存在を捉え直し，将来にわたって共助のあり方を模索すること，考え続けることが重要なのである。
　また，本章で分析対象にした授業実践は，千葉市という都市地域おける実践

であった．子どもたちの議論の中心となった共助をめぐる問題状況は，地域によって異なることはいうまでもない．ESD が掲げる態度目標を達成するには，そうした地域性と地域における子どもたちの生活現実を踏まえた課題設定や教材選択が必要であろう．全国各地での ESD 実践の広がりに期待したい．

注
1) 附属小学校では，鉄道やバスなどの交通機関を使用しておおむね 1 時間以内の地域が学区域に指定されている．したがって，その範域は千葉市内一円に広がっており，主に徒歩圏内の特定地域を学区域とする公立学校とは異なっている．
2) 7 つの視点とは，①地域や当事者のリアルな視点，②「食」や「生活」の安全・安心の視点，③科学研究の相対化，④合意をめざす議論の展開，⑤新しい政治文化の担い手の育成，⑥メディアリテラシーの鍛錬，⑦未来を見据えた現実的妥協的な思考である．
3) 当事者意識とは，社会問題を自分自身にかかわる切実な問題として捉える意識のことである．

文献
秋田市立秋田商業高等学校ビジネス実践・ユネスコスクール班編 (2013)：『ユネスコスクールによる ESD の実践－教育の新たな可能性を探る－』アテル，254p.
泉　貴久・梅村松秀・福島義和・池下　誠編 (2012)：『社会参画の授業づくり－持続可能な社会にむけて－』古今書院，134p.
「国連持続可能な開発のための教育の 10 年」関係省庁連絡会議 (2006)：『わが国における「国連持続可能な開発のための教育の 10 年」実施計画』，43p.
小林　亮 (2014)：『ユネスコスクール－地球市民教育の理念と実践－』明石書店，263p.
坂井俊樹・竹内裕一・重松克也編 (2013)：『現代リスク社会にどう向き合うか－小・中・高校，社会科の実践－』梨の木社，406p.
全国小中学校環境教育研究会 (2014)：『持続可能な社会づくりと環境教育－ESD にもとづく環境教育の理論と実践事例－』日本教育新聞社，p.121.
竹内裕一 (2004)：まちづくり学習において地域問題を取り扱うことの意義．千葉大学教育学部研究紀要，52，pp.57-67.
竹内裕一 (2013)：リスクの軽減と地域社会の役割－神戸市長田区真野地区における阪神・淡路大震災からの復旧・復興に学ぶ－．坂井俊樹・竹内裕一・重松克也編 (2013)：『現代リスク社会にどう向き合うか－小・中・高校，社会科の実践－』梨の木社，pp.106-128.
多田孝志・手島利夫・石田好広 (2008)：『未来をつくる教育　ESD のすすめ－持続

可能な未来を構築するために－』日本標準，70p.
（特活）開発教育協会内 ESD 開発教育カリキュラム研究会編（2010）：『開発教育で実践する ESD カリキュラム－地域を掘り下げ，世界とつながる学びのデザイン－』学文社，207p.
中山修一（2011）：地理 ESD 教材開発の目標，内容，方法．中山修一・和田文雄・湯浅清治編（2011）：『持続可能な社会と地理教育実践』古今書院，pp.10-15.
中山修一・和田文雄・湯浅清治編（2011）：『持続可能な社会と地理教育実践』，古今書院，262p.
中山修一・和田文雄・湯浅清治編（2012）：『持続可能な社会をめざす地理 ESD 授業ガイド』啓文社，73p.
宮城教育大学 ESD/RCE 推進委員会編（2014）：『「お米」を活用した ESD －創造的な実践をめざして－』クリエイツかもがわ，177p.

# 第Ⅱ編　海外における ESD

Volume 2：ESD in the International Context

第 13 章　ポルトガルにおける ESD の展開と地理教育

池　俊介

Chapter 13: Methods for Developing ESD Lessons in the Curriculum of Portugal

Shunsuke Ike

Abstract:

This chapter considers the influence of the development of ESD on the geography curriculum in Portugal, a country where educational reforms are progressing swiftly. The results of the discussion show that core ESD units are located in the subject of geography in the third cycle of basic education (equivalent to junior high school in Japan), and in learning areas such as risk, environment, and society in the ninth year of schooling. While ESD related learning materials are included in the national curriculum and textbooks, an inspection of textbook descriptions shows that there is still a strong tendency to focus on knowledge acquisition, with no clear pathway for developing independent behavior for sustainable development in students. Further, many teachers experience difficulties in dealing with the competency-focused geography studies associated with the educational reforms, and it is common for classes to still be carried out under the previous knowledge transmission focused model. As such, many challenges still remain for the realization of classes that can foster the values and behavior changes that are the objectives of ESD.

Keywords: ESD, Portugal, Geography Education, Competency

Ⅰ．はじめに

　地理教育は，学校教育の中でも早い時期から ESD に積極的に貢献してきた分野の 1 つである。たとえば，1992 年の国際地理学連合(IGU)で採択された「地理教育国際憲章」には，持続可能な開発と地理教育のあり方が盛り込まれ，先進的な取組みとして高く評価された（中山　2011, pp.10-11）。また，2007 年にスイスのルツェルンで開催された IGU の国際会議では「持続可能な開発のための地理教育ルツェルン宣言[1]」が採択されたが，ここでは持続可能な開発のパラダイムが全ての段階で，そして世界の全ての地域で地理教育に盛り込まれるべきであるとされ，地理教育が ESD に大きく貢献し得る分野であることが示された。

　こうした地理教育をめぐる国際的な動向を背景として，とくにヨーロッパの国々を中心に地理教育の立場からの ESD 研究が活発に進められてきた。とくに ESD の先進国といわれるドイツでは，地理教育における ESD 研究が盛んであり，地理科のカリキュラムに ESD のテーマが明確に位置づけられ，学校教育全体の中でも高く評価されている（山本　2015, p.39）。また，イギリスの中等学校でもカリキュラム全体で ESD が重視され，地理科がその推進で大きな役割を果たしており，ESD 推進を担う資格カリキュラム局が提示する ESD を実践できる「単元計画例」全 86 単元のうち半数近くが地理で占められている（志村　2010, pp.178-179）。しかし，これら以外の国々については，地理教育の動向についての情報も乏しく，ESD が地理教育にどの程度の影響を及ぼしているのかを知る手がかりが著しく不足している。

　そこで，本章では EU の一員であるポルトガルを対象として，その地理教育カリキュラムに ESD がどの程度反映されているのか，またそのカリキュラムがいかなる課題を抱えているのかを明らかにすることを目的とする。ポルトガルでは，1980 年代後半から始まった教育改革のなかで，地理教育の刷新が図られ，伝統的な地誌学習を中心とするカリキュラムからコンピテンシー重視の新しいタイプのカリキュラムへと急速な変化を遂げてきた。そのため，ESD において先行するドイツ・イギリス等の国々と同様に，地理教育にも ESD が

大きな影響を及ぼしており，ESD のヨーロッパにおける普及の実態を知るうえでも興味深い知見が得られるものと思われる。

II．ポルトガルにおける ESD の現状と課題

1．環境教育・ESD への取組み

　EU 諸国では一般に環境問題への関心が高く，環境教育や ESD への熱心な取組みが行われてきたが，ポルトガルでも環境問題に対処するための組織や法の整備については，他の諸国と歩調を合わせる形で進められてきた。

　まず，政府の対応としては，1975 年にポルトガルに環境庁が創設され，政策課題の 1 つとして環境問題が正式に認知された。さらに，1987 年には環境基本法が制定され，ポルトガルの環境政策の基本的な枠組みが示された。しかし，環境基本法は基本理念，保全の対象となる環境要素，環境政策の主体となる組織等についての広範な内容を含むものであったが，全 52 条のうち教育に関して言及しているのは環境教育・環境保護・自然遺産・文化遺産に関する専門的なプロジェクトを行うことを定めた 39 条の僅か 1 カ条に過ぎなかった。このことにも端的に表れているように，ポルトガル政府の環境教育への取組みは他の EU 諸国に比べて出足が遅れ，以後も消極的な姿勢が目立った。

　その後，ポルトガル政府は 1998 年にオーフス条約[2]を批准するなど，環境教育や ESD についての関心も高まったかに見えたが，政府の環境教育・ESD への対応は一般に鈍く，現在に至るまで政府による環境教育・ESD に関する委員会の設置やプロジェクトの策定等はほとんど行われておらず（Schmidt 2012, p.59），政府レベルでの対応は他の EU 諸国に比べて後れをとっている。そのような事情もあり，教育界における ESD への関心はシチズンシップ教育などと比べて一般に低く，ポルトガルで ESD の本格的な普及が始まったのは，リトアニアのビリニュスで開催された国連欧州経済委員会で「国連持続可能な開発のための教育の 10 年」の推進について議論された 2005 年以降であった（Cachinho 2012, p.167）。

　一方，環境教育に関する研究面では，1980 年代後半から環境教育が学校教育に浸透し始めたことを受けて（Guerra *et al.* 2008, p.4），1990 年にポルトガル

環境教育学会が創設された。環境教育・ESDの活動を支える専門学会の設立は，環境教育の推進に一定の成果をあげているが，学会の学校教育への影響力を疑問視する声もある。その原因は，各教科レベルでの環境教育の導入を意識した研究の乏しさにあるといわれ，学校教育の現実に即した実践的研究の推進が強く求められている（Alberto 2001, p.54）。

　以上のように，ポルトガルでは国主導の環境教育・ESDの推進に関する積極的な施策に乏しく，実際には環境教育・ESDは主に地方自治体や民間団体の手で進められてきた。その結果，後述するようにESDに関する実践的なプロジェクトの多くは市町村・NPO・学校等によって担われている。

2. ESDに関する活動の実態

　国によるESDに関する実態調査が行われていない現在，ポルトガルにおけるESDに関する活動の全体像を知ることは容易ではないが，全体像を知るための手がかりとなる資料が存在する。それが，2005年6月にSchmidtとGuerraが行ったESD（環境教育を含む）のプロジェクトの実施内容に関するアンケート調査であり，その結果はSchmidt and Guerra（2013）にまとめられている。このアンケート調査では，地方自治体，NPO等の民間団体，学校など6,500以上の組織・団体に郵送・電話・Eメール等の方法でコンタクトをとり，結果として2,274の組織・団体から回答を得ている。

　まず，ESDのプロジェクトの主体については，市町村が全体の58％を占めている。またNPOも15％を占めており，市町村とNPOがESDに関するプロジェクトの主たる担い手であることが分かる。とくに市町村が実施するプロジェクトが多いのは，地方行政の重要課題の1つであるゴミ処理に関する啓蒙活動の一環としてプロジェクトが位置づけられていることが大きく関係している（Schmidt and Guerra 2013, p.199）。一方，国（9％），企業（7％），動物園・公園（5％），その他（6％）が実施する事例も見られるが，全体に占める割合は低い。とくに，大学・研究所などの研究機関や博物館によるプロジェクトがほとんど行われていない点が目立つ。

　次に，これらのプロジェクトの対象者（複数回答可）については，全体として児童・生徒・学生を対象としたものが圧倒的に多く，ローカル・コミュニ

ティ（33.6％），企業・NPO（18.5％），観光客（7.9％）など，一般の社会人を対象としたプロジェクトの割合は低い。とくに，小学校の低・中学年（64.1％），高学年（54.4％）を対象としたものが多く，年齢が上がるに従ってプロジェクト数が減少する。実際に，大学生を対象としたものは僅か 7.9％に過ぎない。このように，ESD のプロジェクトの多くは学校の児童・生徒，とくに低年齢の子どもたちを対象としている点に大きな特徴がある。

そこで，小学校低・中学年（第 1 ～ 4 学年），小学校高学年（第 5 ～ 6 学年），中学校（第 7 ～ 9 学年）の児童・生徒を対象としたプロジェクトが，それぞれどのようなテーマを扱っているのかを見ると，小学校低・中学年では「水」（81.6％），「ゴミ」（76.3％），「自然保護」（70.4％）といった環境教育で伝統的に扱われてきたテーマが多く選択されている（複数回答可）。とくに，「水」の中でも水の消費や汚染について扱っている事例が多いのが特色である（Schmidt and Guerra 2013, p.205）。小学校高学年においても「ゴミ」（81.9％），「自然保護」（76.2％），「水」（77.1％）が主要なテーマとなっているが，低・中学年に比べて「水」が減少し，逆に「エネルギー」（59.4％）が多くなる点に特徴が見られる。また，中学生では小学生と同様に「ゴミ」（75.7％），「水」（69.5％），「自然保護」（67.9％）が上位を占めるが，「持続可能な開発」[3]（64％）が増加し，ESD の取組みが本格化するのが中学校以降であることが窺われる。

これらの調査結果から，ポルトガルにおける ESD の活動の特徴をまとめると，以下の 4 点に集約されよう。① ESD の取組みは市町村・NPO 等の学校外の組織に担われている場合が多い。②プロジェクトの対象者は学校の児童・生徒が圧倒的に多く，とくに小学校低・中学年を対象としたものが多い。③逆に高校生・大学生を対象としたプロジェクトや，地域住民をはじめとする一般の社会人を対象としたものが少ない。④選択されるテーマとしては，「ゴミ」「水」「自然保護」など，従来から環境教育で取り上げられてきた「伝統的」なテーマが多い。

3．ESD の抱える課題

これらのアンケート調査結果から，以下のようなポルトガルの ESD の課題が浮かび上がってくる。第 1 は，ESD の活動が主に学校の児童・生徒を対象

とした学校に閉じた活動が多く，地域社会や児童・生徒の家族をも巻き込んだ活動には発展していない点である。とくに，ESDの普及を考える上では，学校のみならず企業や地域住民等と連携した活動が不可欠となるが，そうした活動の地域社会への広がりという点において問題が残る。

第2は，ESDの活動の対象が小学校低・中学年を中心とする低年齢層に著しく偏っており，選択されるテーマも環境教育で扱われてきた「伝統的」なものが多い点である。もちろん低年齢層を対象とする活動がESDの活動全体にとって有効であることは疑う余地がない。しかし，人権や平和等の社会的な課題や，貧困等の経済的課題について，グローバルな視野から学習を進めるためには，社会科学的な知識の理解がある程度可能となる中学生・高校生等の生徒を対象とした方が，より大きな効果が期待できる。こうしたESDの活動の低年齢層志向については，活動の「幼稚化（infantilização）」としてSchmidt（2012, p.65）も問題視しているが，とくに今後は中学生・高校生・社会人を対象としたESDの取組みの強化が望まれる。

以上のように，ポルトガルはESDの取組みにおいていくつかの課題を抱えているが，とくに地理教育との関わりで考えた場合，中学生・高校生を中心としたより高い年齢層の生徒を対象とした学習の充実が大きな課題となっている。そこで，以下では日本の中学校に相当する基礎教育第3期[4]の地理教育カリキュラムに着目し，ESDの展開が地理教育カリキュラムにいかなる影響を及ぼしているのかを検証し，その問題点を検討することにしたい。

III．地理教育カリキュラムへのESDの影響

1.『ナショナル・カリキュラム』の内容

ポルトガルの地理教育は，日本の小学校低・中学年に当たる第1〜4学年（基礎教育第1期）の教科「環境学習（Estudo do Meio）」，小学校高学年に当たる第5〜6学年（同第2期）の「ポルトガル歴史・地理」，中学校に相当する第7〜9学年（同第3期）の「地理」において，一貫して行われている。また，高校でも「地理」が選択科目の1つとされている[5]。このうち，基礎教育については2001年に『基礎教育ナショナル・カリキュラム（Currículo Nacional do

Ensino Básico)』(Departamento da Educação Básica 2001) が発表され，基礎教育全体で育成されるべき一般的コンピテンシーの他に,「地理」「ポルトガル語」「外国語」「数学」「環境学習」「歴史」「自然科学」「芸術教育」「技術教育」「体育」の各分野についての専門的コンピテンシーが示された。

この『ナショナル・カリキュラム』のうち「地理」の専門的コンピテンシーに関する内容は全240ページのうち22ページを占めるが，その冒頭には「基礎教育カリキュラムにおける地理の役割」の項目が置かれている。そこでは，地理教育が基礎教育全体を通じて育成される一般的コンピテンシーの形成に大きく貢献する存在であることが強調されているが，それを踏まえて「一般的コンピテンシー育成への地理の貢献」として一般的コンピテンシー育成に直接的に結びつく13項目の地理的コンピテンシーが示されている（図13-1）。これら13項目のコンピテンシーのうち7)～10)および13)の5項目がESDと直接的に関係する内容であり，全体の約3分の1を占めている。このことからも，基礎教育におけるESDの中核的な分野として地理教育が位置づけられ，その成果が大きく期待されていることが分かる[6]。

「一般的コンピテンシー育成への地理の貢献」に続くのが「専門的コンピテンシーと学習経験」である。具体的には，各期についての専門的コンピテンシーが,「位置」「場所・地域についての理解」「空間の相互関係のダイナミズム」の3つの領域ごとに箇条書きで示されているが，そのうちESDに関係する内容が盛り込まれているのが「空間の相互関係のダイナミズム」の領域である（図13-2）。この資料によれば，基礎教育第1期でESDと関係した内容は,「自分が生活する環境の改善・保全・活性化に貢献できるような具体的で実現可能性のある行動をするために，環境の良い面と悪い面について考える。」の1項目のみである。また，第2期でも「環境そのものの改善に直接的に関わり，自分が生活する空間への帰属意識や責任感を育む。」の1項目がESDに関係した内容となっているのみである。一方，第3期では4つの項目すべてがESDに直接関係する内容から構成されている。とくに，最後の項目には「持続可能な開発」という文言が使用されており，基礎教育の地理学習では第3期がESDの中核部分を構成していることが分かる。

前述したように，ポルトガルでESDが本格的に推進され始めたのは2005年

1) 地理的に考察するための能力の発達とは，場所・地域・世界のさまざまな要素を空間的な文脈において統合することである。
2) さまざまな地域や景観を発見・理解し，維持すべき自然・文化的な財産としてその多様性を評価するための知的好奇心。
3) 位置・分布と空間の相互関係を表すための，地理的概念の理解。
4) 地理的問題に関する調査，整理，分析，まとめ，表現，情報伝達のプロセスの発達。
5) 地理的現象の分布の様子を説明し，その変化や相互関係を説明するための，地理的用語の適切な使用。
6) 地理的現象の分布を考察したり説明したりするための，グラフ化・地図化の技術の適切な使用。
7) 可能な解決法を示すための，世界の具体的な問題の分析。
8) 人間と環境との相互作用の結果としての地理的空間の差異の認識。
9) 世界の人々による資源の不平等な配分の認識と，資源の枯渇に悩む人々との連帯。
10) 環境への人間の介入によりもたらされる問題の意識化，環境の維持や保護のための準備，持続可能な開発につながる行動への参加。
11) 地理的に情報を受け取り，マスメディアにより広められる情報に対する批判的な態度を持つための資質。
12) 個々の経験に対する省察，現実世界についての地理的知識の関連性を理解するための実態の認識。
13) 世界市民の意識を育むための，世界と関わって人間が生きる場の重要性の相対化。

図 13-1 「一般的コンピテンシーへの地理の貢献」の内容
Departamento da Educação Básica（2001），p.108 をもとに作成。

以降であったため，2001 年に発表された『ナショナル・カリキュラム』においては ESD の影響は一般に少ないと考えられてきた（Cachinho 2012, p.167）。しかし，とくに基礎教育第 3 期においては ESD に関連したコンピテンシーの育成が目指されると同時に，学習内容の面でも ESD に関する内容が多い。具体的には，第 3 期の「地理」の学習内容は，①地球－学習と表現－（第 7 学年），②自然環境（第 7 〜 8 学年），③人口と居住（第 7 〜 8 学年），④経済活動（第 7 〜 8 学年），⑤発展のコントラスト（第 9 学年），⑥リスク，環境と社会（第 9 学年）の 6 つのテーマから構成されるが，とくに第 9 学年に配当されている

> **第1期　「空間の相互関係のダイナミズム」**
>
> 以下のことができるようになること。
>
> - 自分が生活する環境の改善・保全・活性化に貢献できるような具体的で実現可能性のある行動をするために，環境の良い面と悪い面について考える。
>
> **第2期　「空間の相互関係のダイナミズム」**
>
> 以下のことができるようになること。
>
> - 環境そのものの改善に直接的に関わり，自分が生活する空間への帰属意識や責任感を育くむ。
>
> **第3期　「空間の相互関係のダイナミズム」**
>
> 以下のことができるようになること。
>
> - 自然的・人文的現象の間の相互関係を解釈・分析し，問題を発見する。
> - 人文的現象が自然環境に与える影響について具体的な事例をあげて分析し，実現可能な解決策を考える。
> - 地域の環境の質について批判的に考察し，それらの環境の質を改善するために具体的で実行可能な行動を提案する。
> - 持続可能な開発を維持するような環境保全の重要性について，具体的事例をあげて分析する。

図13-2　ESD に関係する専門的コンピテンシーの内容
Departamento da Educação Básica（2001），pp.112-123 をもとに作成。

⑤発展のコントラスト，⑥リスク，環境と社会の2つのテーマは ESD と直接的に関わる内容となっている。その意味では，基礎教育第3期の「地理」の中でも，第9学年において最も ESD が重視されていると言える。

2．第9学年における学習内容

　第9学年の「地理」の学習内容を知るうえで重要となるのが，『ナショナル・カリキュラム』に対する教師の理解を深める目的で刊行された『カリキュラムの目的（Metas Curriculares)』（Ministério da Educação e Ciência　2013）であり，このうち「地理」の第9学年の項目を示したのが図 13-3 である[7]。

　まず，「発展のコントラスト」では，人間開発指数等の指標を利用して，先

■ 発展のコントラスト

・発展の程度の異なる国々
1. 経済発展と人間開発の概念を理解する
2. 人間開発指数やその他の複合指標に基づき，発展の程度の異なる国々について理解する。

・発展の程度の異なる空間どうしの相互依存関係
1. 国々の発展における主な自然的・歴史的・政治的・経済的・社会的な障害を確認する。
2. 世界の貿易の仕組みを確認する。

・発展のコントラスを緩和するための解決策
1. 発展のコントラストの緩和を試みる解決策について理解する。

■ リスク，環境と社会

・自然的なリスク
1. リスクの理論と関連した概念を理解する。
2. 環境や社会にとって重要な気候的なリスクとしてのハリケーンや竜巻について理解する。
3. 気候的なリスクとしての旱魃について，環境や社会における影響とともに理解する。
4. 気候的なリスクとしての寒波や熱波について，環境や社会における影響とともに理解する。
5. 水文学的なリスクとしての降雨や洪水について，環境や社会における影響とともに理解する。
6. 地形的なリスクとしての地すべりや山崩れについて，環境や社会における影響とともに理解する。

・複合的なリスク
1. 地球の熱収支における大気の重要性について理解する。
2. 酸性雨やスモッグの発生における大気汚染の影響について理解する。
3. 温室効果やオゾン層における大気汚染の影響について理解する。
4. 地球システムにおける水圏の重要性について理解する。
5. 環境や社会における水圏の汚染の影響について理解する。
6. 環境や社会における土壌劣化と砂漠化の影響について理解する。
7. 地球スケールや国内における森林の重要性について理解する。
8. 環境や社会における森林火災による影響について理解する。

・持続的な開発のための環境の保全・管理・運営
1. 自然遺産を保護し，持続的な開発を促進する必要性について理解する。
2. 自然遺産の保護や持続的な開発の促進における国際的な協力の役割について理解する。
3. 弾力性の増進や持続的な開発の見地から，集団的・個人的な方策を採用することの必要性について理解する。

図 13-3　第 9 学年の学習内容の概略
Ministério da Educação e Ciência（2013）pp.1-7 を和訳。

進国から開発途上国に至るまで多様な国々が世界に存在することを理解させる。その上で，世界の貿易の仕組み，とくに発展の程度が異なる国々どうしの貿易関係（相互依存関係）について学習する。そのような学習を踏まえて，最終的には開発途上国の支援活動における NPO の貢献など，先進国と開発途上国の格差を緩和するための解決策について生徒たちが学ぶ内容となっている。

また，「リスク，環境と社会」では，まず気候変動に伴って多発する気象災害や，地すべり・山崩れ等の地形的な災害について学習する。こうした自然災害についてだけでなく，さらに人間活動が要因の１つとなっている地球温暖化や砂漠化等の複合的なリスクについても，具体的な問題に即して学習が進められる。そして，環境保全を考慮しながら弾力的に社会的な発展を実現するための国際的な協力関係について考え，また地球の環境容量を示す指標であるエコロジカル・フットプリントの活用等を通じて，個人・社会のレベルで行うべきリスク回避の方法について考察する，という構成をとっている。

これらの内容は，「国連持続可能な開発のための教育のための 10 年」実施計画において持続可能性の基礎としてあげられている地域間の公平，貧困削減，環境の保全と回復，天然資源の保全，公正で平和な社会等のテーマを直接的に扱っており，ESD の一環としての地理学習の典型的な学習内容となっている。

3．教科書記述の実際

以上のような『ナショナル・カリキュラム』のレベルにおける ESD の特徴が実際の授業にどのように反映されているかを知るために，次に教科書における関係部分の記述を見てみたい。例えば，Texto Editora 社発行の第 9 学年の「地理」教科書では[8]，テーマ「発展のコントラスト」は「1. 先進国と開発途上国」と「2. 格差を軽減する上での障害と解決策」の 2 つの項目から構成されている。このうち「1. 先進国と開発途上国」（全 43 ページ）は，以下のように，総論の①で先進国と開発途上国の存在について学習し，それを踏まえて②で人間開発指数や他の指標ごとに格差の実態を理解する内容となっている。

① 先進国と開発途上国：
　先進国・開発途上国それぞれについての定義と分布に関する解説，および 1 人当たり国民総生産・平均寿命・識字率を指標とした国家間格差の存在を

認識させるための総論的な解説。
② 開発の指標：
　1) 人間開発指数：世界各国の数値，時間的推移，1人当たり国民総生産との比較，人間開発指数による比較の限界。
　2) その他の指標：1人当たり国民総生産，識字率・就学率（教育水準），平均寿命，水道・下水の普及率，乳児死亡率，栄養失調の人々の割合。

　また，これら本文の解説とは別に，6つの「事例学習」が設けられている。内容は，「先進国と開発途上国の同年齢の子どもの生活の比較」「ヨーロッパ内部の国家間の経済的格差」「識字率や女性の就学率の格差とその背景」「エイズの感染と患者の分布」「健康・衛生面での女性差別」「人口増加と食糧危機」となっており，図表・資料を利用して具体的に説明されている。例えば，「先進国と開発途上国の同年齢の子どもの生活の比較」では，ノルウェーとニジェールの同年齢の子どもの日常生活を写真入りで紹介し，2人の生活を比較することで，国家間の経済的な格差について実感的に理解できるよう工夫されている。また，「事例学習」の他に，学習スキルの習得を目指した4つの「作業学習」と4つの「発展学習」が用意されている。例えば，先進国で問題化している肥満に関する「発展学習」では，BMI（肥満度）の計算を課題として取り入れるなど，第9学年の生徒たちの発達段階を考慮した内容となっている。

　以上のように，ポルトガルでは教科書の検定制は採用されていないが，実際の教科書は『ナショナル・カリキュラム』の趣旨をかなり忠実に反映した内容となっている。生徒の理解を図るために図表・写真が多用されるほか，知識の一方的な注入に終わらないよう「作業学習」も導入されており，ESDを学ぶ教科書としてのレベルは高い。しかし，他学年の「地理」の教科書と同様，知識の習得に重点が置かれる傾向が強く，それらの知識を活用して問題を解決し，生徒たちの行動の変革を目指すための具体的な道筋については明確に示されておらず，その点では課題が残る。

Ⅳ．地理教育におけるESDの課題

　本章で述べてきたように，地理の『ナショナル・カリキュラム』にはESD

の考え方がかなり色濃く反映されている。例えば，「一般的コンピテンシーへの地理の貢献」（図 13-1）には ESD に関する内容が数多く存在し，また第 9 学年を中心に ESD を強く意識した学習内容が示されている。

　しかし，こうした学習内容にも課題がない訳ではない。最も大きな課題としてあげられるのは，教科書に顕著に表れているように，学習内容が依然として知識の習得に著しく偏っている点である。理想的には，習得された知識が「一般的コンピテンシーへの地理の貢献」で示されているような「世界の人々による資源の不平等な配分の認識と，資源の枯渇に悩む人々との連帯」や「環境への人間の介入によりもたらされる問題の意識化，環境の維持や保護のための準備，持続可能な開発につながる行動への参加」に結びつくことが期待されている。しかし，知識の習得から「連帯」「参加」にどのように繋げて行けば良いのか，その具体的な展開例は示されておらず，実際には各教師の指導に委ねられる部分が大きい。そのため，地理担当の教師には高いレベルの指導力が期待されるが，現実には理想とされる授業の実現はきわめて困難な状況にある。それは，以下のような事情による。

　ポルトガルでは，1986 年に教育制度基本法が制定されて以降，教育改革が本格的に開始され，急速に教育の現代化が進められてきた。とくに，1990 年代に生徒の学習意欲の低下，不登校の増加，生徒の社会に対する無関心が問題化するなか，教科教育においても，従来からの教師による「指導」だけでなく，生徒の「学習」への関心も次第に高まり，生徒の自発的な追究を促すような課題設定のあり方などに注目が集まるようになった（Alegria 2002, p.92）。こうした状況のなかで，教育省が 2001 年に公表したのが『ナショナル・カリキュラム』であった。

　『ナショナル・カリキュラム』は，これまでの知識の習得を重視する教育から，転移可能な「コンピテンシー（Competência）」[9] 重視の教育に大きく舵をきる画期的なものであった。とくに，『ナショナル・カリキュラム』は，そこで示されたコンピテンシーを参考にしつつ，学校や生徒の実態を考慮した形態・方法で，教師が独自のカリキュラムを構成することを前提としているが，そのような経験を持たない多くの教師にとって，自立性の高いカリキュラムの作成はきわめて困難な作業であった。そのため，それまで教科書を中心とした知識

重視の授業に慣れ親しんできた教師たちの戸惑いは大きく，Cachinho（2012, pp.171-172）が指摘するように，教育現場での教師の授業は本質的には全く変化せず，理論と実践の乖離が顕著となりつつある。このような状況の中で，多くの学校では依然として知識の伝達を重視する従来型の授業が行われている場合が多いと言われる[10]。

したがって，ESDの目標である「環境・経済・社会の面において持続可能な将来が実現できるような行動の変革」を目指し，持続可能な開発につながる行動への生徒の参加を促すような地理授業が行われている可能性も，残念ながら低いと言わざるを得ない。この問題を克服するためには，全く新しい学習経験を現職教師たちに与える学習プログラムや，学生向けの教員養成プログラムの開発が少なくとも必要であり（Cachinho 2012, p.174），教育省の迅速な対応が求められている。

IV．おわりに

本章では，急速な教育改革が進められつつあるポルトガルにおいて，ESDの展開が地理教育カリキュラムにいかなる影響を与えているかについて考察した。その結果，基礎教育第3期の「地理」，とくに第9学年にESDの中核的な単元が置かれていることが分かった。しかし，『ナショナル・カリキュラム』や教科書にはESDに関する学習内容が導入されているものの，実際の教科書の記述は依然として知識の習得に重点が置かれる傾向が強く，生徒に持続可能な開発につながる主体的な行動を促すための明確な道筋は示されていない。また，多くの教師は教育改革に伴うコンピテンシー重視の地理学習への対応に困難を感じており，実際には知識の伝達を重視する従来型の授業が行われている場合が多い。そのため，ESDが目標とする価値観や行動の変革をもたらすような授業の実現には，いまだ多くの課題が残されている。

付記
本章の内容は『早稲田大学大学院教育学研究科紀要』第26号（2016年3月）に掲載された同名の論文を加筆・修正したものである。

注
1) ルツェルン宣言の全文は，大西宏治によって日本語訳されている（大西　2008）。
2) 環境に関する情報へのアクセスや，意思決定における市民参加，司法へのアクセスに関する条約であり，デンマークのオーフスで開催された国連欧州経済委員会の第4回環境閣僚会議において採択された。
3) Schmidt and Guerra（2013）は，この「持続可能な開発」に含まれる具体的なテーマとして「生活の質」「市民性」「市民運動」「消費」等をあげている。したがって，「持続可能な開発」として分類されているテーマは，環境と開発に関する社会・経済的な問題を扱ったテーマ全体を包含するものと理解される。
4) ポルトガルでは，第1～9学年が基礎教育，第10～12学年が中等教育として位置づけられ，この12年間が義務教育とされている。このうち基礎教育は，第1期（第1～4学年），第2期（第5～6学年），第3期（第7～9学年）の3期に区分される。
5) ポルトガルの学校教育制度と地理教育カリキュラムについては，池（2015）に詳しい。
6) 『ナショナル・カリキュラム』において，ESD を強く意識した記述が見られるのは，「地理」「自然科学」「技術教育」の分野であり，「地理」は ESD を担う主要教科の1つして位置づけられている（Cachinho　2012, p.168）。とくに第3期では，「地理」と「自然科学」の2教科が主に ESD を担っている（Sousa and Amador　2014, p.102）。
7) 実際には項目ごとに具体的な学習内容も示されているが，ここでは省略した。例えば，「発展のコントラスト」のうち「発展の程度の異なる国々」の第1項目「経済発展と人間開発の概念を理解する」では，以下の6つの具体的な学習内容が示されている。①国内総生産と国民総生産を確認する。②経済発展を人間開発から区別する。③多様な性質の人間開発の指標（人口学的，社会的，文化的，経済的，政治的，環境的な）について述べる。④グローバルなスケールでの経済発展と人間開発についての指標の分布図を解釈する。⑤経済発展と人間開発の指標に基づき，発展の程度の異なる国々を比較する。⑥ OPEC（石油輸出国機構），NIEs（新興工業国），BRICS，後発開発途上国の特徴を把握し，位置を確認する。
8) ここでは第9学年の地理教科書である Rodrigues and Coelho（2009）を参考にした。
9) Departamento da Educação Básica（2001, p.9）によれば，コンピテンシーは「知識・能力・態度・経験を通して理解されるものを統合した広い概念」として捉えられ，多様な場面，とくに問題に直面した時に知識・能力・方法を適切に適用できる力を意味している。
10) Martin（2010, p.9）も，多くの教師は専門的コンピテンシーの内容を授業に活かしきれず，従来型の知識の伝達を重視する授業が行われている場合が多い，としている。

文献

池　俊介（2015）：ポルトガルにおける中学校地理教育の特徴と課題．新地理, 63(1), pp.1-18.

大西宏治（2008）：持続可能な開発のための地理教育に関するルツェルン宣言（全訳）．新地理, 55（3・4）, pp.33-38.

志村　喬（2010）:『現代イギリス地理教育の展開－「ナショナル・カリキュラム地理」改訂を起点とした考察－』風間書房.

中山修一（2011）：地理 ESD 教材開発の目標，内容，方法．中山修一・和田文雄・湯浅清治編『持続可能な社会と地理教育実践』古今書院, pp.10-15.

山本隆太（2015）：ドイツ地理教育におけるシンドロームアプローチの受容とその意義－ ESD による影響を中心として－．新地理, 63(1), pp.39-58.

Alberto, A. (2001) :*O Contributo da Educação Geográfica na Educação Ambiental. A Geografia no Ensino Secundário*, Centro de Estudos Geográficos da Universidade de Lisboa.

Alegria, M. F.（2002）：As Recentes Alteração no Currículo Obrigatório de Geografia em Portugal (1989-2001), *Finisterra* 73, pp.81-98.

Cachinho, H. (2012) : A EDS no Currículo Nacional, In *Educação para o Desenvolvimento Sustentável*, ed. Conselho Nacional de Educação, pp.157-179. Conselho Nacional de Educação.

Departamento da Educação Básica（2001）：*Currículo Nacional do Ensino Básico － Competências Essenciais*, Ministério da Educação.

Departamento da Educação Básica（2004）：*Geografia Orientações Curriculares 3.ºCiclo*, Ministério da Educação.

Guerra, J., Schmidt, L. and Gil Nave, J. (2008): Educação Ambiental em Portugal: Fomentando uma Cidadania Responsável, Ⅵ *Congresso Português de Sociologia (Proceedings)*, pp.3-16, Universidade Nova de Lisboa.

Martins, F.（2010）：O Currículo Nacional e as Orientações Curriculares de Geografia no Ensino Básico: das Concepções às Práticas, ⅩⅡ *Colóquio Ibérico de Geografia(Proceedings)*, pp.1-11.

Ministério da Educação e Ciência（2013）：*Metas Curriculares Ensino Básico Geografia 9º Ano: Versão para Discussão Pública Novembro de 2013*, Ministério da Educação e Ciência.

Rodrigues, A. and Coelho, J. (2009)：*Viagens Geografia 9º Ano : Contrastes de Desenvolvimento, Ambiente e Sociedade*, Texto Editora, Lda.

Schmidt, L. (2012): Ensaio para a aplicação da Decáda EDS em Portugal, In *Educação para o Desenvolvimento Sustentável*, ed. Conselho Nacional de Educação, pp.57-75. Conselho Nacional de Educação.

Schmidt, L. and Guerra, J. (2013): Do Ambiente ao Desenvolvimento Sustentável: Contextos e Protagonistas da Educação Ambiental em Portugal, *Revista Lusófona de Educação* 25, pp.193-211.

Sousa, V. and Amador, F. (2014): Educação para o Desenvolvimento Sustentável numa Escola do 3.ºCiclo do Ensino Básico, In *Território, Communidades Educadores e Desenvolvimento Sustentável*, ed. Departamento de Geografia, Faculdade de Letras da Universidade de Coimbra, pp.98-107.

第14章　Teaching Geography in England "in this day and age"
―Geography Education and ESD in England―

Clare Brooks

Introduction

In this short paper, I want to open a window on geography education in England, and to outline some of the challenges of teaching geography in England "in this day and age". I have borrowed the phrase "in this day and age" from Professor Richard Pring from the University of Oxford, who led a team on a Nuffield research project where they asked "what does it mean to be an educated 19 year old in this day and age" (Pring *et al.* 2009). Their premise for doing so was to explore if there were specific expectations, requirements or issues prevalent today that require a different sort of education to the kind we have had in the past. For the geography education community in England, these sorts of issues are particularly important, and have been influential in how geography is perceived and understood. In this short paper, I:

- Summarise the dominant issues influencing education generally in England, and the effect they are having on geography education;
- Outline the historical debates prevalent in geography education in England, and their legacy for geography teachers today;
- Discuss how attitudes towards education for sustainable development are influencing how and what we teach.

Relative to many other countries, geography education holds a strong position in the UK, and in particular in England. Many countries across Europe have seen geography education come under threat as a discrete subject, sometimes tied into social studies or a humanities education that can be divide geography into physical or human sciences. Geography has retained its position as a discrete subject in England. However, it is important not to be complacent. Whilst geography may have "its place in the sun" at the moment, the world keeps turning and the situation tomorrow may be different indeed: teaching geography in England can change very quickly!

The situation in England today

I have already mentioned Professor Pring's question: **What does it mean to be an educated 19 year old in this day and age?** Pring and colleagues have explored the changing world we live in, the changing economic structures, increased technology, and the impact of an increasingly interconnected and globalized world. And they ask: What does a 19-year old school graduate need to know to thrive in such a world? This is a powerful question, and challenges the geography education community to ask: What **geography** do you need to be an educated 19 year old in this day and age?

The reality of growing up in England today is that we have relatively high youth unemployment: known locally as NEETs which stands for Not in Employment, Education or Training. These are young people who have decided not to continue with their education, but have not been able to secure work, apprenticeships or other forms of employment or training. The high number of NEETs is related to the changing perception of university education in England particularly. English students have to pay up to £9,000 a year in tuition fees (about 1.7 million Yen). Many students will leave university with debts of around £40,000 (or 7.5 million Yen). Unsurprisingly then, young people are questioning whether a university education, or indeed education generally, is worth this expense. This change in the perception of the value of education has a different impact on different subjects. Geography is traditionally a popular subject for (school) students, and graduate employment data reveals that geography graduates are the most employable (more so than vocational subjects like law or accountancy). However, the "market-place" for subjects is increasingly focussed around the perceived "usefulness" of a subject: or more specifically the potential for employment and or workplace skills. Numbers of students on geography degrees have remained stable, but the proportion of all students who elect to study geography has dropped.

In terms of statutory regulations, Geography education is compulsory for all young people up to age 14 in state schools. This is a good position for geography compared to many other European countries. However, due to changes in our education structure, specifically the introduction of free-schools and academies, now more than 50% of our schools are not state schools, and therefore are not obliged to teach the national curriculum. Research into the distribution of students taking public examinations in geography (Weeden and Lambert 2010), shows that students in rural areas are more likely to have access to geography at examination level than students in urban areas. Students in urban areas may take hybrid or vocational subjects instead. Reasons for this shift are complex, but Weeden and Lambert suggest that it is related to pressures for schools to get results and a perception that geography is a difficult subject for all students to do well in.

Assuming however, that students are getting access to geography in schools, another prevalent issue is who is teaching them that geography. Primary school teachers, who may not have studied geography themselves beyond the age of 14, may only get three or four hours of training in geography during their pre-service year, and are unlikely to observe any geography lessons during their school practicums(Catling 2013). At secondary school, there are a worrying number of non-specialists teaching geography and concerns about how policy changes in initial teacher education could be affecting the geographical content and support that student teachers have access to (Tapsfield *et al.* 2015).

Recruitment of specialist geography teachers is a pressing issue. One in five new teachers leave the profession within their first year. 40% of new teachers leave before they have been teaching for 5 years. And teaching is an aging profession, with 40% of teachers approaching retirement age. In terms of recruitment, Geography is a shortage subject for prospective teachers.

So there are many challenges facing teachers in England. The situation in education generally is showing a number of shifts that is making teaching a more unattractive profession. There is an increased emphasis on accountability in schools: with increased pressures on individual teachers to get good results (which will ultimately affect their pay) and increased monitoring of individual teachers and classroom practices. Added to that is an increase in the amount and rate of change going on in schools: legislation and regulations are changing more often and with shorter lead-in times, making it more and more challenging for teachers to consider how they respond to changing initiatives. In the words of one of the teachers who participated in my research, there is an increased sense that teachers are becoming "exam factories", preparing students for high-stakes public examinations and are less able to teach geography in the way they feel is best for their students (Brooks 2016, see also Ball, Maguire and Braun 2012).

The emphasis on teachers helping their students to get good grades, is not necessarily a bad thing. Of course we all want to students to do well. The issue for many teachers is that the emphasis is on short-term examination performance, rather than deep learning of the subject. So students are being drilled in examination technique, and are not engaging in meaningful subject-related pedagogy to enable them to understand the underlying structures and conceptual development specific to geographical understanding.

This is not helped by the rapid changes to the curriculum. Both the national curriculum, and all our public examinations (GCSE and A'Level) have been overhauled recently due to changes to government policy. The new national curriculum has shifted away from a curriculum expressed by key concepts and processes to a knowledge-led curriculum. Within the geography community, this has prompted a heated debate into what knowledge should be considered core to a young person's education, which reflects political divisions on geographical content, with the right wanting to exclude discussions about climate change, whilst the left want more emphasis on sustainable development. The questions that emerge are around what is "essential" or "core" knowledge within geography and who should decide (Firth 2012). One of the concerns raised by research is that how the curriculum is expressed will affect how it is taught, and that a knowledge-led curriculum can lead to a superficial transmission style pedagogy that will not induct young people in what it means to think geographically.

This concern about what it means to teach and learn geography are further exacerbated by changes to teacher education, characterised by a shift towards what the government calls "school-led" teacher education. This shift means the reduced involvement in Higher Education Institutions (or universities) in teacher education. The effect is that geography teachers are less likely to be supported by other subject specialists, and are less likely to be train alongside other geographers: the impact has been an increase in isolated, generic training without the guidance of a subject expert or geography specialist (Tapsfield *et al.* 2015). Opportunities then for new geography teachers to develop a deep understanding of geography-specific pedagogy are becoming more limited.

The brief overview of geography education in England that I have described above is akin to what Clandinin and Connelly (1995) have called a professional knowledge landscape. They describe how the professional knowledge landscape is made up of a series of "sacred stories" about teaching and about education that can influence or effect individual teachers. These stories often make up the background landscape to how teachers understand their professional practice and are full of moral messages about what is perceived to be the "right" way to do things. These stories can be difficult for individual teachers to resist, and so it is important to understand how the geography education community has responded to such pressures.

Legacy of geography education in England

In England, geography has a very strong tradition. The first recorded school geography textbook was in 1827. Geography became a State secondary school subject in 1902. However, in the early 20th century, geography taught in schools looked very different to how it appears today. The purpose of geography education was to teach young Britons about the British Empire: it was characterised by environmental determinism (which gave way to some dubious explanations as to why people from some parts of the world were different to others). The curriculum was dominated by regional geography, and influenced by patriotism, as expressed in the words of Mackinder in 1911: 'let teaching be from the British standpoint'. It was knowledge driven.

After the second world war, geography education changed dramatically in response to the growth of progressive 'child centredness' ideas in education. These movements fundamentally questioned the structure of the curriculum, and as a result there was a growth in subject 'integration': subjects like World Studies, Humanities, Peace Education – all of which featured geography, not as a discrete subject but as an integrated subject alongside other humanities and social sciences. Whilst pedagogically, these developments were interesting and exciting, a major criticism of them was that they did not enable young people to develop a deep understanding of the discipline, but a more superficial general understanding of world issues (see Marsden 1997).

This changed again at the turn of the century, with the introduction of the National Curriculum after the 1988 Education Reform Act, and then subsequent revisions (1995, 2000, 2007) to those Original Orders, which had stronger educational aims, but less prescribed content. More recently the influence of the National Strategies in literacy and numeracy (in 1997) have taken the emphasis way from subject areas like geography to core skills, and generic pedagogy.

The pendulum has therefore swung backwards and forwards between an emphasis on geography as a separate curriculum area or as part of general educational experience. Today, the increased marketisation of schools, and the growth of specialist schools or academies, means that this pendulum swing can be seen at a local level as well as at a national level. Non-state schools can choose how to structure their curriculum and there is generally a shift from skills and competences to more concern with academic rigour, and a knowledge-based curriculum. The introduction of the EBac (English Baccalaureate) and the Progress 8 measure, has meant that schools are now encouraging students to take 'traditional' subjects like Geography.

Within this melee of change and shifting priorities, the geography teacher is key. As the professional knowledge landscape shifts, so teachers have to consider how they respond to and react to the sacred stories about their practice. Having a strong sense of what a quality geography education means, and how to enable young people to develop in their geographical understanding is paramount: what new geography teachers need is a refined sense of geography specific pedagogy.

Geography and Sustainable development

So within all these changes how does this affect important areas like education for sustainable development? With the introduction of the new knowledge-based national curriculum, the inclusion of sustainable development was a key area for debate. There are three influences which affected this debate:

Firstly, is the recognition within the academy of the Anthropocene: the recognition that humans are having a significant impact on the planet, to the extent that it constitutes a new geological epoch. This important observation has caused a renewed an interest in the geography community to educate young people about their relationship with and impact on the environment (Castree 2015). It is however compounded by critiques such as from John Huckle who argue that the school subject as prescribed in the national curriculum, is not designed to help students deal with such issues. Huckle argues:

> "Too many pupils are left alienated, bored and disenchanted by geography lessons that do not answer their need to understand their present and likely future place in the world and how this shapes both their identity and their rights and responsibilities as citizens." (Huckle 2002, p.71).

Education for sustainable development has also been affected by the current period of changing economics. The recent economic crisis has not just affected how education is funded but also has influenced how we view our relationship and stewardship towards the environment. Before 2008, it was popular for people to modify their spending habits to take into account environmental impact. For example, every supermarket chain had a range of organic foods which were promoted on the basis of their nutritional value and their environmentally-sound production. Since 2008, the emphasis is on value brands, with supermarkets racing to price-cut each other, often at the expense of the environment. A recent example would be the price of milk in the UK, which has been driven so low by the supermarket chains that it costs farmers more to produce milk, than the price they are able to sell it for.

When the economy is in crisis the first thing to suffer is the environment. Decisions about sustainability, profit over quality and environmentally sound choices are counter-balanced with questions about economic productivity and quality of life. This affects how geography education is viewed. For example, is the purpose of geography education is to teach young people to see the environment as a resource to be exploited, or as a resource to be cherished and valued?

At the same time, the life-worlds of our young people are changing. This is not just in relation to the increased use of technology, mobile connectivity, and the prevalence of social networks: such Facebook, Twitter, Instagram, WeChat. The use of technology changes our relationship to the environment and how we see the world. Children in the UK, are less likely to play outside, less likely to ride a bicycle but are more likely to have wide social networks albeit virtual ones. Some argue this is a shift from the local to the global, but research into children's behaviour patterns suggest that these social networks are localised (Livingstone 2009). The shift is more accurately characterised as being from the outdoors to the indoors.

Curriculum Making

Teachers are at the heart of these debates and more importantly are the key to dealing with them. In England, the Geographical Association has sought to support geography teachers in handling these influences and in a considered balanced way. These attempts are summarised in the curriculum making diagram, where the three main sources of energy: the student experience, the geography and the teacher's choices about pedagogy are kept in balance to enable effective geographical learning to take place. The teacher is the central actor who can ensure that all three are kept in balance (see Fig. 14-1).

This idea of Curriculum Making is underpinned by a powerful sense of teacher professionalism, where teachers are viewed as experts in their subject, their student and their needs, as well as in pedagogy. Teachers have the autonomy to exercise that expertise and need to be trusted to do so. There is a lot of work to be done to ensure that those issues of autonomy and trust are strengthened in the English education system today. This view of curriculum making also reflects the teacher's control of their work, and their ability to make decisions about the curriculum, including decisions around what to teach, about pedagogy (how to teach) and how that should be brought together for their specific groups of students. This view also enables teachers to take a pluralistic, inclusive and

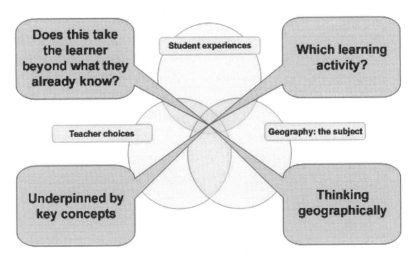

Fig. 14-1: Curriculum Making diagram
taken from (Lambert and Morgan, 2010)

dynamic view of geography, sensitive to influences from the academy (such as the Anthropocene) so that students are taught up-to-date and challenging geographical ideas. But to enact these responsibilities, teachers need to be skilful pedagogues who understand the relationship between geographical ideas alongside how students can best gain access to them.

Returning to the metaphor of the professional knowledge landscape, this sense of the role and responsibilities of individual teachers is important in how teachers navigate this landscape. In my research with experienced geography teachers, I sought to find out what sustained their practice in the long term (for some up to 14 years) and through all this period of continual change. The teachers I worked with demonstrated what I have called a professional compass. If teachers' contexts are viewed as professional knowledge landscapes (as outlined by Clandinin and Connelly 1995) then the teachers I worked with appeared to have a professional compass to help them navigate this landscape. The professional compass was made up of a strong subject identity, reflected through continual engagement with a meaningful "subject story": an expression of what the subject means to them. Results from my research suggest that successful teachers commit to a personal vision of geography education that reflects their values about their subject. These values underpin teacher's practices, and teachers work best in an environment that shares their values. It helps them to make decisions about pedagogy that are in line with their understanding of the subject: and underpins successful teaching and learning.

It is when we support teachers to teach in line with their professional compass, and their own values in teaching that they can start to be seen as curriculum makers who can ensure that whatever the debates are going on around education and schools, the students' experience of geography fully equips them to understand and be active within the world.

References

Ball, S. J., Maguire, M. and Braun, A. (2012): *How Schools Do Policy: Policy Enactments in Secondary Schools,* London: Routledge.

Brooks, C. (2016): *Teacher Subject Identity in Professional Practice: Teaching with a professional compass,* London: Routledge.

Castree, N. (2015): The Anthropocene: a primer for geographers, *Geography,* **100**(2), pp.66-75.

Catling, S. (2013): The need to develop research into primary children's and schools' geography, *International Research in Geographical and Environmental Education,* **22**(3), pp.177-182. doi: 10.1080/10382046.2013.818187

Clandinin, D. J. and Connelly, F. M. (1995): *Teachers' Professional Knowledge Landscapes,* New York: Teachers College Press.

Firth, R. (2012): Disordering the coalition government's 'new' approach to curriculum design and knowledge : the matter of the discipline, *Geography,* **97**(2), pp.86-94.

Huckle, J. (2002): Reconstructing Nature: Towards a Geographical Education for Sustainable Development, *Geography,* **87** (1), pp.64-71.

Lambert, D. and Morgan, J. (2010): *Teaching geography, 11-18: a conceptual approach,* Maidenhead: Open University Press.

Livingstone, S. M. (2009): *Children and the Internet: great expectations, challenging realities,* Cambridge: Malden.

Marsden, W. E. (1997): On taking the geography out of geographical education, *Geography,* **82**(3), pp.241-252.

Pring, R., Hayward, G., Hodgson, A., Johnson, J., Keep, E., Oancea, A. and Wilde, S. (2009): *Education for all: the future of education and training for 14-19 year olds,* London:

Tapsfield, A. with Roberts, M and Kinder, A. (2015): *Geography initial teacher education and teacher supply in England: A national research report by the Geographical Association*, Sheffield: Geographical Association.

Weeden, P. and Lambert, D. (2010): Unequal access: why some young people don't do geography, *Teaching Geography,* 35(2), pp.74-75.

和文要約：「今現在」のイギリスにおいて地理を教える
―イングランドの地理教育と ESD―

クレア・ブルックス（訳・要約：志村　喬）

　本稿は，1）イギリス（イングランド）における教育へ一般的に影響を与えている支配的課題と，それが地理教育へもたらす影響について紹介したうえで，2）イギリスの地理教育において広くなされた歴史的議論及び今日の地理教師にとってのその遺産を概説し，3）ESDへの態度が，何をどう教えるかについてどのように影響を与えているのかを論ずる。なお，イギリス（イングランド）で地理は独立教科であり，他の欧州諸国と比べ強い立場・伝統を持っているが，その教授は変化している。

　地理は，伝統的に生徒・学生に人気のある教科であり，雇用データは地理の学位は卒業生の中で最も雇用面で価値が高いことを明らかにしている。ナショナル・カリキュラムで地理は14歳まで必修であるが，学校種や地域により違いが生まれている。さらに，生徒が地理を学んでいても，誰が・どのように教えているかが重要な問題である。14歳以降に地理を十分に学んでいない小学校教師，学校現場での外部試験成績のプレッシャー，教員養成政策の変化により，教師という「専門職をとりまく知の風景(Professional Knowledge Landscape)」は大きく変化している。

　20世紀初頭から独立教科である地理は，第二次世界大戦後の進歩的教育思想に対応して変化した。ワールドスタディズ，人文科，平和教育が統合教科的に地理を特色づけることとなった一方，学問的な深い理解を発達させられない

という批判も生じた。地理を独立必修教科として規定した教育改革法(1988年)により，地理は再び変化した。さらに近年は汎用的内容を重視する教育政策の影響を受けている。このような変化の中では，地理教師が鍵である。「専門職をとりまく知の風景」が移りゆくなか，教師は，変化に対してどのように対処するか常に考えなくてはならない。

　これら変化の中で，ESD をナショナル・カリキュラムに含めることは論争の核であった。この論争に影響を与えたのは，第1にアントロポセン（人新世）への学界での認識－人間は地球に大きな影響を持つにいたっており，それは新しい地質時代を構成する程度にあるという認識－である。この認識は，環境との関係や影響について扱う地理教育界において新たな関心を引き起こしている第2に，変化する経済の影響である。2008年のように経済が危機にある時，最初に犠牲になるのは環境であり経済との釣り合いが問われる。環境は，開発・利用されるべき資源として，それとも大切で貴重な資源として，教えるべきなのであろうか？　第3に若者の生活世界の変化である。フェイスブック，ツイッターのような社会的ネットワークの普及，モバイル接続・技術使用の増加は，世界や環境とのかかわり方を変化させている。

　教師はこれら議論の中心に位置し，それに対処する鍵である。イギリスでは，この鍵となる教師を地理学協会(Geographical Association)が支援してきた。これらの試みは，カリキュラムづくり(curriculum making)の図（Fig. 14-1）にまとめられる。効果的な地理学習には3要素（生徒の経験・教科である地理・教授教育学についての教師の選択）のバランスが重要であり，教師こそがバランスを保障する中央の行為者である。この考えは教師を教授教育学だけではなく，教科，生徒，そして彼／彼女らのニーズに精通した者とみなす強い教職専門者意識(sense of teacher professionalism)に支えられている。教師は専門性を発揮する自律性を持っており，その発揮のためには信頼される必要がある。教師は地理的な考えとともに，それら考えへ生徒がどのように接することが最良であるかを熟知した巧みな教育者（skilful pedagogues）である必要がある。

　教師の置かれている状況が，「専門職をとりまく知の風景」と見なされるならば，この風景の中で教師が方向を定め進むことを助ける「専門職としての羅針盤(professional compass)」が必要である。私の研究結果によれば，この「専

門職としての羅針盤」は強い教科アイデンティティにより形づくられており，優れた教師は，教科に関する自身の価値観を反映した地理教育ビジョンを持っている。自身の「専門職としての羅針盤」及び価値観に合わせて教師が教えることを私たちが支援するとき，教育と学校のまわりで進行している議論が何であれ教師は，地理学習体験が生徒に完全に理解され，世界の中で能動的になることを身に付けさせることを保証できるカリキュラムをつくるとみなされる教師（curriculum maker）たることができるのである。

第15章　Geography and Sustainability Education in Finnish Schools

Sirpa Tani

Introduction

General education in Finland is based on the nine years of comprehensive school the aim of which is to offer equal opportunities for all the children to receive education. Before that, children have one year of pre-primary education when they are six years old. Compulsory education takes nine years (six years in primary and three years in lower secondary schools) and it is followed by general or vocational upper secondary education that both usually take three years. Education is free for all the students from the pre-primary to upper secondary levels (Finnish Education in a Nutshell 2012).

Geography is taught as an individual or integrated subject in primary and general upper secondary schools. The status of geography has been changing during the decades, but it has been included in the national framework curricula throughout the history of the comprehensive school system from its start in the beginning of the 1970s. In this article, the new version of the curriculum will be described. Special attention will be paid to the changes of the status of geography compared to the old curriculum. The role of education for sustainable development as part of geography education will also be explored.

To understand the Finnish education system and the position of geography education as part of it, some major challenges of the subject will be explored in this paper. It will be shown how there have been – and there still are – issues that have either threatened the future of geography education or at least made its development problematic. First, geography has a close connection with biology, which has on one hand made it difficult to develop the social-scientific dimension of the discipline but, on the other hand, it has kept the links to the natural sciences relatively strong. Second, a long tradition of regional geography in schools has kept the gap between contemporary academic geography and school geography wide. Third, the lack of a 'big picture' of the subject has sometimes made it difficult to connect broader educational aims to geographical content knowledge and to construct links between fragmented pieces of knowledge.

In addition to the challenges listed above, the main elements of the new core curricula for primary and secondary schools will be described. Special attention will be paid to one of the new concepts that have been introduced to the core curricula; that of an 'eco-social approach to well-being'. It will be asked if this approach could help geography teachers to better fight against the possible pitfalls that the three above-mentioned challenges may create. The eco-social approach will be analysed in the context of education for sustainable development.

Three challenges of geography education in Finland

Next, I will describe three issues that I see as challenges in the role and status of geography education in Finnish schools. It is fair to say that these issues can also be viewed from a different perspective, the one of the opportunities they can offer to geography teaching, but for the perspective of this article, their problematic side deserves a closer look.

There are remarkable differences in the ways of positioning geography as a school subject in different countries. In many countries, for example in the United States, it is one of the social sciences, while in some others, for example in England, it is taught together with humanities (Lambert, Solem and Tani 2015). In Finland, the situation is different: due to some historical reasons, almost all geography teachers' posts are connected to biology, which means that the majority of the geography teacher students study both geography and biology in their degrees (Tani 2014). Most of them have biology as their major subject while geography is studied only as a minor subject (bachelor level). This means that teachers' knowledge of geography is often more limited than that of biology. It also means that for many teachers, topics of physical geography may be more interesting because they are more easily connected to the natural scientific thinking, whereas human and social sides of the discipline are often regarded as more difficult or, as some teachers and teacher students may think, even boring to teach. This can be seen as a challenge for geography teaching, because many of the important issues of this day and age (such as climate change, globalisation, sustainable development and cross-cultural understanding, just to name but a few) are impossible to understand without a deeper knowledge of human and social geography.

The second challenge is the gap between school geography and the academic discipline. This gap has been observed in many countries. In Finland, one of the reasons for the situation is the strong tradition of regional geography in schools, which has kept the subject especially in primary and lower secondary schools often far from the recent developments in academic geography. There would be, however, many themes and perspectives that could be easily transferred into the school context. Among these are, for example, recent work in children's and young people's geographies, tourism geography, feminist and development geographies, urban and cultural geographies, and many more (Tani 2011).

The third challenge is related to the amount of detailed and factual knowledge that has been included in geography education. This is especially the case in upper secondary school that ends with the matriculation examination. Students do not have to make the test in all the school subjects, but the existence of the examination is a powerful agent guiding teachers' choices of what and how to teach. This can easily lead to the emphasis of factual knowledge at the expense of deeper understanding. The aim to understand the 'big picture' of the world and to understand connection between different issues may be lost. At the same time the stress to study for the final examination can lead to a lack of time for broader educational aims and value-based issues. Teachers and students may not have enough time for important discussions and for studying complex phenomena where different bodies of knowledge could be brought together.

These three challenges described above can also be seen from the opposite angle: they all offer some opportunities, which can be seen as positive features in school geography. The close link between geography and biology can help students understand scientific aspects of complex phenomena such as climate change. The strong tradition of regional geography and the amount of studied facts give students a good knowledge base on the world. These three features, despite the perspectives they are studied from, are always affecting the renewal process of geography curricula. What is regarded as relevant in geography education? What kind of knowledge is seen as important for students and their futures? What are the values that school geography should represent?

Next, I will briefly describe the renewal process of the national framework curricula that has been going on in recent years. Then, I will explain the status, aims and contents of geography in the new core curricula, after which I will make an introduction of the concept of 'eco-social approach to well-being'. This will be done in order to start a discussion about its potential to overcome the three obstacles illustrated above.

Geography curricula in Finnish schools

The new version of the national core curriculum for primary and lower secondary schools has been published in 2014 and for upper secondary schools in 2015 (Finnish National Board of Education 2014, 2015). The process for the basic education (first nine years of schooling, including six years of primary school and three years of lower secondary school) was organised so that the special working groups of different stakeholders (including teachers, teacher educators and representatives of education providers) made first drafts of the curricula, which were then published online and opened for everyone to make comments and suggestions. The received feedback was then taken into account before the Finnish National Board of Education approved the final version of the core curriculum in December 2014. The new core curriculum is implemented at the primary level in 2016 and at the lower secondary level gradually starting from 2017. General upper secondary schools have also gone through the curriculum renewal process. The new curricula were published in October 2015 and was implemented in the autumn 2016 for the starters of the upper secondary school and then gradually for all the levels of the school. Main differences between the old and new curricula are described in Table 15-1.

Geography has undergone some changes in the new curricula when compared

Table 15-1. The status of geography in the core curricula for primary and secondary schools in Finland in the former and the most recent curricula

Grade	Name of the school subject in curricula (Finnish National Board of Education 2003, 2004)	Name of the school subject in curricula (Finnish National Board of Education 2014, 2015)
1–4	Environmental and Natural Studies	Environmental Studies
5–6	Biology and Geography	
7–9	Geography	Geography
Upper secondary school	Geography • 2 mandatory courses ('Blue Planet' & 'Our Common World') • 2 optional courses ('World of Risks' & Regional Studies') • schools can organise some extra courses	Geography • 1 mandatory course ('The Changing World') • 3 optional courses ('Blue Planet','Our Common World', 'Geomedia: Study, Participate, Influence') • schools can organise some extra courses

to the previous core curricula from the early 2000s, and even when the changes may seem modest, the status of geography has slightly weakened. The core curriculum of 2004 stated that geography was studied as part of the subject 'Environmental and Natural Studies' in grades 1–4, integrated together with biology, physics, chemistry and health education. In the 5th and 6th grades biology and geography were defined as one school subject, but their aims and contents were separately described (Finnish National Board of Education 2004). In the new curriculum, geography will be integrated with biology, physics, chemistry and health education in a subject called 'Environmental Studies' during the first six years (primary school level). In grades 7–9, geography has been taught as a separate subject, and it will remain its individual status in the new curriculum as well (Finnish National Board of Education 2014).

In the 2004 curriculum for lower secondary schools the content of geography teaching was defined under four themes: 'Earth – human being's home planet', 'Europe', 'Finland in the world' and 'the common environment'(Finnish National Board of Education 2004). The four themes were then explained by listing issues that highlighted the importance of knowledge in the subject. Emphasis was thus placed on the questions of 'what' and 'how' students were hoped to learn geography. These goals were described in detail in the context of the criteria for good achievement: students should know how to 'perceive', 'recognize', 'describe', 'depict', 'compare', 'analyse' and 'explain' certain issues. They should also be able to 'apply geographical knowledge' and 'plan and carry out small-scale studies'. What were completely left out of these descriptions, though, were all the references to the students' own experiences and actions based on them.

Knowledge was thus been highlighted in the aims of the subject whereas no clear definitions of value-based goals were given; the only exception was one sentence that had some connotation to values: 'Geography instruction must support the pupils' growth as active citizens committed to a sustainable way of life' (Finnish National Board of Education 2004, p.182). Goals of the subject were listed as issues that students should learn and understand. Two of these can be connected to values: students should 'know how every citizen in Finland can have an impact on the planning and development of his or her own living environment', and that they should 'understand and evaluate critically news information on such issues as global environmental and development questions, and learn to act in accordance with sustainable development themselves' (Finnish National Board of Education 2004, p.182; Tani 2014). The last sentence is the only one in the 2004 geography curriculum that includes any reference to the students' role as active individuals. Most of the aims have been linked to the cognitive outcomes of education: knowing and understanding have been defined as important features in students' learning, whereas their own actions in the learning process have hardly been mentioned. It is thus relevant to question whether the students have been encouraged to act in an environmentally responsible way, or whether it has been viewed to be sufficient that they just know what kinds of actions would be needed in order to practise a sustainable way of life.

The aims of the subjects are described in more detail in the new core curriculum compared to earlier ones. The aims are linked to 'meaning, values, and attitudes', 'skills for investigation and action', and 'knowledge and understanding'. Main contents of each subject are then described and attached to these aims, skills and competencies. The new curriculum for lower secondary schools (Finnish National Board of Education 2014) has been designed to highlight students' role as active agents in learning process. Even when knowledge is still been regarded as important, more emphasis has been placed on the attempts to 'learn to learn', skills and competencies as well as values. Objectives are expressed under three categories: 1) Geographical knowledge and understanding (four objectives); 2) Geographical skills (seven objectives); and 3) Objectives related to attitudes and values in geography (two objectives). Six key content areas are listed in the new curriculum (Finnish National Board of Education 2014, pp.661-662):

1. The map and regions of the world
- basic concepts of the map
- different field maps and thematic maps
- perceiving the world as a whole
- learning key place names of Finland, Europe and the world

2. The current, changing world
- following the latest news and locating them on the map
- reflecting critically the news
- familiarizing oneself with geographical skills

3. Basic conditions for life on Earth
- changes in times of day, seasons and climate
- vegetation zones
- examining basic conditions for life, their occurrence and sustainable use

4. Changing landscapes and living environments
- observing the special features of students' local area and landscape areas in Finland
- conducting field studies in local surroundings
- participating in preserving diversity and in planning and improving comfort and safety in their surroundings
- studying natural and cultural landscapes of different areas of the world

5. People and cultures on Earth
- cultures, people's way of life, housing, and industries in Finland, Europe and other parts of the world
- impacts of the environment on livelihood, housing, and other human

activity
- discussing human rights and the prerequisites for a good life, particularly from the viewpoint of children and young people

6. A sustainable way of living and sustainable use of natural resources
- possibilities of bioeconomy in Finland and elsewhere in the world
- examining the life cycles of products
- considering personal consumer choices and activity as responsible citizens
- environmental changes, particularly the climate change and the loss of biodiversity
- the state of the environment and possibilities for cooperation in the Baltic Sea region
- the effects of globalisation and questions of regional development

The list above shows the major change in the geography curriculum: when the 2004 curriculum had a strong emphasis on regional geography and factual knowledge, the new curriculum highlights the importance of enhancing students' understanding of complex phenomena and their abilities to critically evaluate information coming from different sources. Their own role as active and responsible citizens is also emphasized.

The change of the status of geography in upper secondary schools has been more remarkable than the situation in basic education. In the 2003 curriculum, geography had two obligatory and two voluntary courses that every school had to offer. The courses that were studied by all the students covered basics of physical and human geography, while the voluntary courses dealt with environmental risks (so-called hazard geographies) and regional studies. In the new curriculum, geography has only one mandatory course and three voluntary courses (Finnish National Board of Education 2015). The mandatory course 'The Changing World' is designed to help students familiarise themselves to examine the changing world and its regional problems. Current news from different parts of the world is followed and the vulnerable regions regarding natural and environmental hazards and risks of humankind are studied. The course concentrates not only on risks but also on positive development and opportunities that are needed for controlling, preparing for, foreseeing and adapting to the risks. 'Eco-social sustainability', 'circular economy' and 'global development issues' are defined as essential viewpoints for geography education. The skills to use different kind of geographical media ('geomedia' as it is phrased in the new curriculum) are also emphasized in the curriculum.

Integration in Finnish schools – potential for sustainability education

Geography has common features with many other school subjects. As it has already been mentioned, geography teachers in Finland have usually also studied biology in their academic degrees and therefore these two subjects have many connecting links in schools. There are also many themes that can be shared with other school subjects and therefore, it is important to take a look at the ways in which integration of subjects is organised in national curricula in Finland.

In the former core curriculum for the primary and lower secondary schools (Finnish National Board of Education 2004) cross-disciplinary themes were defined; they were supposed to be integrated into all school subjects. The cross-curricular themes were also defined for the upper secondary school in the 2003 curriculum (Finnish National Board of Education 2003). There were many similarities in these themes (see Table 15-2).

Earlier ideas of cross-curricular themes have now been replaced by descriptions

Table 15-2. Cross-curricular themes for basic education and upper secondary schools in the 2003 and 2004 core curricula.

Core curriculum for primary and lower secondary school (Finnish National Board of Education 2004)	Core curriculum for upper secondary schools (Finnish National Board of Education 2003)
Cross-curricular themes	
Growth as a person	
Cultural identity and internationalism	Cultural identity and familiarity with different cultures
Media skills and communication	Media skills and communication
Participatory citizenship and entrepreneurship	Active citizenship and entrepreneurship
Responsibility for the environment, well-being, and a sustainable future	Sustainable development
Safety and traffic	Well-being and safety
Technology and the individual	Technology and society

of skills and competencies (such as 'learning to learn', 'skills for everyday life', but also 'participation and creating sustainable future', etc.) in the new core curriculum for primary and lower secondary education. These skills and competencies are designed to be implemented in every school subject. In addition to that, more emphasis is put on creating subject integration so that phenomenon- and discipline-based studying would be possible.

Geography education has always been linked with environmental education in one way or the other, but the ways in which environmental education has been defined in the curricula has changed over the years. Environmental education as a concept was mentioned for the first time in the 1985 national curriculum, but was then converted to promotion for sustainable development in the 1994 core curriculum. In 2004, it was defined as follows: "Geography instruction must support the pupils' growth as active citizens committed to a sustainable way of life" (National Board of Education 2004, p.182). In the new version of the core curriculum, more emphasis has been given to the idea of enhancing sustainable way of life; it is stated that sustainability and an eco-social approach are essential elements that are acknowledged in basic education. An eco-social approach to education is defined as a holistic approach that integrates ecological concerns (e.g. planetary boundaries, vital ecosystem services and foundations of life) with social concerns (e.g. human rights, equity, dignity and social justice) (Salonen and Konkka 2015). It includes four essential elements: participation, systems thinking, sufficiency, and responsibility.

It will be interesting to see how the eco-social approach and the ideas behind it will be applied in teaching of different school subjects. For geography education, it may offer good links that could bring the physical and social dimensions of the subject more tightly in connection to each other. It could also have the potential to build bridges between contemporary academic geography and school geography, and it may offer students new ways to learn to construct the "big picture" instead of concentrating in fragmented knowledge. In the near future, we will see what kinds of applications schools and teachers will create when they start to plan their local curricula based on the national guidelines, and how the textbook writers will answer the aims that have been defined in the core curriculum.

References

Finnish Education in a Nutshell (2012): Ministry of Education and Culture, Finnish National Board of Education & CIMO, Helsinki. http://www.oph.fi/download/146428_Finnish_Education_in_a_Nutshell.pdf

Finnish National Board of Education (2003): *Lukion opetussuunnitelman perusteet* [Framework Curriculum for Upper Secondary Schools]. Finnish National Board of Education, Helsinki.

Finnish National Board of Education (2004): *Perusopetuksen opetussuunnitelman perusteet* [Core Curriculum for Basic Education]. Finnish National Board of Education, Helsinki.

Finnish National Board of Education (2014): *Perusopetuksen opetussuunnitelman perusteet* [Core Curriculum for Basic Education]. Finnish National Board of Education, Helsinki.

Finnish National Board of Education (2015): *Lukion opetussuunnitelman perusteet* [Framework Curriculum for Upper Secondary Schools]. Finnish National Board of Education, Helsinki.

Lambert, D., Solem, M. and Tani, S. (2015): Achieving human potential through geography education: A Capabilities Approach to curriculum making in schools. *Annals of the Association of American Geographers* 105 (4), pp.723-735.

Salonen, A. O. and Konkka, J. (2015): An ecosocial approach to well-being: A solution to the wicked problems in the era of Anthropocene. *Foro de Educación* 13 (19), pp.19-34.

Tani, S. (2011): Is there a place for young people in the geography curriculum? Analysis of the aims and contents of the Finnish comprehensive school curricula. *Nordidactica: Journal of Humanities and Social Science Education* 1 (1), pp.26-39.

Tani, S. (2014): Geography in the Finnish school curriculum: Part of the 'success story?' *International Research in Geographical and Environmental Education* 23 (1), pp.90-101.

和文要約：フィンランドの地理教育とサスティナビリティー教育

シルパ・タニ（訳・要約：山本隆太）

　フィンランドの普通教育は9年制の総合制学校である。地理は総合制学校制度が開始した1970年代以降，独立教科あるいは統合教科として位置付けられている。地理を教える教員の多くは，大学時代に生物学を主専攻，地理を副専攻としていることから，自然地理的な内容の扱いを得意とする一方，人文地理

的な領域の扱いにやや課題が見られる。また，大学での学問的な地理学が発展する一方，教育現場では伝統的な地誌が重視され，大学と学校の間には大きな乖離が生じている。さらに，地理の教科としての"ビッグピクチャー"（全体像）が欠如しているため，地理学習が断片的な事実・知識の習得に留まっている。これらフィンランドの地理教育的課題に対して，最新の2014/15年版カリキュラムと，そこに登場するエコソーシャルアプローチが持つ意義について述べる。

2003/04年版と2014/15年版のカリキュラムの対比（表15-1）をみると，統合教科である「環境」が5・6学年まで拡大したり，後期中等教育段階での必修コースが2から1に減少するなど，地理の教科としての位置付けはやや後退している。03/04年版では，地理的事象の「なにが」，「どのように」といった知識面の獲得が重視され，生徒の経験面や行動面への配慮が欠如していたが，14/15年版カリキュラムでは，生徒の学びにおける主体性が重視されるようになり，スキルやコンピテンシー，価値観を学ぶことが強調されるようになった。また，これを別の観点からみると，03/04年版が地誌学習と事実知に重点を置いていたのに対し，14/15年版では複雑な諸現象の理解と，多様な情報の批判的な評価へと重点がシフトし，より一層，アクティブかつ責任感ある市民性の育成が目指されるようになったといえる。なお，後期中等教育段階の必修コース「変動する世界」では，世界の最新動向や，各地の自然現象の災害リスクと恩恵について，エコソーシャルな持続可能性や循環型経済などの観点から学ぶ。

フィンランドでは，全教科の学習を通じて取り組むクロスカリキュラムテーマ（表15-2）が設定されている（14/15年版では，クロスカリキュラムテーマが「スキルとコンピテンシー」へと名称変更）。地理教員の多くが生物学を修了していることもあり，地理は生物の教科横断的な環境教育を展開してきた。また，同様に，他教科とのクロスカリキュラムテーマにも取組んできた。環境教育からESDへと展開する中で，14/15年版コアカリキュラムでは「エコソーシャルアプローチ」が重視されている。エコソーシャルアプローチとは，エコロジカルな関心事（プラネタリーバウンダリー等）と，ソーシャルな関心事（人権，正義等）を統合するホリスティックなアプローチと定義され，参画，システム思考，充足，責任といった概念・要素から構成される学習である。全教科の学習を通じて実践されるが，地理教育は特に，自然と人文の両領域を強固に

表 15-1　フィンランドの初等・中等学校コアカリキュラムにおける地理教科の対比

学年	2003/04年版カリキュラムでの地理科名称	2014/15年版カリキュラムでの地理科名称
1-4学年	環境と自然科学（地理・生物・化学・健康の統合科目）	環境（地理・生物・化学・健康の統合科目）
5-6学年	生物と地理	
7-9学年	地理	地理
後期中等教育段階	地理 ・必修コース（2）「青い惑星」，「私たちの世界」 ・選択コース（2）「リスクある世界」，「地域研究」 ・学校裁量で追加コースを設定可能	地理 ・必修コース（1）「変動する世界」 ・選択コース（3）「青い惑星」，「私たちの世界」，「ジオメディア：調査し参画し影響を与える」 ・学校裁量で追加コースを設定可能

表 15-2　2003/04年版基礎・中等教育段階コアカリキュラムにおけるクロスカリキュラムテーマ

初等・前期中等教育コアカリキュラム(2003年版)クロスカリキュラムテーマ	後期中等教育コアカリキュラム（2004年版）
一人の人間としての成長	—
文化的アイデンティティと国際化主義	文化的アイデンティティと異文化理解
メディアスキルとコミュニケーション	メディアスキルとコミュニケーション
参加型市民性とアントレプレナーシップ	行動型市民性とアントレプレナーシップ
環境，福祉，持続可能な将来に対する責任	持続可能な発展
安全と交通	福祉と安全
テクノロジーと個人	テクノロジーと社会

結びつけるとともに，また，最新の地理学研究の成果と，学校での地理学習をも結びつける機能を果たすだろう。これにより，生徒は，断片的な知識の獲得ではなく，地理学習としてのビッグピクチャーを描けるようになることが期待される。今後，このカリキュラムが教科書や授業計画においてどのように実践へと具体化されるのか，見守る必要がある。

第16章 Geography Education for Sustainable Development
—An Analysis of U.S. National Geography Standards—

Michael Solem and Susan Heffron

Introduction

This paper examines the relationship between geographic knowledge and the goals of sustainable development, as expressed in U.S. national geography standards. Drawing on the capabilities approach to geography education ("GeoCapabilities"), geographic knowledge is conceived as a form of powerful disciplinary knowledge that enables young people to think in specialized and distinctive ways about environmental sustainability (Lambert, Solem and Tani 2015).

Ideas of human capability development were first formulated in the writings of economist Amartya Sen and philosopher Martha Nussbaum (Nussbaum and Sen 1993). Capabilities are different from competencies and transferable skills such as teamwork, communication, and planning; they instead refer to human potential in terms of a person's freedoms to 'be' and to 'do'. The GeoCapabilities perspective is that geography education has an important role to play in the development of human capability, both in thought and action (Lambert and Morgan 2010; Solem, Lambert and Tani 2013; Lambert, Solem and Tani 2015).

By applying the capabilities approach to geography education for sustainable development, it is possible to analyze the national curriculum standards and frameworks of any country for examples of geographic knowledge supporting human activities that are consistent with the aims of sustainable development. These might include (for example) using the senses to imagine, think, and reason (including basic geographic literacy); using geographic information and concepts to engage in critical reflection about the planning of one's life; living with respect toward others; recognizing and showing concern for other human beings and the environment; engaging in various forms of social interaction; being able to imagine the situation of another; and participating effectively in political choices that govern one's life.

Another core idea that underpins GeoCapabilities is the need for teachers (and students) to understand and value geographical and environmental knowledge as 'powerful disciplinary knowledge (PDK)' (Young 2008). PDK means understanding and interpreting the world using information and concepts derived from academic disciplines. Specialist teachers, such as geography and environmental education teachers, provide students with opportunities to learn how to use geographical and environmental knowledge to think, to explain, to predict and to envision alternative futures. Human beings are more free when they are able think in specialized ways: for example, so that they can make good judgments about information, arguments, and facts. For this reason, curriculum making that originates in the context of PDK is likely to help students more fully understand the principles of sustainable development, enabling them to use disciplinary (geographic) thinking to make sense of the environment and inform their choices of how to live and conduct their lives in accordance with sustainable development practices. In other words, PDK enables people to think beyond their everyday experience and make more informed and principled decisions about important topics and issues, including sustainable development. They will be more capable of doing things such as:

- asking relevant geographical and environmental questions about sustainability;
- seeing the environment in a variety of different ways, informed by geographical and ecological knowledge;
- applying what they have learned in geography education to new situations and places;
- being critical of sources of geographical and environmental information;
- analyzing conflicting data and different viewpoints resulting from learning about the environment;
- considering ethical issues implicit in data acquired to analyze the environment.

U.S. National Geography Standards and Sustainable Development Education

In the United States, the content of geography curricula is determined by the states, not the federal government. However, the U.S. federal government does provide the states with important guidance in the form of voluntary national standards for different subjects.

Currently, the U.S. national geography standards are published in the volume *Geography for Life: National Geography Standards* (Heffron and Downs 2012). The purpose of this analysis is to identify language in *Geography for Life* that expresses geography as a form of powerful disciplinary knowledge for sustainable development.

The preamble for *Geography for Life* (pp.7-16) presents a broad rationale for the inclusion of geography in the U.S. school curriculum. Many passages in the *Geography for Life* preamble (bold text below) refer to the importance of geographical knowledge for sustainable development:

- Page 7, paragraph 2: "Geographic literacy will also be necessary for … **sustaining the environment**."
- Page 7, paragraph 2: "As individuals and as **members of society**, humans face decisions on where to live, **what to build where**, how and where to travel, **how to conserve energy**, **how to wisely manage scarce resources**, and **how to cooperate or compete with others**."
- Page 7, paragraph 3: "Making all of these decisions, personal and **collective**, requires a geographically informed person …" This implies geography contributes to the ability to make decisions by taking into consideration the implications for one's community, state, and people and places in other world regions (different scales of citizenship).
- Page 7, paragraph 3: Text gives this example, "To understand the rapid growth of megacities in South Asia, an understanding is required of the connections among **subsistence farming**, **population growth rates**, **rural-to-urban migration**, **infrastructure**, comparative economic advantage, and factors of production."
- Page 7, paragraph 5: The geographically informed person is prepared to meet

the challenges of *understanding what is happening in the world, why it is happening in a particular locale, how those things might change in the future*, and *how to make geographically informed and reasoned decisions*.
- Page 7, paragraph 7: "With a strong grasp of geography, people are better equipped to *solve… collective issues at the global level.*"
- Page 7, paragraph 7: "Geography focuses *attention on fascinating people and places* … knowing them enables people to *make better-informed and wiser decisions.*"
- Page 8: "Geography … provides an *ethical grounding for understanding the future of the planet* … a basis for people to *cooperate in the best interests of the planet and the future.*"
- Page 9, paragraph 1: "The goal of schools was to 'ensure that all students … may be prepared for *responsible citizenship.*"
- Page 10, paragraph 2: Text explains the standards were revised/updated to recognize that "greater attention is being paid to the idea of a *green world* and to *mandates for sustainability and environmental stewardship.*"
- Page 13, paragraph 1: "Geographic education enables students … to *engage in ethical action* with regard to self, *other people, other species*, and *Earth's diverse cultures and natural environments.*"
- Page 13, paragraph 3: Becoming an *informed citizen* requires going beyond only knowing the disciplinary content of geography. Students must also be able to use geographic reasoning and do geography.

U.S. Students' Access to Powerful Disciplinary Knowledge for Sustainable Development

Geography for Life consists of 18 content standards organized into six essential elements describing the broad categories of geography as a school subject. Each standard has one or more content themes, with knowledge and performance statements for students in grades K-4, grades 5-8 and grades 9-12. An analysis of the U.S. national geography standards reveals many ways that an education in human geography, physical geography and geographic technologies and analytical methods contributes to an understanding of sustainable development (see Table 16-1).

However, most U.S. students do not receive a comprehensive education in geography supporting the goals of sustainable development as presented in Geography for Life. States have their own curriculum frameworks, and thus states and local school jurisdictions prescribe the content taught to students in schools. This means that one must look to the various states of America to determine the extent that U.S. schools provide students with access to geographic knowledge for sustainable development.

As of 2015, at either the middle school (grades 6–8) or high school (grades 9–12) level, geography may be present as a strand within social studies standards or as a separate set of standards (sometimes paired with history), often linked to a course (Grosvenor Center for Geographic Education 2015). In the elementary grades (K–5), geography is mostly integrated with the social studies. At the middle school level, 17 states require either a stand-alone geography course or a geography course that is combined with another subject such as history. Eleven states do not require a geography course and offer a general social studies course instead, and 23 states allow local school districts to decide what courses are offered. In U.S. high schools (grades 9–12), 10 states require a stand-alone geography course for students to graduate from high school; seven of those are a combined course. Twenty-five states do not require a geography course and 16 states allow graduation and course requirements to be set at the district level.

In practice, this means that access to geographic education for sustainable development varies considerably from state to state. Consequently, many students must rely on informal educational programs such as geography clubs and service-learning projects to acquire geographic knowledge about the environment. However, in those cases, it is unlikely to be specialized knowledge of the nature that would be considered "powerful" from the perspective of GeoCapabilities.

Table 16-1. Summary and analysis of Geography for Life content standards supporting sustainable development education

Essential Element: Places and Regions	
Standard 4: The physical and human characteristics of places	Summary of ESD Content: ·Places are jointly characterized by their physical and human properties
Theme: The Characteristics of Places	Grades K-4: Places have physical and human characteristics Grades 5-8: Physical and human characteristics of places change Grades 9-12: The interaction of physical and human systems result in the creation of and changes to places
Standard 5: That people create regions to interpret Earth's complexity	Summary of ESD Content: ·Regions are used to interpret different types of place and space on Earth's surface ·Regions change as a result of human or physical processes
Theme: The Concept of Region	Grades K-4: Regions are areas of Earth's surface with unifying physical and/or human characteristics Grades 5-8: Different types of regions are used to organize and interpret areas of Earth's surface
Theme: Regional Change	Grades 5-8: The boundaries and characteristics of regions change

Essential Element: Physical Systems	
Standard 7: The physical processes that shape the patterns of Earth's surface	Summary of ESD Content: ·Understanding how physical systems work can influence the choices people make ·Reasoned and responsible political decision must derive from a clear understanding of the interactions among Earth's physical systems
Theme: Components of Earth's Physical Systems	Grades 5-8: The four components of Earth's physical systems (the atmosphere, biosphere, hydrosphere, and lithosphere) are interdependent Grades 9-12: The interactions of Earth's physical systems (the atmosphere, biosphere, hydrosphere, and lithosphere) vary across space and time
Theme: Physical Processes	Grades 5-8: Physical processes generate patterns of features across Earth's surface
Standard 8: The characteristics and spatial distribution of ecosystems and biomes on Earth's surface	Summary of ESD Content: ·Ecosystems and biomes vary in size, shape, scale, and complexity. ·Knowing how ecosystems and biomes function will enable students to make informed decisions about the sustainable uses of the natural world
Components of Ecosystems	Grades 5-8: Components of ecosystems are interdependent Grades 9-12: Ecosystems are dynamic and respond to changes in environmental conditions
Characteristics and Geographic Distribution of Ecosystems	Grades 5-8: Physical processes determine the characteristics of ecosystems Grades 9-12: The characteristics and geographic distribution of ecosystems
Characteristics and Geographic Distribution of Biomes	Grades K-4: The characteristics of biomes Grades 5-8: Climate primarily determines the characteristics and geographic distribution of biomes Grades 9-12: The distribution and characteristics of biomes change over time

Essential Element: Human Systems	
Standard 9: The characteristics, distribution, and migration of human populations on Earth's surface	Summary of ESD Content: ·The interaction between human and environmental conditions helps to explain the characteristics, spatial distributions, and movements of human populations ·The spatial distribution and density of the world's population reflects a variety of factors
Theme: Spatial Distribution of Population	Grades 5-8: The distribution and density of population varies over space and time Grades 9-12: Population distribution and density are a function of historical, environmental, economic, political, and technological factors
Theme: Migration	Grades 9-12: Migration is one of the driving forces for shaping and reshaping the cultural and physical landscape of places and regions
Standard 11: The patterns and networks of economic interdependence on Earth's surface	Summary of ESD Content: ·The spatial organization of economic, transportation, and communication systems that support networks of trade in goods, capital, ideas, and services ·Economic networks are complex and interdependent
Theme: Location and Spatial Patterns of Economic Activities	Grades K-4: Some locations are better suited than others to provide certain goods and services Grades 5-8: Access to factors of production, such as capital, labor, raw materials, and energy, influence the location of economic activities Grades 9-12: Patterns exist in the spatial organization of economic activities
Theme: Connecting Economic Activities	Grades K-4: People and countries trade locally produced goods and services for goods and services that are produced in other places Grades 5-8: The world is increasingly interdependent as a result of flows of people, capital, information, raw materials, and goods Grades 9-12: Economic systems are dynamic organizations of interdependent economic activities for the production, exchange, distribution, and consumption of goods and services
Standard 12: The processes, patterns, and functions of human settlements	Summary of ESD content: ·The organized groupings of human habitation include economic activities, transportation systems, communications media, political and administrative systems, education, culture, and entertainment ·Urbanization is changing the current patterns of both rural and urban landscapes
Theme: Functions of Settlements	Grades K-4: Settlements occur where locations provide opportunities and therefore advantages Grades 5-8: A combination of a favorable location and human activities lead to the growth of settlements
Theme: Urban Forms and Functions	Grades 5-8: Land uses in urban areas are systematically arranged Grades 9-12: Urban models are used to analyze the growth and form of urban regions
Standard 13: How the forces of cooperation and conflict among people influence the division and control of Earth's surface	Summary of ESD content: ·Competing for control of areas of Earth's surface, large and small, is a universal trait among societies and has resulted in both cooperation and conflict between groups ·The individual's role in a world that is globally interdependent and yet locally controlled

Theme: Territorial Divisions	Grades 9-12: The functions and consequences of territorial divisions
Theme: Cooperation	Grades K-4: The role cooperation has in managing Earth's surface Grades 5-8: Countries and organizations cooperate through treaties, laws, and agreements to manage resources, maintain the environment, and mediate disputes
Theme: Conflict	Grades K-4: Conflicts arise when there is disagreement over the division, control, and management of Earth's surface Grades 5-8: There are multiple sources of conflict resulting from the division of Earth's surface Grades 9-12: Changes within, between, and among countries regarding division and control of Earth's surface may result in conflicts

Essential Element: Environment and Society	
Standard 14: How human actions modify the physical environment	Summary of ESD content: ·Changes to the environment has potential costs and/or benefits
Theme: Modification of the Physical Environment	Grades K-4: People modify the physical environment Grades 5-8: Human modifications of the physical environment in one place often lead to changes in other places Grades 9-12: Human modifications of the physical environment can have significant global impacts
Theme: The Use of Technology	Grades 5-8: The use of technology has changed the scale at which people can modify the physical environment Grades 9-12: The use of technology can have both intended and unintended impacts on the physical environment that may be positive or negative
Theme: Consequences for People and Environments	Grades K-4: The consequences of human modifications of the physical environment Grades 5-8: The physical environment can both accommodate and be endangered by human activities Grades 9-12: People can either mitigate and/or adapt to the consequences of human modifications of the physical environment
Standard 15: How physical systems affect human systems	Summary of ESD content: ·Environments vary in their carrying capacities·People live with both environmental opportunities and constraints
Theme: Environmental Opportunities and Constraints	Grades 9-12: Depending on the choice of human activities, the characteristics of the physical environment can be viewed as both opportunities and constraints
Theme: Environmental Hazards	Grades K-4: Environmental hazards affect human activities Grades 5-8: The types, causes, and characteristics of environmental hazards occur at a variety of scales from local to global Grades 9-12: Human perceive and react to environmental hazards in different ways
Theme: Adaptation to the Environment	Grades 9-12: Societies use a variety of strategies to adapt to changes in the physical environment
Standard 16: The changes that occur in the meaning, use, distribution and importance of resources	Summary of ESD content: ·The uses and values of resources change across cultures and over time ·Resource use should be managed for sustainability

Theme: Types and Meanings of Resources	Grades K-4: The characteristics of renewable, nonrenewable, and flow resources
	Grades 5-8: People can have different viewpoints regarding the meaning and use of resources
	Grades 9-12: The meaning and use of resources change over time
Theme: Sustainable Resource Use and Management	Grades K-4: The sustainable use of resources in daily life
	Grades 5-8: Humans can manage resource to sustain or prolong their use
	Grades 9-12: Policies and program that promote the sustainable use and management of resource impact people and the environment

References

Grosvenor Center for Geographic Education (2015): *Social Studies and Geography Survey for Middle and High Schools*, San Marcos, TX: Grosvenor Center for Geographic Education.

Heffron, S. G. and Downs, R. M. (eds.) (2012): *Geography for life: National geography standards* (2nd ed.), Washington, DC: National Council for Geographic Education.

Lambert, D. and Morgan, J. (2010): *Teaching Geography: a conceptual approach*, Maidenhead: Open University Press.

Lambert, D., Solem, M. and Tani, S. (2015): Achieving human potential through geography education: a capabilities approach to curriculum making in schools, *Annals of the Association of American Geographers*, DOI: 10.1080/00045608..1022128.

Nussbaum, M. and Sen, A. (eds.) (1993): *The Quality of Life*, Oxford: Clarendon Press.

Solem, M., Lambert, D. and Tani, S. (2013): GeoCapabilities: Toward an international framework for researching the purposes and values of geography education, *Review of International Geographical Education Online*, 3(3), pp.214-229.

Young, M. (2008): Bringing Knowledge Back In: *From social constructivism to social realism in the sociology of education*, Abingdon: Routledge.

和文要約：持続可能な開発のための地理教育
－アメリカ合衆国の地理ナショナルスタンダードの分析から－

マイケル・ソルム，スーザン・ヘフロン（訳・要約：永田成文）

地理的知識と持続可能な開発のための教育

地理教育へアプローチするケイパビリティ（GeoCapabilities）を描くと，地理的知識が若者に環境的な持続可能性について専門的で特有な方法で考える

ことができるようにするある形式の「力強い学問的知識（Powerful Disciplinary Knowledge）」となると考える（Lambert, Solem and Tani 2015）。ケイパビリティはチームワーク，コミュニケーション，プランニングのような転移可能な能力や技能と異なっている。それはその代わりに，「なる」そして「する」ための人の自由に関して人間の可能性を表す。

　ケイパビリティのアプローチを持続可能な開発のための地理教育へ適用することによって，持続可能な開発の目的と矛盾しない人間活動を支援している地理的知識の事例から，どんな国のナショナルカリキュラムの基準と枠組でも分析することが可能である。これらは，想像して，考えて，判断する（基本的な地理的リテラシーに含まれる）感覚を使うこと，地理情報と概念を自分の人生を計画することについて批判的な熟考を行うために使うこと，他人へ敬意もって生活すること，他の人間と環境のための課題を認識して明らかにすること，社会的相互作用の種々の形式に従事すること，他の状況を想像することができるようになること，自分の生活を左右する政治的選択に効果的に参加することを含むかもしれない。

　ジオケイパビリティを支えるもう1つの中核となる考え方が，PDKとして地理的・環境的知識を理解し高く評価する教師（と学生たち）の必要性である（Young 2008）。PDKは専門の学問から得た情報と概念を使って世界を理解し，解釈することを意味する。地理と環境教育の教師のような専門教師が，新しい未来を考え，説明し，予測し，構想するための地理的・環境的知識を活用する方法を学ぶ機会を学生たちに提供する。人間は専門的方法で考えることが可能であるとき，もっと自由になる。この理由から，PDKの文脈に沿って作成されたカリキュラムは，学生たちがいっそう完全に持続可能な開発の原則を理解するのを助け，彼らが環境を自覚するために学問の（地理的な）考えを使うことで，持続可能な開発の試みに従って，どのように生き，生活を行なうべきかの選択に関わる知識を与えることを可能にする。

アメリカ合衆国の地理ナショナルスタンダードと持続可能な開発のための教育

　現在，アメリカ合衆国の地理ナショナルスタンダードは『生活のための地理：

地理ナショナルスタンダード（Heffron and Downs 2012)』の巻で出版されている。その序文（pp.7-16）は，アメリカ合衆国の学校カリキュラムにおいて地理が包含されていることについての全般的な理論的根拠を示している。また，各節は，持続可能な開発に対する地理的知識の重要性に言及している。

アメリカ合衆国の地理ナショナルスタンダードの分析は，人文地理学や自然地理学の教育と地理的技能と分析手法が持続可能な開発の理解に貢献するという多くの方法を明らかにする（表16-1 参照）。

しかしながら，多くのアメリカ合衆国の学生は『生活のための地理』で示されているような持続可能な開発の目標を支持している地理について包括的な教育を受けていない。各州は独自のカリキュラムの枠組みを持っており，そして州と地方の学校管轄体が学校の学生に教えられる内容を規定している。これは，学校が持続可能な開発のための地理的知識へのアクセスを学生たちに提供する範囲を決定するアメリカ合衆国の様々な州を，人が見定めなくてはならないことを意味する。

実際，持続可能な開発のための地理教育へのアクセスが州によりかなり異なる。従って，多くの学生が地理クラブのような非公式の教育プログラムと環境についての地理的知識を獲得するサービスラーニングプロジェクトに頼らなくてはならない。しかしながら，それらの事例では，ジオケイパビリティの見地から「力強い」と考えられる性質の専門的知識ではありそうもない。

第17章　ESD in Geography in Singapore

Geok Chin Ivy Tan

Abstract

In Singapore, schools continue to play an important role to provide students with the knowledge and skills to develop an informed concern to conserve and improve the environment; the attitudes for personal responsibility for the local and global environments; and opportunities to be engaged in pro-environmental activities and projects. Although education for sustainable development is not a subject on its own, it is infused into subjects like geography, social studies and science. This chapter explores the role of geography in teaching students about education for sustainable development. The new revised syllabuses for geography in lower secondary, upper secondary and junior college are analyzed for discussion. These syllabuses with the emphasis on geographical investigation, fieldwork and inquiry are instrumental for teachers to engage students to be actively involved in questioning and searching for answers to environmental issues in their geographical investigation.

Background on environmental education and education for sustainable development in Singapore schools

In 1992, at the Earth Summit at Rio de Janeiro, Brazil, Singapore presented the Singapore Green Plan. The Singapore Green Plan distinctively defined the goals and strategies for sustainable development and for turning the vision of Singapore as a 'Model Green City' by the year 2000 into reality. Singapore envisioned herself to become "a city with high standards of public health, with clean air, land, water and a quiet living environment; a city conducive to gracious living, with people who are concerned about and take a personal interest in the care of both the local and global environment; and a city that will be a regional centre for environmental technology" (Ministry of Environment 1992).

In the Green Plan, environmental education was identified as crucial for the building of an environmentally pro-active society. "It is through knowledge and awareness that positive values and attitudes emerge; values and attitudes that will prompt action to make the adjustments to lifestyles and consumption habits that will reduce the burden we place on the environment" (Ministry of Environment 1993). Environmental education would permeate all levels of the society from the school level to the tertiary level and to the larger community. Instead of the government being solely responsible for educating the people about the environment, there would be more involvement from the schools, as well as private and public organisations.

In schools, environment education is not taught as a separate subject but is infused into the existing formal curricula of relevant subjects such as geography, social studies and science. The three main aims of environmental education at the school level are as follows:

1. to enable students to develop the knowledge and skills to recognise actual and potential environmental problems and to have an informed concern for conserving and improving the environment,
2. to enable students to develop values and attitudes so as to develop a greater sense of personal responsibility and concern for the environment, and
3. to provide opportunities for and to encourage students to take steps to change their behaviour towards one of caring for and improving the environment.

(Curriculum Planning Division, Ministry of Education 1993 and 1994)

Ten years later, the Singapore Green Plan 2012 (Ministry of Environment 2002) documents the response to the challenges of sustaining a quality environment while pursuing the next lap of economic progress with resourceful and innovative solutions. Green Plan 2012 goes beyond the target of just keeping Singapore green and clean but towards sustaining economic growth with high consideration on environmental sustainability. Schools continue to play a very important role not just in providing students with environmental knowledge but also in cultivating environmental consciousness and pro-environmental behaviours. In studies by Tan, Lee and Goh (1998) and Tan and Chen (2014), the students surveyed indicated that their main source of environmental knowledge came from schools.

Besides the formal curriculum in schools, education for sustainable development is further reinforced through the various environmental-oriented programmes of the informal curriculum. Some schools set up Environmental Clubs or Green Clubs as an option for the students' co-curricular activities. In such clubs, students are engaged in projects that will enable them to be more environmentally conscious and display a greater sense of environmental responsibility. Some schools have adopted a whole-school approach to education for sustainable development and embrace caring for the environment as a school culture. Some of these schools even adopt a nearby park for outdoor education so that students can learn about the importance of greenery and be involved in caring for the park.

In addition, schools are invited to take part in numerous programmes run by the Ministry of Environment and Water Resources together with its two statutory boards the National Environment Agency and Public Utilities Board. These programmes provide further opportunities for schools to engage their students in eco-friendly activities such as the Clean and Green Singapore Programme, Clean Singapore Learning Trail (Beaches) and Active Beautiful and Clean (ABC) Waters Programme (Ministry of Environment and Water Resources 2016) Nonprofit organizations such as the Nature Society Singapore and its various special interest groups helped in many ways to enable more students and adults to participate in nature awareness and appreciation projects and activities (Nature Society Singapore 2016).

The aim of this chapter is to discuss how geography as a subject in Singapore plays an important role to instill in our students not only the knowledge but also the skills and attitudes for education for sustainable development. Geography has been an essential humanities subject in Singapore schools. It is compulsory in lower secondary (for students with an age range of 13-14 years old) and an elective in upper secondary (for students with an age range of 15-16 years old) and junior college (for students with an age range of 17-18 years old). This chapter will discuss how the revised geography syllabus content, recommended approach to teaching and learning, as well as assessment modes will not only facilitate attainment of the 21st century skills but also enable them to understand the interdependence and fragility of the local and global environments, as well as heighten their sense of responsibility to the environment.

The three syllabus documents which will be evaluated for discussion are: 1) 2014 lower secondary teaching geography syllabus (Curriculum Planning and Development Division 2016), 2) upper secondary geography GCE Ordinary Level syllabus 2236 with the first examination in 2016 (Singapore Assessment and Examination Board 2016a) and 3) Geography higher 1, 2 and 3 syllabuses with the first examination in 2017 (Singapore Assessment and Examination Board 2015b, 2016c, 2016d). The syllabuses are developed and reviewed by the Ministry of Education constantly to stay relevant and responsive to educational changes (Tan 2013). The syllabus review committee comprises of not only the officers at the Ministry of Education but academics in the universities, senior teachers and heads of department in schools. In schools, teachers use these syllabuses to guide them in the planning of their scheme of work and teaching.

Desired educational outcomes in geography

All subject syllabuses in Singapore have been reviewed and revised to be in response to the changing educational landscape. The desired outcomes of education are for each student to be a confident person, self-directed learner, active contributor and concerned citizen. The Ministry of Education identified a list of 21st century skills which are necessary for students to be innovative, creative and resourceful. These skills include:

- Global awareness skills
- Civic literacy skills
- Cross-cultural skills
- Creativity and innovation skills
- Critical thinking and problem-solving skills
- Communication and collaboration skills
- Information literacy skills   (Ministry of Education 2010)

In alignment with the national educational outcomes, the desired outcomes of education through geography for all levels are represented in Figure 1.

As articulated in the desired outcomes of education through geography, students will be able to assess issues concerning the environment and promote sustainable development. They will be able to understand the challenges and complexities of the issues of the environment and appreciate the interdependence and fragility of the earth. In essence, the syllabus contents, approach to teaching and learning, as well as assessments have to be concomitantly changed to achieve the intended desired outcomes.

Syllabus content and approach

Fundamentally, in order to enable teachers to facilitate learning to achieve these outcomes, the syllabus content for all the levels of geography have to be reduced. Together with content reduction, the approach to teaching and learning has also been changed. In general, the revision and reduction in content also seek to blur the boundaries between physical and human geography and a more holistic integration of the interrelations of the physical and human environments.

The recommended approach to teaching and learning has been changed. The lower secondary geography syllabus 2014 was developed using an issue-based approach through the exploration of significant environmental and human issue in Singapore and other case studies from the rest of the world. Teachers will help students explore each environmental and human issues through the inquiry approach using a series of five guiding questions: What is the issue? Where are the places affected by this issue? Why is it located there? How does the issue affect human and the environment? How should it be managed?

There are two major themes to be explored. At secondary one, the syllabus focuses on the exploration of issues on environment and resources within three topics. These topics and their three key questions are:

    1. Tropical Rainforest: Can we save the rainforest?

    2. Water supply: Will our taps run dry?

    3. Energy resource: Can we avoid an energy crisis?

At secondary two, the syllabus focuses on the exploration of issues on the urban

living environment. The three topics and their respective key questions are:
  4. Housing: how to build inclusive housing for all?
  5. Transport: how do we keep people moving?
  6. Floods: how do cities prepare for floods?

These issues-based topics are very closely intertwined with education for sustainable development. Students will be able to explore and discuss how natural resources such as the forest, water and energy resources are used, the environmental impacts and how they should be managed for sustainable development. Students will learn from various case examples around the world on how resources and the environment can be managed effectively for sustainability.

At the upper secondary level, geography teachers will use the Cambridge GCE ordinary level geography syllabus to guide them in their planning and teaching. In the syllabus document, one of the aims of upper secondary geography is to develop in students a sense of appreciation, care and responsibility for the environment. This is done over three themes. The first theme is about our dynamic planet. Here students learn more of physical geography topics such as coasts, tectonic hazards, and variable weather and changing climate. The second theme, which has a more human geography focus, is about our changing world. Topics included are global tourism, food resources, and health and diseases. Finally the third theme is on geographical skills and investigation where students learn about topographical map reading, geographical data and techniques, and geographical investigations.

At the junior college level, the themes to be covered over two years have departed from the traditional physical and human geography divide. For higher 1 (H1) geography, there are two themes: climate change and flooding; and urban change. For higher 2 (H2), there are three themes: tropical environments; development, economy and environment; and sustainable development. Finally, for higher 3 (H3) geography, students are to spend 16 hours on course work on geography and sustainable development and another 88 hours of independent research component. The assessment is in the form of a research essay of less than 3500 words on the topic of sustainable development. For all the three levels of geography at junior college, sustainable development has become a prominent theme in the syllabus content. The inquiry approach is again to involve the students in geographical investigation where they are required to identify questions of hypotheses within the field and carry out their geographical investigations.

Introduction of geographical investigation and change in assessment

In the past, fieldwork was recommended to be conducted whenever opportunities are available and hence it was not compulsory for teachers to organize them. Most of the fieldwork conducted in schools was found to be the traditional field excursions or fieldtrips from which students would be tasked to complete the field worksheets which usually required them to record what they had heard from the teachers or tour facilitators in the field (Chew 2008). Therefore, another new feature in the revised syllabuses is the introduction of geographical investigation. Geographical investigation requires students to participate in an investigation into an authentic geographical issue in the field. Curriculum time has been set aside for teachers to prepare and bring their students out to do fieldwork.

Geographical investigation involves a five-step geographical inquiry process where students have to: 1. formulate hypotheses or guiding questions; 2. collect data through observation, measurement, questionnaires, interviews; 3. analyse data, describe and analyse patterns and trends; 4. present data using maps, graphs, field sketches, transects; 5. draw conclusion to answer hypotheses or guiding questions. Whether it be a guided or self-directed geographical investigation, students will acquire a deeper and critical understanding of the complexities of the environment they are investigating.

For example, at lower secondary, geographical investigation is still very much teacher-guided inquiry. It is suggested in the syllabus that 12 out of 48 periods assigned to geography for the year should be devoted to geographical investigation. Guided key inquiry questions are provided within the syllabus documents. These are:

Secondary one:
1. How do human activities affect our nature reserve/park?
1. How can we conserve our nature reserve/park?
2. What is the quality of water in a waterway?
2. How do human activities affect the quality of water in a waterway?
3. How do human activities and attitudes affect the energy consumption of a school?
3. How can we reduce our school's energy consumption?

Secondary two:
4. What makes some places in the neighbourhood special to its residents?
5. What features of our public transport help to ensure a safe and comfortable journey?
6. How effective are the measure taken to reduce floods in my neighbourhood?
6. How can we increase residents' awareness and preparedness towards floods?

Students, in small groups, will only select one question for each year and generate their own hypotheses to be tested in their geographical investigation in the field. This will be done with close supervision and guidance from the teacher. Geography investigation itself constitutes a part of the final assessment in geography for the academic year. At the lower secondary level, students will be assessed both individually and in groups for the process and the product of the investigation. At the upper secondary level, students have to select one out of the two structured questions on geographical investigation on the topics of coasts and global tourism. This component constitutes 25% of the final examination assessment. At the junior college level, for higher 1 and higher 2, students are required to complete a geographical investigation on issues pertaining to the syllabus content covered.

Concluding thoughts

Geography has an important role as a subject in Singapore schools as it contributes to students' awareness and understanding of the human and natural

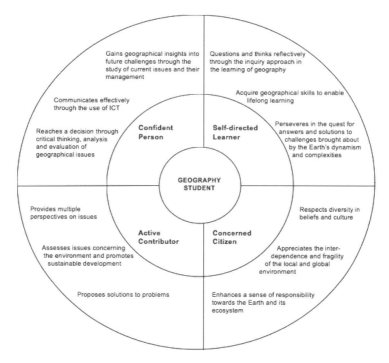

Fig. 17-1: Desired outcomes of education through geography
taken from (Singapore Examinations and Assessment Board, 2016a)

environments and accentuates responsible lifestyles and pro-environmental behaviours. The new revised geography syllabus contents have been structured in a manner to break down the divide between the physical and human geography. They are redesigned to enable students to appreciate the interdependence of the human and physical environments and of the fragility of the environments. Issues-related themes which concern the environment are clearly stated so as to guide teachers to teach through the inquiry approach. Students will now have more opportunities to discuss concepts of environmental impacts and sustainable development during lessons.

Another key feature of the new syllabuses is the introduction of geographical investigations, which will encourage teachers to engage their students in actively asking questions about geographical and environmental issues and going out to conduct fieldwork to verify or seek answers to their questions. In so doing, students are given the opportunities to be self-directed learners, active contributors and concerned citizens within the environment they are in.

To drive the point that geographical investigation is a salient feature in the geography syllabus through secondary and junior college, the final assessments have been changed to include structured questions on geographical investigations or to include assessments of the process and product of their geographical investigations. With the new assessment demands, now fieldwork inquiry can no longer be a field excursion but one which will enable students to be actively engaged in looking for answers to the questions they have asked or hypotheses they would like to test out in the field. Being in the field itself will draw the students closer to the environment and to understand the complexities, challenges and possibilities.

References

Curriculum Planning Division, Ministry of Education (1993): *Greening Our Young Minds: A Sourcebook on Environmental Education in Primary Schools*, Singapore: Ministry of Education.

Curriculum Planning Division, Ministry of Education (1994): *The Environment: From Concern to Commitment*, Singapore: Ministry of Education.

Curriculum Planning and Development Division (2016): *Geography Syllabus Lower Secondary*. https://www.moe.gov.sg/docs/default-source/document/education/syllabuses/humanities/files/2014-geography-(lower-secondary)-syllabuses.pdf. Accessed on 12 September 2016.

Chew, E. (2008): Views, Values and Perceptions in Geographical Fieldwork in Singapore Schools. *International Research in Geographical and Environmental Education*, **17**(4), pp.307-329.

Ministry of Education (2010): *Nurturing Our Young for the Future: Competencies for the 21st Century*, Singapore: Ministry of Education.

Ministry of Environment (2002): *The Singapore Green Plan 2012: Beyond Clean and Green, Towards Environmental Sustainability*, Singapore: Ministry of Environment.

Ministry of Environment (1992): *The Singapore Green Plan: Towards a model green city*, Singapore: Ministry of Environment.

Ministry of Environment (1993): *The Singapore Green Plan: Action programmes*, Singapore: Ministry of Environment.

Ministry of Environment and Water Resources (2016): *Activities*. http://www.mewr.gov.sg/activities. Accessed 11 August 2016.

Nature Society Singapore. (2016): *About Nature Society Singapore*. https://www.nss.org.sg/about.aspx?id=3. Accessed 19 August 2016.

Singapore Examinations and Assessment Branch. (2016a): *Geography GCE Ordinary Level 2017, Syllabus 2236*. http://www.seab.gov.sg/content/syllabus/olevel/2017Syllabus/2236_2017.pdf. Accessed on 12 September 2016.

Singapore Examinations and Assessment Branch. (2016b): *Geography Higher 1 2017, Syllabus 8813*. http://www.seab.gov.sg/content/syllabus/alevel/2017Syllabus/8813_2017.pdf. Accessed on 13 July 2016.

Singapore Examinations and Assessment Branch. (2016c): *Geography Higher 2 2017, Syllabus 9751*. http://www.seab.gov.sg/content/syllabus/alevel/2017Syllabus/9751_2017.pdf. Accessed on 13 July 2016.

Singapore Examinations and Assessment Branch. (2016d): *Geography Higher 3 2017, Syllabus 9822*. http://www.seab.gov.sg/content/syllabus/alevel/2017Syllabus/9822_2017.pdf. Accessed on 13 July 2016.

Tan, G. C. I. (2013): Changing Perspectives of Geographical Education in Singapore: Staying Responsive and Relevant. *Journal of Geographical Research*, **59**, pp.63-74.

Tan, G. C. I. and Chen, Q. F. J. (2014): *Students' and Student Teachers' Environmental Knowledge, Attitudes and Behaviour in Singapore*, Unpublished manuscript. Singapore: National Institute of Education.

Tan, G. C. I., Lee, C. K. E. and Goh, K. C. (1998): A survey of environmental knowledge, attitudes and behaviour of students in Singapore, *International Research in Geographical and Environmental Education*, **7**(3), pp.181-202.

和文要約：シンガポールの地理教育における ESD

ギョク・チン・アイビー・タン（訳・要約：山本隆太）

　シンガポールの ESD は環境教育の流れを汲んでいる。1992 年の国連環境開発会議の開催に合わせ，シンガポールはグリーンプランを策定し，環境教育を推進した。環境教育は教科ではなく地理や社会科，科学などの関連教科を通じて扱われた。2002 年には新版グリーンプランが発表され，シンガポールの緑地や清潔さの維持に加え，環境に配慮した持続的な経済成長が目標とされた。

その他，関係諸機関による ESD 推進プロジェクトや，学校のクラブ活動を通じたホールスクールアプローチなどを通じて ESD が推進された。

シンガポールでは，地理は人文学領域に属する科目である。前期中等教育では必修科目だが，後期中等教育およびジュニアカレッジ段階では選択科目になる。シンガポールのシラバスには，全学校段階の地理教育を通じて獲得されるべき成果が示されている（図 17-1）。例えば，地理教育を受けた生徒は，環境に関するイシューに対して評価を下し，持続可能な発展を推進することや，環境問題の複雑さを理解し，環境の相互作用や地球の脆さを理解できるようになる。これらの多くは ESD 的な内容である。こうした能力獲得のために，内容の削減や，学習方法や評価方法の変革が進められている。

各学校段階のシラバスをみると，前期中等教育では，自然環境（熱帯雨林）と資源（水，エネルギー），都市生活（居住，交通）と自然環境（洪水）といったイシューが取り上げられ，「①何がイシューか？②関係する場所はどこか？

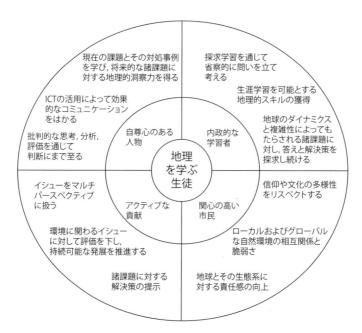

図 17-1 地理教育を通じて獲得される成果
Singapore Examinations and Assessment Board（2016a）による。

③なぜそこにあるのか？④人間と自然環境に与える影響はどのようなものか？⑤どう対処するべきか？」という5つの問いに従った探求アプローチで，学習が進められる。これらのイシューはどれもESDと深く関わる内容であり，生徒は世界中のさまざまな事例から，持続可能な発展のあり方を学ぶ。

　後期中等教育では，ケンブリッジGCE-Oレベルのシラバスに従い，環境に対する感受力・ケア・責任性を学ぶことを目標としながら，「ダイナミックな惑星」，「変動する世界」，「地理的スキル・調査活動」の3テーマを扱う。

　ジュニアカレッジでは，1年目のテーマを「環境変動と洪水」と「変化する都市」，2年目を「熱帯環境」，「開発・経済・環境」，「持続可能な発展」とする。3年目は「地理と持続可能な発展」の学習に16時間を充て，残る88時間で地理的探求の活動に取組む。地理的探求とは，①仮説と問いを立てる，②情報を収集する，③情報を分析する，④情報を表現する，⑤仮説や問いに対する結論を得る，という5段階のステップを踏む探求活動である。自然環境が有する複雑性をより深く，より批判的に学ぶことが探求の目標である。成績は，生徒の持続可能な発展についての調査エッセイ（3500字以内）をもって評価する。以上のように，持続可能な発展が3年間を通じたテーマとなっている。

　シラバスに地理的探求が記載されたことを受け，フィールドワークの在り方が見直されている。従来の，教員が案内し，生徒が巡検シートに聞き取った内容を書き入れる形態の教員主導型フィールドトリップではなく，生徒自らが，地域にある実際の地理的イシューについて調査することが求められている。カリキュラムではフィールドワークの準備と実施の時間が確保されている。前期中等教育では，いまだ教員主導型のフィールドトリップが多いが，シラバスでは仮説や問いの立て方の事例を取り上げることによって，地理的探求の導入を推進している。

　さらに，最新のシラバスの改訂では，自然地理と人文地理を横断・統合し，人間社会と自然環境の相互関係をテーマ化する方向性が示された。これと地理的探求とが合わさって，シンガポールの地理教育におけるESDが推進されている。

第 18 章　IGU 地理教育国際憲章 2016（全訳）

国際地理学連合（IGU）／訳：大西宏治

Chapter 18: The 2016 International Charter on Geography Education

IGU (translated by Koji Ohnishi)

Abstract:
2016 International Charter on Geographical Education was proclaimed and was endorsed by IGU at IGU Beijing Congress on 24th August, 2016. This charter has a concise content of the former charter and Action Plans and is improved according to the situation of Geographical Education all over the world.
The charter is translated into Japanese by Koji OHNISHI.

Keywords: IGU, CGE, Charter, Geographical Education

構　成
　宣言
　確認
　教育に対する地理学の貢献
　地理教育の研究
　国際協力
　国際的なアクションプラン

宣 言

　1992年にアメリカ合衆国ワシントンD.C.で開催された第27回国際地理学連合大会の総会で地理教育国際憲章が承認された（www.igu-cge.org）。1992年の憲章の宣言は21世紀の地理教育にとって、いまだに重要な基礎となっている。

　1992年の憲章は次のことを宣言した。IGUの地理教育委員会は、地理教育が現代そして未来に生きる有為でかつ活動的な市民の育成に欠くことのできない領域であることを確信する。

地理は、すべての教育レベルにおいて、豊富な情報をもたらし、考える力をつけ、興味・関心を引き起こす教科であり、また、豊かな人生を送り、現代世界を理解するのに役立つと考える。

　ますます小さくなる現代世界において、児童・生徒が、経済、政治、文化そして環境問題などの広い分野で、効果的な協働を確実にできるようにするため、国際的に通用する能力をますます必要としていることを痛切に感じている。

地理教育が世界のある地域で軽視されていたり、また、ある地域では、有効な構成や一貫性に欠けていたりすることを憂慮している。

世界のすべての国々で、地理教育の抜本的な向上に取り組んでいる関係者を支援していく準備がある。

　次にあげる国際的な各種憲章や宣言の原則を支持する。

　国連憲章／世界人権宣言／ユネスコ憲章／国際理解、国際協力、世界平和のための教育に関するユネスコ提言／児童の権利に関する宣言／国連持続可能な開発目標／地理教育に関する多くの政府カリキュラムあるいは提言。

　世界のすべての人々に向けた国際地理教育憲章へ地理教育委員会は意見を出している。

　その後、国際地理学連合に代わって地理教育委員会が新たに次のような宣言を出してきた。

文化多様性に向けた地理教育の国際宣言

これは 2000 年 8 月に韓国のソウルで行われた第 29 回国際地理学連合大会で宣言された。

持続可能な開発のための地理教育に関するルツェルン宣言

これは 2007 年 7 月にスイスのルツェルンで開催された国際地理学連合地理教育委員会地域シンポジウムで宣言された。

地理教育研究に関する国際宣言

これは 2015 年 8 月にモスクワで行われた国際地理学連合地域大会で宣言された。

1992 年以来，世界は変化し続け，それに伴い，地理学と地理教育という学問は発展を続けている。それゆえ，国際地理学連合地理教育委員会は新しい憲章を起草した。1992 年の憲章と比べて，新しい憲章は簡潔であるとともに，現在のアクションプランを含んでいる。より詳細について検討したい地理教育実践者は 1992 年の憲章とこれまでの宣言，そして地理教育委員会の web サイトにある論文を調べることをお勧めする。

確 認

2016 年憲章はその前例を踏まえて次のことを確認する。

- 地理学は地球とその自然環境，そして人間環境に関する学問である。地理学はローカルからグローバルなスケールまで，人間活動と環境との相互関係や相互作用を可能にするものである。
- 地理学は自然科学と社会科学の懸け橋となるとともに，空間的な多様性を取り扱う卓越した学問である。すなわち場所によって現象，事象，プロセスが多様であることを取り上げる。それゆえ，すべての社会のすべての市民に対してなされるべき本質的教育として地理学を考えるべきである。
- 地理教育は世界のある地域で無視され，ある地域では有効な構成や一貫性に欠けていたりする。

この2016年憲章は世界中の様々な国や地域の政策立案者，教育のリーダー，カリキュラム計画者，そして地理教育者に特に向けたもので，すべての人々が効果的で価値のある地理教育を受けることを保障する手助けをし，そして地理的な無知に対して立ち向かうあらゆる地理教育者を支援するものであると宣言する。

地理学の教育に対する貢献

　効果的に教育がなされるとき，地理学の研究は人々を魅了し，触発することができる。したがって，学校教育の地理学の質が保障されることは，国際的にみて政策立案者と教育のリーダーたちにとって本質的な義務である。地球の美しさ，地球を形づくる巨大な力，そして異なる環境や状況での生活を人々が創り出す工夫に富んだ方法を評価することができるかどうかは，地理学を学習することが助けとなる。場所と景観がいかにして形成されるのか，人間と環境がどのように相互作用を持っているのか，日々の空間的な意思決定を行うこと，そして地球の多様性や文化と社会の相互に結び付いたモザイクを理解し，評価することが地理教育によって支援される。

　地理学はこのように世界が強く結びつく21世紀に暮らす市民にとっての必須の教科であり資質である。我々が直面する疑問であるこの世界で持続可能な生活をすることの意味について考えることができるようにするものである。地理的な教養を身に着けている個人は人間関係を理解するとともに，自然環境と他のものの双方に対する責任を理解する。地理教育は生きるすべての種をいかにして調和させるのかを学ぶ支援をする。

　地理学の調査は満足感を高め，好奇心を育む。気候変動，食糧の安全，エネルギーの選択，天然資源の乱開発，そして都市化といった現代の数多くの挑戦を深く理解することを，地理的な見方は支援する。地理学を教えることはいくつかの重要な目標を果たす。人々のそれぞれの経験を踏まえると，地理学を学ぶことは問題を明確に説明したり，知的な技能を発展させたり，そして自分たちの生活に影響する課題に対応することに役立つ。それは21世紀の技能であるだけでなく，特有の調査ツールである地図，フィールドワークそして地理情

報システム（GIS）のような力強いデジタルのコミュニケーション技術を人々に示すものである。

地理教育における研究

　地理教育は次世代に知識，技能，態度を身に着けさせるとともに，地球のために価値づけをし，関心を持ち，責任を持った意思決定をすることを実践するものである。広範囲の学習者に地理学を最良の状態でいかにして教えるかは深い懸念があり，重要で継続的な研究が必要となるであろう。我々は政策立案者と地理教育実践者が理論的そして応用的研究の双方を実践する能力強化をすることを奨励する。特に我々は政策立案者と地理教育実践者に次のことを奨励する。

・教室やそれにとらわれない単位に対する基礎的研究と応用的研究の双方へ時間と資源を投資すること
・現在の地理教育分野の研究や知識構築を価値づけること
・野外調査に対して妥当で適切な研究の優先順位を認定するように努めること

　小学校そして中高等学校において，そして高等教育で地理を教える人々は研究に関わる団体によって支援されなければならない。教員は最善の批判的洞察が必要とされる。例えば，新たな技術の導入や問題解決学習，フューチャーエデュケーションなどである。教員は教育を改善するカギであり，よい教員は仕事をするために最善のツールを必要とするためである。

　重要な研究課題は次のことを含む。

・生徒はどんな地理学を知る必要があるのか？　生徒の誤解や先入観は何なのか？　彼らの地理的知識，理解，技能をどのようにして高めるのか？
・地理における生徒のラーニングプログレッションズをいかにして理解するのか？　いかにして最適な測定と評価をするのか？

・地理教育の質の改善において，効果的な教育と学習を特徴づけるのは教材（materials）と資源（resources）のどちらなのか？
・地理教育の質を改善することに対して，どんな教授法が効率的で効果があるのか？
・学校における地理学の教育の質を高め，達成レベルを向上させるために，地理教員の教育をどのように行うことができるのか？

このような研究の結果として，カリキュラム構築者とあらゆるレベルの地理教育者は次のことができるであろう。

・地理学を教育したり学習したりする際に利用されるカリキュラム，教育学的実践そして評価の実践を洗練すること
・地理教員の間で相互の立場を反映しながら批判的に教育実践を研究したり，地理教育の質の改善を要求するような専門的な「思考の習慣」を身につけ研究ができる「研究方針」を発展させること。そして
・それがたとえ，ローカルに表明されるだけの地理教育カリキュラムだとしても，地理教育の目的と目標を明確にすること。

国際協力

地理教育は，最善の状態であれば，人々の中にある批判的なグローバルな見方の出現に対して固有な寄与をする。しかしながら，地理教育の地位は世界で見ると各国間で多様なため，ある人々は他に比べて地理教育の質にあまりアクセスできない。世界の発展と世界の認識の質を地理教育において支援する一つの方法は国際貢献の促進と奨励である。それは，異なる国々で相互理解しながら限られた資源を共有し，教育者を補助することにより達成される。地理教育者の間で二国間もしくは多国間で経験や研究を交流する形式を取ながら，国際貢献を促進し，発展させるべきものである。このことは生徒，教師，教員養成者そして地理学者の交流を含む。このような交流は教材（teaching materials），そしてカリキュラム，教育法そして評価についての研究志向型の発展に焦点を

合わせるかもしれない。

　すべての国の地理教育者と地理教員は国際地理学連合地理教育委員会のこれまでの仕事や数多くの他の地理学会，地理学協会を通じて，そのような交流が奨励されるものである。

　政策立案者は国際協力を刺激し，促進することを奨励するべきである。

国際的なアクションプラン

　ここまで説明したような高品質の地理教育からすべての人々が利益を得るためには，国際地理学連合が政策立案者やカリキュラム開発者，そして地理教育者が地理教育の質や国際的な地理教育研究を改善する次のようなアクションプランを提案する。

1　あらゆる教育段階を担当する地理教員と同様に国のそして地域の教育政策立案者は地理教育に焦点を当て，貢献するべきである。カリキュラムの中で，地理学の場所が公的にサポートされるよりレベルになるまで明確に社会全体で奨励する。

　地理教育のための強力な議論は次のとおりである。

- 位置は生活において，特にグローバル化やインターネットの時代，カギになる要素であるので，空間的多様性に焦点を当てる地理は日々の生活に対して実践的で有用な視点を与えてくれる。
- 地理学は位置と地域についての知識を基礎に持つ学問分野である。
- 相互に結び付く世界における固有の文脈や環境の評価は人間の多様性をより深く理解することに役立つ。
- ローカルとグローバル，そしてその相互連関といった人間の経験するあらゆるスケールに対して関心を持つ。
- 地理学は特定の場所と位置における問題を抱えた人間と環境の相互作用に関心を持つ。その問題とは，自然災害，気候変動，エネルギー供給，移民，

土地利用，都市化，貧困とアイデンティティなどである。地理学は自然科学と社会科学の懸け橋であり，先にあげた問題の「水平的」な研究を奨励する。
- 地理学はローカルなそしてグローバルな持続可能な生活について批判的に考えたり，それに従ってどのように行動すべきかを考えたりすることにも役立つ。地理は多くの事実と概念を学ぶ以上のものである。その焦点はパターンとプロセスにあり，変わり続ける惑星を理解することを手助けする
- 地理的な知識と技能，特に地理空間技術により仲介されるとき，現代の世界を理解する固有の機会を提供してくれる。この知識と技能は，今日，そしてこれからにとってのかけがえのない21世紀の技術を構成する。

2　国内的そして地域的な教育政策立案者は地理教育についてそして地理学を教える人たちの地理的なリテラシーについて，最小限の要件を定める。

この要求は次の確信に基づく。

- 小学校から中高等学校までのあらゆる段階のすべての生徒はカリキュラムの重要な一部としての質の高い地理教育へアクセスする必要がある。
- 教員は教育の革新と質の鍵であるので，高い資質のある地理教員は効果的なカリキュラムを構築するリーダーシップをとり，その実施も保障するように示されるべきである。基本的な教員養成の規則は小学校と中高等学校の双方で，地理を教える教員にとっては最小限の要件に特化すべきである。
- 地理教員は自然，人文の双方の側面について資質を有するべきである。彼らは小中高等学校のレベルにふさわしい形で両側面を統合する必要があるためである。

3　国内的そして地域的な政策立案者と地理教師の団体は意味のある地理授業や学習実践についての（国際的）国内の交流を奨励する仕組みを作り出すべきである。

地理教師の地域間や国内，国家間の協力と交流が強化されることは次のような潜在的な力になる。

・学校や高等教育機関での地理の地位を強化する
・すべての生徒にとっての地理教育の目的を明確にする
・地理教育において革新的で効果的な教育学的実践を発展させる

異なる国どうしの地理の指導要領やカリキュラムの比較や，国際的な教員の交流はあらゆる地理教育の基礎となる知識，技能，そして価値づけに幅をもたせるものであるため，推奨されるべきである。

4　国内的そして地域的な政策立案者と地理教育コミュニティは適切な地理教育の研究のアジェンダを発展させるべきであり，そして地理教育の発展にとってこの研究を促進すべきである。

地理教育の冒険心のあらゆるものが証拠に基づき導き出され，審査され，適切な研究上の知見を持つものによって導かれることにより，あらゆる地域で地理を教えるということが改善されるかもしれない。このことを達成するためには，

・その時点での最善だと思われる実践を見つけ出し，さらなる研究に何が必要とされているのかを理解するために，政策立案者，カリキュラム構築者，そして地理教育者は地理教育の国際的に出版された研究を概観すべきである。
・現在，地理教育の研究が欠けていると思われるところに，政策立案者と地理教育者はサポートする仕組みを作り出すべきである。
・政策立案者，カリキュラム作成者，そして地理教育者は学校で働く教師が自分の言語で国際的な地理教育の研究を読めるようにする仕組みを構築するべきである。
・教師は在職中に高等教育で学位を取得する研究として，地理教育における

質的な研究に取り組むことが推奨されるべきである。そのような研究に取り組むものはローカルには入手できないであろう研究の資源，情報，そして専門的なものに触れられるようにするために，研究を国際的な研究グループで発表し，そこでの作業を通じて改善されるべきであろう。

5　国内的そしてローカルな教育政策立案者と地理教師の団体，そして地理教師は強力で専門家のネットワーク構造を構築し，維持すべきである。

　国内的なそして国際的な専門家のネットワークは地理教育にとっての新たな地平を広げるために必要である。これらの新たなネットワークは，教育政策立案者，地理学組織，他のステークフォルダーといった広範なサポートが必要である。特に

- ネットワークを使ったり，横断したりしながら地理教育における専門家としての成長を続けることはすべての教員にとって奨励され，促進される必要がある。
- 教育における地理学の学問としての可視性と重要性の評価はマスコミにより今まで以上に紹介される必要がある。ローカル，地域，国内，そして国際的な専門家のネットワークには自分たちの仕事として公的に関わることが奨励されるべきである。

　すべての人々の地理教育はローカルに，そして／また，国内的な優先順位を主張してデザインされるべきであるが，上記にあげた5点を確実に基盤に置くべきである。世界中の学校のカリキュラムは意味を持って異なることを認める一方で，世界のすべての地理のカリキュラムは現代の地理学を最善を尽くして反映したものとして認識される。

　この国際地理教育憲章は国際地理学連合地理教育委員会により立案され，2016年8月に北京で開催された国際地理学連合の総会で承認された。国際地理学連合はここで示された世界中のすべての地域の人々が自分たちの権利として地理教育を教授することについての国際的なアクションプランの原則と実践

を推奨する。国際地理学連合の 2016 年の北京大会において，この憲章を世界中のすべての政府と人々にむけてすべての国で地理教育が維持されることを基礎として，ここで示された原則や実践を推奨する。

署名

2016 年 8 月 24 日，北京において
国際地理学連合会長　ウラジミール・コロソフ

　この地理教育に関する 2016 年の憲章は国際地理学連合地理教育委員会に代わってジョープ・ファン・デル・ジー教授とジョン・リドストン教授（2 人体制の委員長）が準備したものである。2016 年憲章の草案の段階で，EUROGEO，EUGEO，AAG，SEAGA やそのほかの団体の会長と協議をした。

　著作権は IGU 地理教育委員会にある。

終章　ESD の展望

井田仁康

In Conclusion: The Outlook for ESD

Yoshiyasu Ida

Abstract:
The "Decade of ESD" is over, but this does not spell the end of future-focused education for sustainable development. The eighteenth chapter of this book is the Japanese translation of the 2016 International Charter of Geography Education. This chapter stresses the importance of education for sustainable development. In a similar vein, the "Future Earth— International Conference on Science and Technology for Sustainability" was held in 2015. This program considered the future of earth and worked towards solutions from a global perspective that transcended disciplinary boundaries. An emphasis was placed on education in this program as well, with high hopes held for the field. In this way, we have examined how to maintain earth in the future and what must be done to achieve such goals. This must continue in the fields of social studies, geography, history, and civics education. In addition, one of the objectives of this study is the international dissemination of the results. Therefore, English language summaries have been prepared for Japanese language texts and English language texts have summaries that have been prepared by Japanese researchers.

Keywords: ESD, Future Earth, Social studies, Geography/history/civics, Outlook

地球規模での課題は山積している。そのような課題を解決するための人材を育成する教育の意義は大きい。ESD という用語を用いなくても，世界各地で，ESD の精神と同様な教育がなされている。こうした中で，ESD は今後とも地球全体の将来を考える教育として重視されていくだろう。

持続可能な社会のための科学と技術を駆使しようとするフューチャー・アースのプロジェクトも始まっている。2013 年に，ダイナミックな地球の理解，地球規模の開発，持続可能な地球社会への転換を研究計画として掲げたフューチャー・アースは，2015 年にはプログラムとして共同研究が始まる。分野を越えた連携，ステークホルダーとの連携を強調し，関連する学問，人々を結び付けて持続可能な社会を作り上げようとしている。学問分野をこえたグローバルな観点から地球の将来について考え，課題を解決しといく考え方は，ESD でも同様であり，その意味からも教育に対する期待は大きい。このように，我々が生活する地球を，将来にわたってどのように持続させ，そのためにはどのようなことをしなければならないのかという課題は引き継がれ，社会科，地理，歴史，公民教育についても，そのことは継承されなければならない。我々が住む地球，そこに暮らす人々，動物，植物を含む自然は，持続させていかなければならない。そこでの教育がどうあるべきで，どう実践されなければならいかは永遠のテーマとなるかもしれないが，持続して探究していかなければならない。歩みを止めることはできないのである。本書がその一端を担うことができれば，望外の喜びである。

本書の出版にあたっては，厳しい出版事情のなかで引き受けてくれた古今書院の方々，そしてタイトのスケジュールの中で編集の労をとっていただいた原光一氏に深く感謝したい。また，原稿のとりまとめについては，筑波大学大学院生・呂光暁君の手を煩わせた。彼にも感謝したい。なお，本書は文部科学省科学研究助成事業（基盤研究（B）（一般））平成 25 年度〜平成 28 年度（課題番号 25285242）「地理，歴史，公民を関連させた社会科としての ESD 実践の構築と発信に関する研究」（研究代表：井田仁康）の助成を受けた成果である。このように本書は，ESD, 特に地理，歴史，公民を網羅し，さらには日本だけでなく世界の動向，世界への発信をもふまえたものになっている。本書が，今後の ESD の発展に貢献できることを願っている。

執筆者一覧 (執筆順)

井田 仁康	筑波大学	Yoshiyasu Ida University of Tsukuba
志村　喬	上越教育大学	Takashi Shimura Joetsu University of Education
吉水 裕也	兵庫教育大学	Hiroya Yoshimizu Hyogo University of Teacher Education
永田 忠道	広島大学	Tadamichi Nagata Hiroshima University
金　玹辰	北海道教育大学	Kim Hynjin Hokkaido University of Education
國分 麻里	筑波大学	Mari Kokubu University of Tsukuba
熊田 禎介	宇都宮大学	Teisuke Kumata Utsunomiya University
佐藤　公	明治学院大学	Ko Sato Meiji Gakuin University
磯山 恭子	静岡大学	Kyoko Isoyama Shizuoka University
小野 智一	東京福祉大学	Tomokazu Ono Tokyo University of Social Welfare
坪田 益美	東北学院大学	Masumi Tsubota Tohoku Gakuin University
唐木 清志	筑波大学	Kiyoshi Karaki University of Tsukuba
竹内 裕一	千葉大学	Hirokazu Takeuchi Chiba University
池　俊介	早稲田大学	Shunsuke Ike Waseda University
山本 隆太	静岡大学	Ryuta Yamamoto Shizuoka University
永田 成文	三重大学	Shigefumi Nagata Mie University
大西 宏治	富山大学	Koji Ohnishi University of Toyama

＊海外の執筆者 (執筆順)

Clare Brooks	University College London
Sirpa Tani	University of Helsinki
Michael Solem	American Association of Geographers
Susan Heffron	American Association of Geographers
Geok Chin Ivy Tan	Nanyang Technological University

編者略歴

井田 仁康（いだ　よしやす）
筑波大学人間系教授　1958年生まれ。専門は社会科教育学・地理教育。筑波大学第一学群自然学類卒業，筑波大学大学院博士課程地球科学研究科単位取得退学。博士（理学）。
主要著書：
『航空旅客流動と空港後背地』大明堂，1994年，単著
『地理の教え方』古今書院，1996年，共著
『授業のための地理情報』古今書院，2001年，共編著
『社会科教育と地域』NSK出版，2005年，単著
『地域と教育』学文社，2012年，単編著
"Geography Education in Japan" Springer, 2015，共編著

書　名	教科教育におけるESDの実践と課題 −地理・歴史・公民・社会科−
コード	ISBN978-4-7722-3185-5　C3037
発行日	2017年3月10日　初版第1刷発行
編　者	井田仁康
	Copyright　© 2017　Yoshiyasu IDA
発行者	株式会社古今書院　橋本寿資
印刷所	太平印刷社
発行所	古今書院
	〒101-0062　東京都千代田区神田駿河台2-10
電　話	03-3291-2757
FAX	03-3233-0303
URL	http://www.kokon.co.jp/

検印省略・Printed in Japan

いろんな本をご覧ください
古今書院のホームページ

http://www.kokon.co.jp/

★ 800点以上の**新刊・既刊書**の内容・目次を写真入りでくわしく紹介
★ 地球科学やGIS，教育など**ジャンル別**のおすすめ本をリストアップ
★ 月刊『**地理**』最新号・バックナンバーの特集概要と目次を掲載
★ 書名・著者・目次・内容紹介などあらゆる語句に対応した**検索機能**

古今書院

〒101-0062　東京都千代田区神田駿河台2-10
TEL 03-3291-2757　　FAX 03-3233-0303

☆メールでのご注文は order@kokon.co.jp へ